ZAW 125회 기념논문

Zeitschrift für die Alttestamentliche Wissenschaft
ZAW vol. 125 (2013)

구약신학 연구동향

토마스 뢰머 외 6인 지음
민 경 구 옮김

기독교문서선교회

기독교문서선교회(Christian Literature Center: 약칭 **CLC**)는 1941년 영국 콜체스터에서 켄 아담스에 의해 시작되었으며 국제 본부는 영국의 쉐필드에 있습니다.

국제 CLC는 59개 나라에서 180개의 본부를 두고, 약 650여 명의 선교사들이 이동도서차량 40대를 이용하여 문서 보급에 힘쓰고 있으며 이메일 주문을 통해 130여 국으로 책을 공급하고 있습니다.

한국 CLC는 청교도적 복음주의 신학과 신앙서적을 출판하는 문서선교 기관으로서, 한 영혼이라도 구원되길 소망하면서 주님이 오시는 그날까지 최선을 다할 것입니다.

ZAW 125

Written by
T. Römer, Ch. Levin, J. Jeremias,
L. Schwienhorst-Schönberger, I. Fischer,
G. Davies, R. G. Kratz

Translated by
Kyunggoo Min

Copyright © 2013 by T. Römer, Ch. Levin, J. Jeremias,
L. Schwienhorst-Schönberger, I. Fischer, G. Davies, R. G. Kratz

Originally published in German under the title as
Zeitschrift für die alttestamentliche Wissenschaft 125
by Walter De Gruyter Inc.
Translated and used by the permission of Walter De Gruyter Inc.,
Genthiner Strasse 13, D-10785 Berlin, Germany

All rights reserved

Korean Edition
Copyright © 2016 by Christian Literature Center
Seoul, Korea

신학자의 길을 갈 수 있도록
지도해 주신 나의 스승
차준희 교수님께
이 책을 헌정합니다.

추천사 1

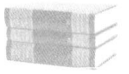

류호준 박사
백석대학교 신학대학원 구약학 교수

 세계 구약학계에서 가장 권위가 있고 전통에 빛나는 저널을 하나 꼽으라면 빠질 수 없는 것이 『구약 학술 저널』(Zeitschrift für die alttestamentliche Wissenschaft[ZAW])이다. 본서는 저널 발행 125주년을 기념한 특집호를 한글로 번역한 것이다. 모두 일곱 편의 구약학 논문들이 실려 있는데, 오경연구의 변천사로부터, 마틴 노트(M. Noth)의 전승사를 중심으로 한 신명기전적 역사의 변천사, 고전적 문서예언과 고대 근동의 예언현상과의 관계, 구약학 연구의 변두리에서 중심부로 이동한 지혜문헌 연구에 관한 평가, 본문 해석방법론으로서 본문이전 역사를 살피는 역사비평적 연구와 본문의 이후역사를 살피는 수용사적 연구와의 관계, 고대 이스라엘 종교사의 배경과 변천, 사해(쿰란)사본의 발견과 구약성서 연구에 미친 영향 등을 논구하고 있다.
 이 책은 한마디로 전형적인 독일 학풍을 잘 드러내는 학술 논문집이다. 한정된 독자들만이 이 책을 "연구"할 수 있겠지만, 구약학을 전공하는 학생들과 학자들은 이 연구서를 그냥 지나치지는 못할 것이다. 머리를 싸매고 읽고 공부하고 연구해야 할 구약학 보물이다.

추천사 2

차준희 박사
한세대학교 구약학 교수, 한국구약학회 회장

이 번역서는 독일에서 1881년에 창간되어 2013년에 125회 창간기념으로 발행된, 세계적으로 정평이 나 있는 구약학 전문 학술 저널인 『구약 학술 저널』(*Zeitschrift für die alttestamentliche Wissenschaft*[ZAW])에 실린 논문들 가운데 몇 가지를 제외하고 우리말로 완역한 것이다. 오경, 역사서, 지혜서, 이스라엘 종교사, 사해사본 등 구약학의 핵심 부분에 대한 최근의 연구 동향을 집약하기 위하여 현존하는 최고의 구약학 전문가들이 동원되었다. 이들은 대가들답게 관련 분야를 정밀하게 조망하며 핵심적인 내용을 중심으로 요점적으로 간략하게 집필했다.

민경구 박사는 구약학 전반에 대한 전문적인 지식이 없으면 이해하기조차도 쉽지 않은 각 분야의 학술적인 내용을 충분히 소화할 뿐만 아니라, 이를 비교적 매끄럽게 번역하여 국내 독자들에게 선물과도 같은 작품을 선사했다. 필자도 이 논문의 내용을 개인적으로 번역하여 수업에 사용해 보았고 큰 도움과 큰 호응을 받았다. 이 책은 앞으로 구약성서를 학문적으로 연구하려면 반드시 읽어야 하는 필독서가 될 것을 확신한다.

민경구 박사는 필자가 1994년 한세대학교 구약학 교수로 부임했을 때 신학과 1학년 학생이었다. 이후 필자가 학부와 신대원에서 개설한 구약학 과목을 거의 수강할 정도로 특히 구약학에 관심을 가지고 구약학도로서 열정을 품고 정진하더니 마침내 독일에서 당당한 구약학자로 학문적으로 탄탄하게 영글어서 귀국했다.

　아끼는 제자인 민경구 박사가 첫 번째 학문적 작품으로 번역서를 출간하게 되었다. 민경구 박사 같은 훌륭한 학자가 부족한 필자의 제자인 것이 자랑스럽고, 이런 추천의 글을 쓸 수 있게 된 것도 감사한 일이다. 한국의 신학계와 교계에 학문적으로 크게 기여하는 이러한 좋은 논문들이 우리말로 출판되는 것은 참으로 기쁜 일이라 아니할 수 없다. 구약학을 공부하는 신학도들에게도 이 기쁨이 공유되기를 간절히 소망한다.

추천사 3

기민석 박사
침례신학대학교 구약학 교수

"이보다 더 반가울 수 없다"는 외침이 딱 맞는 유용한 논문집이 최적의 시기에 민경구 박사에 의해 번역 출간되었다. 구약성서학에 열의 가득한 현 학도들에게 그리고 바쁜 강의와 행정에 다년간 구약학 "현장"을 돌아보지 못한 전문 학자들에게 이 책은 가뭄의 비처럼 달콤할 것이다. 몇몇 저명한 이름의 학자들이 여기저기에서 모아 편집하여 출간하는 논문집과는 격이 다르다. 그 이유는, 구약학 전문가라면 그 권위와 전통에 경의를 표해 마지않는『구약 학술 저널』(*Zeitschrift für die alttestamentliche Wissenschaft*[ZAW])이 특별 기획하여 내놓은 논문집이기 때문이다.

각 논문 저자들의 학문적 명망도 의심할 바 없다. 논문들 안에 있는 소제목들만이라도 한 번 훑어보기 바란다. 각 분야에 다루어야 할 이슈들이 얼마나 정확하게 다루어졌는지 쉽게 알 수 있을 것이다. 전통적인 역사비평학의 주요 쟁점들이 균형 있게 나열 전개되어 있으며 매우 교과서적으로 잘 풀어졌다. 특히 2천 년대 이후 더 많은 고민거리를 던져 준 성서 "이후역사"에 대한 논의와, 아직도 국내에는 그 무게감이 덜 느껴지는 사해사본 논의도 포함된 것이 반갑다. 2천 년대를 사는 성서학 생도들과 전문가들이 꼭 읽고 함께 토론해 보아야 할 필독서로 기쁘게 추천한다. 일독 후 분명 머릿속 좌표들이 좀 더 뚜렷하게 그 선이 그려져 있을 것이다.

추천사 4

김구원 박사
개신대학원대학교 구약학 교수

    좋은 논문을 읽는 일은 요리사의 해설을 들으면서 잘 차려진 요리를 맛보는 일과 같다. 본문이 요리라면, 각주는 그 요리에 대한 저자의 해설이다. 이런 의미에서 8가지의 다른 요리로 구성된 이 책은 풍성한 잔칫상인 셈이다. 유럽 최고의 학자들이 오경, 역사서, 예언서, 지혜서, 해석사, 이스라엘의 종교, 사해사본 등 구약학의 주요 분야들의 연구사를 먹기 좋게 요리해 주었다.
    오늘날 구약학은 다른 인문 사회학의 분과들처럼 전문화되고 세분화되었을 뿐 아니라, 지난 200여 년에 걸친 나름의 연구사를 형성해 왔다. 따라서 구약성서를 학문적으로 연구하려는 사람에게는 구약학의 여러 분과가 어떤 과정을 통해 오늘날의 모습에 이르렀는지에 대한 지식이 필수적이다. 이 책이 독자들을 위해 해 주는 일이 바로 이것이다. 구약학에 막 입문한 사람은 물론, 기존의 학자들에게도 이 책의 일독을 권한다.

역자 서문

민경구 박사
한세대학교 외래 교수

  본 연구사 논문집은 구약학 학술지 가운데 가장 권위 있는 『구약 학술 저널』(Zeitschrift für die alttestamentliche Wissenschaft[ZAW])이 1881년 처음 발행된 이후에 2013년에 제125권이(제2차 세계대전을 전후하여 그리고 그 밖에도 몇 년 동안 이 학술지는 발행되지 못했다) 발행된 것을 기념하여 구약학 각 분야의 연구 동향을 정리한 논문집이다. 본래에는 ZAW 제125권 기념 논문집에 담겨진 전체 논문을 번역하는 것이 타당하겠지만, 지나치게 일부 본문에 치중된 논문은 제외되었다.

  다소간의 차이는 있겠지만, 루터의 종교개혁을 근간으로 하는 기독교 신학은 독일 혹은 유럽의 영향을 받고 있다. 그럼에도 불구하고 한국의 학문적 토양은 여전히 "독일어" 저술에 대해서 거리감이 존재한다는 아쉬움이 있다.

  연구사는 모든 수업에 있어서 필수적으로 선행되어야 할 과제이다. 대학에서 수업을 진행하며 연구 동향에 대해 정리할 필요성을 느낄 때 즈음에 본 논문집을 통해 큰 도움을 얻었다. 하지만 독일어로 작성된 논문들이 대다수였던 이유로 그것을 학생들에게 직접 읽어보라 권할 수는 없었으며, 그것이 계기가 되어 역자는 열정을 가지고 논문집을 번역하게 되었다. 하지만 번역서를 출간한다는 것이 참으로 고통스러운 작업임을 비로소 깨달았다. 첫 번역서를 출간하는 과정에서 여전히 번역의 허술함이 드러나며, 동시에 역자에게는 많은 아쉬움이 남는다. "다른 책도 번역을 할까?"하는 도전과 머뭇거림이 교차한다.

학생들에게 조금이나마 도움이 되길 기대하며 책장을 넘겼지만, 번역이 반역이 되는 순간을 온전히 극복하기란 불가능하다는 것을 체감했다. 그러한 반역은 전적으로 역자의 책임으로 돌리기를 바란다. 그럼에도 불구하고 졸역을 끝까지 읽고 수정을 제안해준 조경진, 김호경 그리고 원동주 학우의 수고에 감사한다. 무엇보다 신학을 수학하며 유학생활을 함께했고, 개인적으로 친구이자 학문적 대화를 함께 나눌 수 있는 동료 김택오 목사님의 조언에 깊은 감사를 표한다.

연구사 서술은 언어를 뛰어넘어 출간되고 있지만, 본서는 *ZAW*의 기념 논문집이라는 점에서 큰 의의가 있을 것이다. 각각의 연구사는 각 분야에서 권위 있는 이들의 논문이므로 그것을 이해하기 위한 선행지식도 요구된다. 그러므로 필요에 따라서 역자는 이해를 돕기 위해 "역주"를 표기하였다.

본 논문집에 관심을 쏟으며 저작권을 비롯하여 기꺼이 출판을 도맡아준 기독교문서선교회에 이 자리를 빌어 심심한 감사를 표한다. 무엇보다 역자가 이 책을 번역하는 순간까지 항상 힘이 되어주신 나의 스승 차준희 교수님께 감사를 빼놓을 수 없을 것이다. 또한 한국에 귀국하여 새롭게 교제하며 늘 귀한 말씀으로 격려해 주신 류호준 교수님께도 비로소 감사를 드릴 수 있게 되었다. 끝으로 이 책이 나오기까지 두 자녀를 맡아 양육에 온전히 힘을 다한 사랑하는 아내 이선민, 그리고 하나님이 부족한 자에게 양육의 기쁨을 만끽하라고 선물로 보내주신 시은, 시야에게 남편과 아빠로서 사랑을 전한다.

목 차

추천사 1 • 류호준 박사(백석대학교 신학대학원 구약학 교수) / 6
추천사 2 • 차준희 박사(한세대학교 구약학 교수, 한국구약학회 회장) / 7
추천사 3 • 기민석 박사(침례신학대학교 구약학 교수) / 9
추천사 4 • 김구원 박사(개신대학원대학교 구약학 교수) / 11
역자 서문 / 12
기고자 소개 / 16
머리말 / 21

1. 문서, 단편 그리고 보충 사이에서: 오경 연구의 상황에 대하여 / 23

    (Zwischen Urkunden, Fragmenten und Erganzungen: Zum Stand der Pentateuchforschung), *ZAW* 125, 2-24.
    ▶ T. 뢰머(T. Römer) 박사

2. 70년 이후, 마틴 노트의 전승사 연구 / 58

    (Nach siebzig Jahren. Martin Noths Überlieferungsgeschichtliche Studien), *ZAW* 125, 72-92.
    ▶ Ch. 레빈(Ch. Levin) 박사

3. 문서예언의 수수께끼 / 94

    (Das Ratsel der Schriftprophetie), *ZAW* 125, 93-117.
    ▶ J. 예레미아스(J. Jeremias) 박사

4. 구약성서 지혜에 대한 논의 / 132

    (Alttestamentliche Weisheit im Diskurs), *ZAW* 125, 118-142.
    ▶ L. 슈빈호스트-쉔베르거(L. Schwienhorst-Schönberger) 박사

5. 이전역사에서 이후역사로:
   문서–상호본문성–수용에 나타난 문서해석 / 172
   (Von der Vorgeschichte zur Nachgeschichte: Schriftauslegung in der Schrift -Intertextualität -Rezeption), *ZAW* 125, 143-160.
   ▸ I. 피셔(I. Fischer) 박사

6. 고대 이스라엘 종교사에 대한 비교 관점 / 197
   (Comparative Aspects of the History of Israelite Religion), *ZAW* 125, 177-197.
   ▸ G. 데이비스(G. Davies) 박사

7. 구약성서와 사해사본 / 231
   (Das Alte Testament und die Texte vom Toten Meer), *ZAW* 125, 198-213.
   ▸ R. G. 크라츠(R. G. Kratz) 박사

부록: 예언 연구의 문제점 / 255
   (Problem der Prophetenforschung), Prophetenstudien: Kleine Schriften II, *FAT* 74, (Tübingen, 2011), 3-17.
   ▸ R. G. 크라츠(R. G. Kratz) 박사

기고자 소개

토마스 뢰머(Thomas Römer)

- 1988년 제네바대학교(Universite de Geneve)에서 박사 학위 취득
- 제네바대학교 교수 역임
- 1993년부터 스위스 로잔대학교(Universite de Lausanne) 교수로 재직

저서

- *Israels Väter. Untersuchungen zur Väterthematik im Deuteronomium und in der deuteronomistischen Tradition (OBO 99)*, Göttingen: Vandenhoeck & Ruprecht, 1990.
- *The So-Called Deuteronomistic History. A Sociological, Historical and Literary Introduction*, London-New York: T&T Clark, 2005.

크리스토프 레빈(Christoph Levin)

- 1993년 마부륵대학교(Philipps-Universität Marburg)에서 교수 생활 시작
- 독일 뮌헨대학교(Ludwig-Maximilians-Universität München) 구약 교수로 재직

저서

- *Die Verheißung des neuen Bundes in ihrem theologiegeschichtlichen Zusammenhang ausgelegt (FRLANT 137)*, Göttingen: Vandenhoeck & Ruprecht, 1985.

- *Der Jahwist (FRLANT 157)*, Göttingen: Vandenhoeck & Ruprecht, 1993.
- *Fortschreibungen. Gesammelte Studien zum Alten Testament (BZAW 316)*, Berlin: de Gruyter, 2003.
- *Verheißung und Rechtfertigung. Gesammelte Studien zum Alten Testament II (BZAW 431)*, Berlin: de Gruyter, 2013.

요릌 예레미아스(Jörg Jeremias)

- 1964년 마틴 노트(M. Noth) 지도로 본(Bonn)대학교에서 박사 학위(Dissertation) 취득
- 1969년 볼프(H. W. Wolff) 교수 지도로 교수 자격(Habilitation) 취득
- 뮌헨대학교(Ludwig-Maximilians-Universität München)에서 구약 교수 역임
- 마부륵대학교(Philipps-Universität Marburg) 교수로 은퇴

저서

- *Kultprophetie und Gerichtsverkündigung in der späten Königszeit, WMANT 35,* Neukirchen-Vluyn, 1970.
- *Der Prophet Hosea (ATD 24/1),* Göttingen: Vandenhoeck & Ruprecht, 1983.
- *Der Prophet Amos (ATD 24/2),* Göttingen: Vandenhoeck & Ruprecht, 1995.
- *Die Reue Gottes. Aspekte alttestamentlicher Gottesvorstellung (BThS 31)*, Neukirchen-Vluyn, ²1997.
- *Die Propheten Joel, Obadja, Jona, Micha (ATD 24/3),* Göttingen: Vandenhoeck & Ruprecht, 2007.
- *Theologie des Alten Testaments (GAT 6),* Göttingen: Vandenhoeck & Ruprecht, 2015.

루드거 슈빈호스트-쉔베르거
(Ludger Schwienhorst-Schönberger)

- 뮌스터대학교(Westfälische Wilhelms-Universität Münster) 가톨릭학부에서 1989년 박사 학위 취득
- 1992년 교수 자격(Habilitation) 취득
- 이후 1993년 파사우대학교(Universität Passau)에서 교수 역임
- 오스트리아 비엔나대학교(Universität Wien)에서 가톨릭학부 구약 교수로 재직

저서
- *Das Bundesbuch (Ex 20,22 - 23,33): Studien zu seiner Entstehung und Theologie,* Berlin: de Gruyter, 1990,
- *Kohelet, HThKAT,* Freiburg i. Br.: Herder, 2004.
- *Das Buch Kohelet (NSK AT 19),* Stuttgart: Katholisches Bibelwerk, 2012
- *Das Hohelied der Liebe,* Freiburg i. Br.: Herder, 2015.

이름트라우트 피셔(Irmtraud Fischer)

- 1988년 오스트리아 그라츠대학교(Karl-Franzens-Universität Graz)의 가톨릭학부에서 박사 학위 취득
- 1993년 교수 자격 취득
- 1997-2004년까지 독일 본대학교(Rheinische Friedrich-Wilhelms-Universität Bonn) 가톨릭학부 교수 역임
- 그라츠대학교(Karl-Franzens-Universität Graz)에서 교수로 재직

저서

- *Tora für Israel, Tora für die Völker. Das Konzept des Jesajabuches*, Stuttgart, 1995.
- *Rut, HThKAT, gemeinsam mit Erich Zenger,* Freiburg i. Br.: Herder, ²2005.
- *Gotteslehrerinnen: Weise Frauen und Frau Weisheit im Alten Testament*, Stuttgart: Kohlhammer, 2006.
- *Gottesstreiterinnen: Biblische Erzählungen über die Anfänge Israels*, Stuttgart: Kohlhammer, 2013.

그래함 데이비스(Graham Davies)

- 옥스포드대학교(University of Oxford) 머튼칼리지(Merton College)에서 신학 전공
- 클레멘츠(R. Clements) 교수의 지도로 케임브리지대학교(University of Cambridge) 피터스칼리지(Petershouse)에서 박사 학위 취득
- 1971-1978년까지 노팅엄대학교(University of Nottingham)에서 구약 교수 역임
- 1979년 이후부터 케임브리지대학교(University of Cambridge)에서 구약 교수로 재직
- 2011년 은퇴

저서

- *Hosea (NCBC) Ethics & Public Policy Center Inc.*, 1992.
- *Ancient Hebrew Inscriptions,* Cambridge University Press, 2008.

라인하르트 G. 크라츠(Reinhard G. Kratz)

- 1987년 취리히대학교(Universität Zürich)에서 박사 학위 취득
- 괴팅엔대학교(Georg-August-Universität Göttingen)에서 개신교 구약 교수로 재직

저서
- *Kyros im Deuterojesaja-Buch. Redaktionsgeschichtliche Untersuchungen zu Entstehung und Theologie von Jes 40-55 (FAT 1)*, Tübingen: Mohr Siebeck, 1991.
- *Die Komposition der erzählenden Bücher des Alten Testaments. Grundwissen der Bibelkritik (UTB 2157)*, Göttingen: Vandenhoeck & Ruprecht, 2000.
- *Die Propheten Israels (Beck'sche Reihe Wissen; 2326)*, München: Beck, 2003.
- *Das Judentum im Zeitalter des Zweiten Tempels (FAT 42)*, Tübingen: Mohr Siebeck, 2006.
- *Prophetenstudien: Kleine Schriften II (Forschungen zum Alten Testament)*, Tübingen: Mohr Siebeck, 2011.

머리말

위르겐 반 오르숏(Jürgen van Oorschot) **박사**
에어랑엔-뉜베륵대학교(Erlangen-Nürnberg) 교수

에른스트-요아킴 바쉬케(Ernst-Joachim Waschke) **박사**
할레-비텐베륵대학교(Martin Luther Universität Halle-Wittenberg) 교수

1881년에 첫 간행물이 발간된 이후에 학술지 『구약 학술 저널』 (Zeitschrift für die alttestamentliche Wissenschaft[ZAW])은 2013년에 제 125권을 발간하게 되었다. 이것을 기념으로 본 간행물의 발행인과 출판사는 구약성서 연구가 처해 있는 현재 상황을 다방면에서 그리고 다양한 시각에서 조망할 수 있는 한 권의 책을 출간하려는 기회로 삼았다.

해석학적 분야에서는 독립된 역사비평적방법 이외에도 현대적인 문헌학적(Literaturwissenschaft) 해석모델이 등장했고, 그것을 통해서 통시적 본문 해석과 공시적 본문 해석의 긴장 관계가 명확하게 가시화되었다.

이스라엘 역사를 취급하는 부분에서 제기된 새로운 고고학적이며 종교사적 연구는 역사를 재구성하기 위한 사료로서 구약성서를 활용하는 문제를 부각시켰다. 신학이라는 학문적 맥락에서 구약성서는 어떠한 중요성을 갖는가에 대해서 신학과 종교사 양쪽 진영에서 논의되어 왔으며, 게다가 정경에 대한 질문과 성서신학적 노력에서 숙고되었다. 특히 현재의 70인역(LXX) 연구와 쿰란 연구는 구약 본문과 문헌사를 위한 새로운 지평을 제시하였다. 곳곳에서 지나칠 정도로 단순하게 위험하다고 언급된 것은 오히려 다양한 가능성을 내포하고 있다.

어쨌든 구약성서학은 연구 분야와 방법에 있어서 전례 없이 광범위한 영역에 도달했다. 물론 근소한 영역에서만 지배적인 일치가 나타난다는 것은 독일어권뿐만 아니라 영어권 연구에서 점차적으로 상호 배타주의(Partikularismus)가 강화되는 것을 보았을 때 사소한 문제이다. 언어적 영역과 사상적 계보를 너머서 여기에서 학문적 대화를 유지하는 것이 주요한 과제이다.

우리는 125주년을 기념하여 본 책자에 논문을 기고한 동료들에게 진심으로 감사하며, 학술지『구약 학술 저널』이 앞으로도 구약학의 변화와 대립에 있어서 중요한 장으로 보존되기를 희망한다.

문서, 단편 그리고 보충 사이에서: 오경 연구의 상황에 대하여

토마스 뢰머(T. Römer)
로잔대학교 교수

1881년 『구약 학술 저널』(*Zeitschrift für die alttestamentliche Wissenschaft*; 이하 *ZAW*)이 처음 발행되었을 때에는 최신문서가설(neueste Urkundenhypothese)이 주류를 이루었다. 아브라함 쿠에넨(Abraham Kuenen)과 율리우스 벨하우젠(Julius Wellhausen)의 연구가 독일어권을 넘어서 폭넓게 수용되었고, 그 결과 1970년대에 이르기까지 오경(Pentateuch) 또는 육경(Hexateuch)은 대다수의 학자들을 통하여 4가지 사료(史料)들이 편집되고 결합된 결과물로 이해되었다. 그 중에서 가장 오래된 J문서는 왕정 시대에 기원한 것으로 추정되었으며, 가장 후대인 P문서는 바벨론 또는 페르시아 초기에 유래된 것으로 추정되었다.[1]

그러나 1970년대 이후에 야위스트(Jahwist)는 철저하게 후대의 것으로 이해되었고(Van Sters, H. H. Schmid),[2] 엘로히스트(Elohist)의 존재

---

[1] Kuenen-Wellhausen 이후부터 문서가설에 대한 문제제기에 이르기까지 오경 연구 상황에 대해서 보라. A. de Pury/T. Römer, Le Pentateuqe en question: position du problème et brève histoire de la recherche, in: A. de Pury/T. Römer (Hg.), Le Pentateuque en question, MoBi 19, 3. 2002, 9-80, 29-58; C.Houtman, Der Pentateuch. Die Geschichteseiner Erforschung nebst einer Auswertung, CBET9, 1994, 121-225.

[2] J. Van Seters, Abraham in History and Tradition, 1975; H. H. Schmid, Der

는 부인되었으며(Rose),³ 전체 문서가설이 기각된 이후에(Rendtorff),⁴ 오경 연구는 오늘날까지도 지속되는 무질서한 상황에 처하게 되었다. 물론 모든 질문들에 관하여 광범위한 일치가 존재한다는 것은 잘못된 주장일 것이다(예를 들어, 야위스트가 한 명의 신학자, 한 명의 역사가, 한 명의 편집가인가 혹은 오래된 편집 과정을 공인한 자인가 하는 점은 단연코 불명확하다.⁵ 또한 본문의 구절들을 J 혹은 E로 귀속시키는 것은 대부분의 경우에 의견의 일치를 이루지 못하고 있다). 하지만 문서가설은 성서의 첫 번째 부분이 어떻게 생성되었는지에 대해 비전문가들도 이해할 수 있는 이론적 틀을 제공했다.

그와 달리 오늘날 오경 연구의 실태는 평신도들에게 상당히 어려울 뿐이며, 제한적으로만 이해될 수 있다. 상이한 전제들, 방법론과 문헌사적 재구성들이 맞서고 있는 학문적인 혼란이 대단히 빠르게 진행되었고, 그 결과 새로운 의견의 일치에 관한 문제에 대해서는 여전히 부정적으로 대답될 수밖에 없다. 블룸(E. Blum)은 오경에 대해 신명기사가 이후의 신명기-구성(nachdeuteronomistische D-Komposition)이 제사장-구성(P-Komposition)으로 통합된 결과로 이해되어야 한다는 모델을 제시하였다.⁶ 그의 이론은 출애굽기 1*장에서 시작하여(*는 일부 본문

---

sogenannte Jahwist. Beobachtungen und Fragen zur Pentateuchforschung, 1976.

3   M. Rose, Deuteronomist und Jahwist. Untersuchungen zu den Berührungspunkten beider Literaturwerke, ATANT 67, 1981; 참조, 그것에 대해 이미 언급한 이로는 P. Volz/W. Rudolph, Der Elohist als Erzähler ein Irrweg der Pentateuchkritik? BZAW 63, 1933.

4   R. Rendtorff, Das überlieferungsgeschichtliche Problem des Pentateuch, BZAW 147, 1976.

5   T. Römer, The Elusive Yahwist: A Short History of Research, in: T. B. Dozeman/K. Schmid (Hg.), A Farewell to the Yahwist? The Composition of the Pentateuch in Recent European Interpretation, SBLSS 34, 2006, 9-27.

6   E. Blum, Die Komposition der Vätergeschichte, WMANT 57, 1984; E. Blum,

을 의미한다-역주) 신명기 역사서(DtrG)를 위한 머리말로 고안된 KD(신명기-구성층)[7]가 KP(제사장-구성층)의 저자를 통하여 KP로 통합되었다는 점에서 보충가설(Ergänzungshypothese)에 근접해 있다. KD가 보다 오래된 짧은 것이고 이미 문서로 확정된 단편들(Stücke)이며, 그리고 예를 들어, **모세의 생애**(*Vita Mosis*)와 같은 것이 KD에 수용되었다는 점에서 이 모델은 단편가설(Fragmentenhypothese)의 요소도 함유하고 있다.

덧붙여서 오늘날 독일어권 연구는 세계 창조에서부터 모세의 죽음 또는 땅점유의 사건을 포괄하는 제사장이전의 이야기단락(vorpriesterliche Erzählstrang)이 존재했는지에 대해서 항상 불확실한 상태를 보여주었다. 제사장 단락에 대한 논의는 주로 족장 이야기에서 출애굽 이야기로 넘어가는 문학적 과정에 대한 질문에서 나타나며, 또한 원역사의 독립성[8]과 시내산 단락의 후대 첨가[9]에 대한 주제에서도 이러한 논쟁이 점화된다. 계속해서 소위 제사장 기본 문서(priesterliche Grundschrift=P^g)의 범위에 대한 논쟁이 끊이지 않고

Studien zur Komposition des Pentateuch, BZAW 189, 1990.

7   위에 언급된 출판들에 따르면 KD는 족장 이야기로 이미 시작한다. 하지만 심도 있게 논의된 족장 전통과 출애굽 전통의 연결에 대한 토론에서 영향을 받은 블룸(Blum)은 자신의 본래 입장을 수정하였다. 그것에 대해서 보라 E. Blum, Die literarische Verbindung von Erzvätern und Exodus. Ein Gespräch mit neueren Forschungshypothesen, in: J. C. Gertz, et al. (Hg.), Abschied vom Jahwisten. Die Komposition des Hexateuch in der jüngsten Diskussion, BZAW 315, 2002, 119-156.

8   덧붙여서 참조하라. F. Crüsemann, Die Eigenständigkeit der Urgeschichte. Ein Beitrag zur Diskussion um den »Jahwisten«, in: J. Jeremias/L. Perlitt (Hg.), Die Botschaft und die Boten (Festschrift Wolff), 1981, 11-29.

9   K. Schmid, Der Sinai und die Priesterschrift, in: R. Achenbach/M. Arneth (Hg.), »Gerechtigkeit und Recht zu üben« (Gen 18,19). Studien zur altorientalischen und biblischen Rechts geschichte, zur Religionsgeschichte Israels und zur Religionssoziologie (Festschrift Otto), BZAR 12, 2009, 114-127.

있다. 만약 P^g, 제사장이전 사료(vorpriesterliche Quelle) 또는 구성층(Komposition) 가운데 어떤 것도 오경 혹은 육경의 대규모 이야기를 **은밀하게**(*in petto*) 포함하는 것이 아니라면, 오경의 생성에 대한 질문은 새롭게 제기될 것이다. 더 나아가 오늘날 논의에서 부수적인 것으로 취급되어 제외되었던 민수기 형성사에 대한 문제가 제기되는데,[10] 이 책의 특성에 대한 서술은 문서가설의 대표자들에게 귀속되어 있는 상태이다. 그러므로 오늘날 연구에서 문서가설, 단편가설 그리고 보충가설이 병존하고 있는 것이 관찰되며, 많은 경우에서 그것들은 결합되어 있다.

*ZAW*가 발간된 이래로 오늘날까지[11] 이 학술지는 오경 연구의 진보와 일탈을 수반했으며, *ZAW*에서 출판된 단행본들(*BZAW*)을 통하여 중요한 것으로 각인되었다. 따라서 19세기에 진행된 오경의 역사비평 연구 실태를 회고하는 것은 상당히 매력적일 것으로 보이는데, 그러한 관찰을 통해서 최신문서가설이 출현하기 전에 있었던 역사비평적 오경 연구와 오늘날 오경 연구의 상황의 뚜렷한 유사성이 명백해질 것이다.

---

10 그러한 이해로 예를 들어서 J. C. Gertz (Hg.), Grundinformation Altes Testament. Eine Einführung in Literatur, Religion und Geschichte des Alten Testaments, UTB 2745, 2010^4를 거론할 수 있다. 그것에 따르면 오경 생성 단락에서 민수기는 어떤 역할도 하지 않고 있다.

11 2012년 출간된 중요한 단행본에 대해서 보라. A. Fantalkin/O. Tal, The Canonization of the Pentateuch: When and Why?, ZAW 124 (2012), 1–18; 201–212.

1. 19세기의 문서가설, 단편가설 그리고 보충가설: 간략한 회고

일반적으로 19세기 연구사를 서술하며 문서가설, 단편가설 그리고 보충가설의 대표자를 언급하는 것에 있어서 교과서들마다 차이가 확인된다. 이와 같은 차이는 교육적으로 유용할 수 있지만, 의견이 분분하다는 것을 의미하지는 않는다.

예를 들어, 일겐(Carl David Ilgen)은 사료이론(Quellen-)과 단편이론(Fragmententheorie)을 연결하여 자신의 모델을 서술함에도 불구하고 "오래된 문서가설"(ältere Urkundenhypothese)의 대표자로 제시되었다.[12] 일겐은 예루살렘 성전 문서고[13]에 대한 자신의 저서에서 17개의 문서들을 기반으로 창세기의 생성을 설명했다. 그는 이 17개의 문서들을 다음과 같이 세 저자에게로 분배했다.

첫 번째 엘로힘 기자("Sopher Eliel harischon")에게 10개 문서가 배정 되었다. 두 번째 엘로힘 기자("Sopher Eliel hashsheni" 5권)와 예호비스트 기자("Sopher Eliel harischon" 2권)로 추정했다. 이러한 세 작품은 한 명의 수집가를 통해 편집되었는데, 이 수집가는 부득이하게 누락시키기도 했다.

또한 단편가설(Fragmentenhypothese)의 창시자로 종종 거론되는 게데스(Geddes),[14] 파터(Vater) 그리고 데 베테(de Wette)는 단편가설을

---

12   그러한 이해의 한 예를 O. Eißfeldt, Einleitung in das Alte Testament, Neue Theologische Grundrisse, 1964, 21이하에서 관찰할 수 있다.

13   K. D. Ilgen, Die Urkunden des jerusalemischen Tempelarchivs in ihrer Urgestalt. Band 1: Die Urkunden des ersten Buchs von Moses in ihrer Urgestalt, 1798.

14   J. W. Rogerson, Was Geddes a »Fragmentist«? In Search of the »Geddes-Vater Hypothesis«, in: W. Johnstone (Hg.), The Bible and the Enlightenment. A Case Study-Dr Alexander Geddes (1737-1802), JSOT.S 377, 2004, 157-

보충가설과 결합시켰다. 오경이 단편으로부터 구성되었다고 주장하는 데 베테는 초기에 단편에 대해서 진술한다. 그러나 그는 마찬가지로 창세기 1장부터 출애굽기 20장에 이르는 히브리 민족서사시(Nationalepos)를 가정하고 있다. 데 베테는 계속해서 이 서사시로 단편들이 통합되었음을 언급한다는 점에서,[15] 그는 투흐(Tuch)와 크노벨(Knobel)이 대표하는[16] 보충가설을 기반으로 연구했다고 볼 수 있다. 그들에 따르면 기본 문서인 "엘로힘 사료"(Elohimquelle)는 예호비스트(Jehovist)에 의해 개정되었고, 그 이외에도 그가 이용할 수 있었던 구전과 문헌으로 되어있던 문서가 기본 문서에 삽입되었다.[17]

"신문서가설"(die neuere Urkundenhypothese)의 창시자로 평가되는 홉펠트(Hupfeld)는 두 개의 엘로힘 문서(원문서와 보다 후대의 엘로힘 문서)를 구별하였고, 그 외에도 세 문서 중에서 가장 후대 것인 "야웨 문서"(Jhvhurkunde)를 언급하였다. "대단히 엄격하게" 그리고 "문자적으로 완벽하게 자신의 사료를 삽입했고 사료의 모든 특성을 보존한 채 통합했던" 편집자가 평행한 세 문서를 편집하는 데 책임을 맡았다. 편집과정에서 이 편집자는 "명백한 반복 혹은 모순을 피하기 위해 대단히 합리적인 관점으로 이야기의 관계성과 통일성을 고려했다."[18]

---

167. 그에 따르면 Geddes는 단편이론의 창시자로 소개되어서는 안 된다. 왜냐하면 그는 하나의 이론을 전혀 발전시키지도 않았으며 오히려 단지 후대에야 비로소 문서화된 다양한 구두 전승들을 출발점으로 삼았기 때문이다.

15 W. M. L. de Wette, Beiträge zur Einleitung in das Alte Testament, 2 Bände, 1806-1807, 1971 중쇄, II, 29 그리고 311.

16 F. Tuch, Kommentar über die Genesis, 1838; A. Knobel, Die Genesis, KEHAT 11, 1852²; A. Knobel, Die Bücher Numeri, Deuteronomium und Josua, KEHAT 13, 1861.

17 후대 "저자"가 특별 자료를 첨가함으로써 개정된 기초 문서에 대한 이론은 반 세터스(Van Seters)와 블룸(Blum)이 대표하는 모델과 상당히 근접해 있다.

18 H. Hupfeld, Die Quellen der Genesis und die Art ihrer Zusammensetzung von

반 세터스(John Van Seters)에 따르면 이러한 견해는 당시의 호메로스(Homer) 문학 연구에서 영향을 받은 것이며,[19] 그는 편집자를 자신의 사료를 세련되게 재구성하기 위해 노력하는 예술가적 기질을 가진 학자로 이해한다. 편집자들이 편찬한 본문에 앞서서 편집자에 대한 지대한 관심은 이후에 성서 연구의 여러 분야에서 고수되었지만, 그럼에도 불구하고 그것은 문제가 적지 않았다.

흥미로운 방법으로 로이스(Reuss)[20]와 그라프(Graf)[21]는 오경 안에서 관찰되는 제사장 본문의 연대를 후대로 관철시켰다. 그리고 그들과 연결하여 쿠에넨(Kuenen)과 벨하우젠(Wellhausen)의 4자료 이론은 P를 가장 후대 문서로 귀속시켰고, 보충가설과 단편가설의 조합을 견지하였다. 이 두 가설은 신명기를 제외한 육경을 고안해 내었던 예호비스트(Jehovist)가 주전 8세기에 마무리한 기본 문서를 출발점으로 한다.

신명기는 포로기 때에 한 명의 신명기사가(Deuteronomist)에 의해 완성되었고, 민수기와 여호수아 사이로 삽입되었다. 제사장 율법은 처음에는 독립된 모음집으로 존재했으며, 그것은 포로기이후(nachexilisch) 시기에 신명기사가적 육경에 첨가되었다. 제사장적인 이야기 본문과 율법 본문 사이의 유사성에 주의를 기울이며 그라프(Graf)를 관찰한 뇔데케(Nöldeke)와 쿠에넨(Kuenen)의 비평에 의하면,[22]

---

neuem untersucht, 1853, 196.

19 J. Van Seters, The Edited Bible. The Curious History of the »Editor« in Biblical Criticism, 2006, 222.

20 E. Reuss, Art. »Judenthum«, in: J. C. Ersch/J. G. Gruber (Hg.), Allgemeine Enzyklopädie der Wissenschaften und der Kunst, 1850, 327-347, 329-337.

21 K. H. Graf, Die geschichtlichen Bücher des Alten Testaments. Zwei historisch-kritische Untersuchungen, 1866.

22 T. Nöldeke, Untersuchungen zur Kritik des Alten Testaments, 1869; A. Kuenen, Critische bijdragen tot de geschiedenis van den Israëlitischen

그라프는 예호비스트와 기본 문서의 관계를 역전시켰고, "기본 문서"(Grundschrift)에서 예호비스트의 포로기이후 개정을 관찰하려 했으며,[23] 더 나아가 그는 제사장 문서들의 복잡성을 새롭게 강조하였다.

이것은 벨하우젠과 쿠에넨을 통하여 문서가설이 관철되기까지 해석모델들의 조합이 선호되었음을 의미한다. 슈라더(Schrader)는 1869년 출판된 데 베테의 교과서를 새롭게 발행하며 다음과 같은 논조로 의견을 피력했다.

> 따라서 우리는 특별히 문서가설과 보충가설을 연결함으로써
> 세 가지 모든 가설들을 결합할 때에 오경 등의 생성에 대한
> 올바른 견해를 기대할 수 있다.[24]

19세기 중반 이후에 수많은 학자들에 의해 주창되었던 다양한 모델들의 조화를 용인함으로써 아마도 오늘날 오경 연구의 상황에 대한 해결책을 제시할 수 있을 것이다. 이미 1831년에 하르트만(Hartmann)은 창세기에서 파악된 이론이 전체 오경에 무조건적으로 적용될 수는 없다는 것을 지적하였고, "기록 문서의 상이성과 저자의 다양성"을 강조하였다.[25]

---

godsdienst V. De priesterlijke bestanddeelen van Pentateuch en Josua, Theologisch Tijdschrift 4 (1870), 391-426, 487-526. 참조, 마찬가지로 Houtman, Pentateuch, 99-104.

23　K. H. Graf, Die sogenannte Grundschrift des Pentateuch, Archiv für die wissenschaftliche Erforschung des Alten Testaments 1 (1869), 466-477.

24　W. M. L. de Wette, Lehrbuch der historisch-kritischen Einleitung in die kanonischen und apokryphen Bücher des Alten Testaments (neu bearbeitet von E. Schrader), 1869, 313.

25　A. T. Hartmann, Historisch-kritische Forschungen über die Bildung, das Zeitalter und den Plan der fünf Bücher Mose's, 1831, 239.

2. 문서가설의 종말?

베르너(Ch. Berner)는 오경 연구를 간략하게 "문서가설과의 완전한 결별"(den vollständigen Abschied von der Urkundenhypothese)이라고 선언했으며, "문서가설은 19세기 사고에 얽매여 있는 본보기로 명맥만을 유지하고 있다"[26]고 피력했다. 그러나 이러한 주장은 통계적으로 볼 때 적절하지 못하다. 전통적인 자료설을 포기하는 것은 주로 독일어권 개신교 오경 연구에서 이뤄지고 있지만, 그와 달리 독일어권뿐 아니라 여전히 도처에서 벨하우젠의 범례가 사용된다.

앵글로색슨, 특별히 북아메리카 성서학에서는 지속적으로 문서가설이 오경 생성을 해설하는 모델로 이용되고 있으며, 문서가설에 대한 문제제기는 단지 소수의 학자들에게만 수용되고 있을 뿐이다. 문서가설에 대해 문제를 제기한 것에 대한 반응으로 이스라엘과 미국에서 슈바르츠(Baruch B. Schwartz)[27]와 그의 제자들(J. S Baden,[28] J. Stackert[29])

---

26 C. Berner, Die Exoduserzählung. Das literarische Werden einer Ursprungslegende Israels, FAT 73, 2010, 49.

27 B. J. Schwartz, La critica del Pentateuco nell'ebraismo e negli studiosi ebrei moderni, in: S. J. Sierra (Hg.), La lettura ebraica delle Scritture, 1995, 433-463; S. J. Sierra (Hg.), The Strata of the Priestly Writings and the Revised Relative Dating of P and H, in: S. Shectman/J. S. Baden (Hg.), The Strata of the Priestly Writings. Contemporary Debate and Future Directions, AThANT 95, 2009, 1-12; J. S. Baden (Hg.), How the Compiler of the Pentateuch Worked: The Composition of Genesis 37, in: C. A. Evans, et al. (Hg.), The Book of Genesis. Composition, Reception, and Interpretation, VT.S 152, 2012, 263-278.

28 J. S. Baden, J, E, and the Redaction of the Pentateuch, FAT 68, 2009; J. S. Baden, The Composition of the Pentateuch: Renewing the Documentary Hypothesis, ABRL, 2012; J. S. Baden, The Re-Emergence of Source Criticism: The Neo-Documentary Hypothesis, http://www.bibleinterp.com/articles/ bad368008.shtml (2012).

29 J. Stackert, Rewriting the Torah. Literary Revision in Deuteronomy and the

이 신문서가설(die neueren Urkundenhypothese)의 모든 오류를 극복하고자 "새로운 문서가설"(Neo documentary hypothesis)에 대한 이론을 제시했다.[30] 베이든(J. S. Baden)이 종종 강조한 것처럼, 이 이론은 "문학적 문제에 대한 문학적 해답"(the literary solution to a literary problem)인데,[31] 환언하면 그것은 역사적이며 사회적 맥락에 대한 모든 질문들, 그리고 담지자 그룹과 경제적 조건에 대한 질문들이 간과되었음을 의미한다.

베이든은 벨하우젠의 문서가설이 이스라엘 종교의 발전에 대한 이론 그리고 유대교 형성에 대한 이론과 견고하게 결합되어 있다는 것을 올바르게 인지하였다. 하지만 **새로운 문서가설**에서 그러한 이론들은 포기되었다. 또한 4문서의 이전 단계에 대한 질문도 점차 희미해졌다.

새로운 문서가설은 최종 본문의 직전 형태에 대해서만 관계되어 있다. 그것은 편집자가 4문서를 조립할 때, 그의 손에 주어졌던 것이다. 이러한 접근은 오히려 개별 단계로 회귀함으로써 오경이 어떻게 형성되었는가에 대한 질문에 명쾌한 답을 제시하지 못하고 있다!

더 나아가 편집자들에 대한 가정은 포기되었는데, **전능한 해결사**(deus ex machina)처럼 역량을 발휘한 "편집자"(compiler)가 4문서를 "단

Holiness Legislation, FAT 52, 2007; J. Stackert, Compositional Strata in the Priestly Sabbath. Exodus 31:12-17 and 35:1-3, JHS 11/15 (2011), 1-12; J. Stackert, Why Does the Plague of Darkness Last for Three Days? Source Ascription and Literary Motif in Exodus 10:21-23, 27, VT 64 (2011), 657-676.

30 사료를 구별하는 기준으로 하나님의 이름 사용 또는 문체의 차이점에 대한 인용을 일례로 언급할 수 있다. 그와 달리 문서들은 동일한 이야기를 동일한 방법으로 서술해야만 한다는 확신에 반대하는 베이든의 논쟁(예를 들어, 온라인-기고문)은 불명확하다. 그러나 이것은 그와 달리 평행한 이야기들(예를 들어, 출 14장 같은)이 다양한 서술 방법과 다양한 신학 서술을 함유하고 있다는 것을 보여주는 문서가설의 요구가 결코 아니다.

31 Baden, Re-Emergence. 뒤이어 나타나는 인용구의 출처는 위와 동일한 온라인-기고문이다.

일한 이야기"로 연결하기 전까지 4문서는 개별 형태로 존재했다. 그로 인해 『새로운 문서가설』(Neo Documentary Hypothesis)은 근본적으로 많은 것에 답할 수 없다. 많은 중요한 질문들은 배제되었다.[32] "사료는 어디에서 유래했는지," "편집자는 누구인지"에 대해서는 설명되지 않았다. 이외에도 최근 유럽 오경 연구에 대한 중대한 논쟁이 지속적으로 언급되지 않음으로써, 문서가설에 대한 이러한 견해는 벨하우젠 이전으로 회귀하는 진부한 인상을 준다.[33]

기본적으로 베이든 등의 모델은 신문서가설의 대표 주자인 슈미트(L. Schmidt) 혹은 제바스(H. Seebass)와 최소한의 공통점을 갖는다. 슈미트는 민수기 주석서에서 신문서가설(die neuere Urkundenhypothese)을 해설 모델을 위한 기초로 삼았고, 동시에 그는 예를 들어 민수기 16장처럼 J, D 혹은 P로 귀속될 수 없는 본문들이 민수기에 존재한다는 것을 용인한다. J, E를 D 그리고 P와 연결시킨 오경 편집자는 결코 기계적으로 작업한 편집자가 아니라, 오히려 자신의 특성을 대거 주입하였다.

슈미트에 따르면 오경이 주전 300년경에 정경으로 수용되기까지, 오경에는 후대의 계속적인 첨가가 가능했을 것이다.[34] 계속해서 민수기 생성의 "중심점"이 "대부분의 본문들이 유래한 포로기-포로기이후

---

32 그러한 이해로 C. Frevel: »Diese Repristinierung der älteren Urkundenhypothese schafft im Detail mehr Probleme als sie löst« (E. Zenger et al., Einleitung in das Alte Testament [hg. von C. Frevel], Studienbücher Theologie 1,1, 8. 2012, 114).

33 또한 참조하라. D. Carrs Besprechung von J. Badens »Redaction of the Pentateuch« in RBL 12/2010.

34 L. Schmidt, Das 4. Buch Mose. Numeri Kapitel 10,11-36,13, ATD 7/2, 2004, 3-10.

시기에 (위치해 있다)"는 슈미트의 주장은,³⁵ 모든 점에서 다른 모델들과 연결될 수 있다. 마찬가지로 제바스는 전통적인 벨하우젠 가설만으로는 민수기가 설명될 수 없다고 인정한다. 따라서 그는 페르시아 시대에 다양한 후대의 첨가가 있었음을 가정하며, 계속해서 오경의 다른 책들과 상응하지 않는 주전 4세기에 기원하는 "민수기 구성층"(Numeri-Komposition)이 존재함을 추정한다.³⁶

오늘날 연구의 상황은 명백하게 문서가설에 종말을 고하도록 유도되고 있다.³⁷ 하지만 이러한 가설의 대표자들 간에는 각각의 모델의 전제와 응용과 관련하여 적지 않은 해석의 차이가 확인된다.

3. 연속되는 이야기의 실타래에 대한 문제

문서가설은 처음(원역사 혹은 족장)부터 모세의 죽음 또는 땅점유를 포함하는 이스라엘 역사에 대한 이야기 실타래가 평행하게 나타나고 있음을 기본 전제로 삼는다.³⁸ 하지만 이러한 전제는 오늘날 족장-전통 문헌의 독립성이 강조되고, 그것이 후대에 출애굽 역사와 연결됨으로써 문제시되고 있다. 이미 여러 학자들은 19세기에 창세기의 독

35　Schmidt, Numeri, 10.
36　H. Seebass, Numeri, BK.AT IV/2-3, 2007 그리고 2011; H. Seebass, Das Buch Numeri in der heutigen Pentateuchdiskussion, in: T. Römer (Hg.), The Books of Leviticus and Numbers, BETL 215, 2008, 233-259, 239-240.
37　마찬가지로 솔로몬 야위스트를 지지하는 것으로 참조하라. A. Marx, Le Yahwiste salomonien au regard des sciences sociales, VT 52 (2012), 398-415.
38　D를 예외로 하면 창조와 함께 시작하는 이야기 실타래 그리고 모세의 죽음 또는 땅점유로 종결되는 이야기 실타래가 J와 P에 가정된다. E에 대해서는 과거부터 너무 복잡했다(사람들은 E의 시작을 종종 족장사에서 찾는다).

립성을 강조했다. 콜렌소(J. W. Colenso)는 창세기가 그 밖의 다른 책들에 비하여 "신명기사가적"으로 거의 개정되지 않았다는 의견을 피력했고,[39] 슈태크(W. Staerk)는 족장 이야기와 출애굽 이야기의 상이한 신학을 환기시켰는데, 슈태크에 따르면 창세기 12장 이하에는 대중적인 신학이 함유되어 있는 반면, 출애굽-전통에는 "심사숙고된 구원사적 사상"이 존재한다.[40]

족장 이야기가 전통사적으로 그리고 문학적으로 독립되었다는 것은 현재의 오경 연구에서 적지 않은 학자들에게 수용되었는데, 그들은 특별히 족장과 출애굽의 연결이 가장 먼저 P를 통해서 이뤄졌음을 출발점으로 삼는다.[41] 이러한 주장은 출애굽기-신명기(여호수아)의 제사장이전 문헌에서 족장 이야기와 어떠한 직접적인 연관성도 확인되

---

39 J. W. Colenso, The Pentateuch and Book of Joshua Critically Examined, Vol. I-VI, 1862-1879, I, 362.

40 W. Staerk, Studien zur Religions- und Sprachgeschichte des alten Testaments, I. II., 1899, I, 50-51.

41 참조, 이미 T. Römer, Israels Väter. Untersuchungen zur Väterthematik im Deuteronomium und in der deuteronomistischen Tradition, OBO 99, 1990, 567.574; A. de Pury, Le cycle de Jacob comme légende autonome des origines d'Israël, in: J. A. Emerton (Hg.), Congress Volume Leuven 1989, VT.S 43, 1991, 78-96; J. A. Emerton (Hg), Las dos leyendas sobre el origen de Israel (Jacob y Moises) y la elaboracion del Pentateuco, EsBib 52 (1994), 95-131. Ausführlich begründet wurde diese Annahme von 이러한 가정은 슈미트를 통해 충분히 설명되었다. (K. Schmid, Erzväter und Exodus. Untersuchungen zur doppelten Begründung der Ursprünge Israels innerhalb der Geschichtsbücher des Alten Testaments, WMANT 81, 1999); 계속해서 참조하라. J. C. Gertz, Tradition und Redaktion in der Exoduserzählung. Untersuchungen zur Endredaktion des Pentateuch, FRLANT 186, 1999; J. C. Gertz, The Transition Between the Books of Genesis and Exodus, in: Dozeman/Schmid (Hg.), A Farewell to the Yahwist?, 73-87; E. Otto, Das Deuteronomium im Pentateuch und Hexateuch. Studien zur Literaturgeschichte von Pentateuch und Hexateuch im Lichte des Deuteronomiumsrahmens, FAT 30, 2000; Blum, Verbindung.

지 않는다는 관찰을 통해 지지된다. 창세기 50:24; 출애굽기 3:6, 15-16; 4:5; 32:13; 33:1; 레위기 26:42; 민수기 32:11; 신명기 1:8; 6:10; 9:5, 27; 29:12[13]; 30:30[→ 20]; 34:10[→ 4]에서 관찰되는 세 족장에 대한 언급이 오경 편집의 영향에 속하였다는 것은 대단히 개연성이 높은데,[42] 이 편집의 관심은 족장-전통과 출애굽-전통의 응집성(과 동질성)을 강조하는 것에 있다.

따라서 새로운 반대 의견[43]에도 불구하고 계속해서 제사장이전으로 고수될 수 있는[44] 세 소명을 다루는 출애굽기 3*장의 비제사장적

---

42 Römer, Väter, 560-566; H.-C. Schmitt, Die Josephsgeschichte und das deuteronomistische Geschichtswerk. Genesis 38 und 48-50, in: M. Vervenne/ J. Lust (Hg.), Deuteronomy and Deuteronomic Literature (Festschrift Brekelmans), BEThL 133, 1997, 391-405, 394; Schmid, Erzväter, 293-299, Otto, Deuteronomium, 218-219. 하지만 그는 이 구절을 육경 편집으로 귀속시켰다.

43 특별히 E. Otto, Die nachpriesterliche Pentateuchredaktion im Buch Exodus, in: M. Vervenne (Hg.), Studies in the Book of Exodus. Redaction-Reception-Interpretation, BEThL 126, 1996, 61-111, 101-111; Schmid, Erzväter, 193-209; 계속해서 참조하라. J. Kegler, Die Berufung des Mose als Befreier Israels. Zur Einheitlichkeit des Berufungsberichts in Exodus 3-4, in: C. Hardmeier, et al. (Hg.), Freiheit und Recht (Festschrift Crüsemann) 2003, 162-188.

44 위에 언급된 저자들이 제시한 대부분의 논점은 출 4:1-9과 관련 되었으며, 이 단락이 전적으로 제사장이후로 소급되어야 한다는 것이다. 출 2:23(P)과 마찬가지로 출 3:7-10에서 (물론 다른 철자로) 이스라엘의 부르짖음 그리고 야웨의 들음과 바라봄을 서술하고 있다는 것은(Schmidt, Erzväter, 193), 출 3:7-10이 P문서를 문학적으로 의존하고 있지 않음을 보여준다. 우리는 오히려 정반대의 경우, 즉 P본문이 출 3장을 인식하는 상태에서 작성되었다는 것을 추정할 수 있다. 또한 모세 소명을 호렙산에 위치시키는 것은 애굽으로 자리매김시키는 제사장 편집을 수정하고 있다(Pentateuchredaktion, 110)는 오토(Otto)의 추정은 불가피한 것이 아니다. 먼저 출 3:1의 마지막에 관찰되는 장소("하나님의 산, 호렙")에 대한 기록은 부분적으로 또는 전체가 후대 개정에 속한 것으로 평가된다(70인역에 단지 "호렙산"이라는 표현만 확인된다). 그렇지 않다 하더라도, 겔 20장에 전제된 애굽에서의 야웨 계시 전통이 P에 전제된 것으로 보인다. 계속해서 출 3*장의 제사장이전 본문에 대해서 참조하라. J. C. Gertz, Tradition und Redaktion in der Exoduserzählung. Untersuchungen zur Endredaktion des Pentateuch, FRLANT 186, 1999, 254-305; Blum, Verbindung, 203-206; T. Römer, Exodus 3-4 und die aktuelle

(nicht-priesterlich) 이야기에 출애굽기 3:8의 땅은 아브라함, 이삭과 야곱에 대한 하나님의 약속이 언급되지 않은 채 너무도 생소하게 삽입되었다. 그와 달리 창세기에서는 나타나지 않지만, 오히려 신명기와 신명기사가적 문헌에서 발견되는 표현들이 그곳에서 확인된다.[45] 문법적으로 그리고 문체적으로 번잡하며 까다로운 주장, 즉 출애굽기 3:6과 3:15-16[46]에서 야웨를 "아브라함, 이삭과 야곱의 하나님"으로 규정하는 주장은 마찬가지로 출애굽 이야기가 본래에는 족장전통과 무관하게 전승되었다는 것을 암시한다.

또한 이것은 예를 들어 이미 언급된 에스겔 20장이나 시편 78편, 106편 그리고 136편과 같은 히브리 성서 역사 개요에서도 확인되는데, 이 본문들에 따르면 출애굽 사건은 그것의 프롤로그로 보이는 족장 이야기가 없는 채로 등장한다. 족장 이야기에서 나타나는 소견은 제사장적 편집이 창세기와 출애굽기를 연결하고 있다는 주장을 지지한다. 따라서 비로소 P는 아브라함을 메소포타미아 출신의 조상으로 묘사하고 있으며, 창세기 17장을 명백하게 출애굽기 6장의 전조로 만들었다.[47] 제사장이전의 족장설화에서 명확하게 출애굽 이야기를 암시하는 것은 발견되지 않는다.

우리는 물론 창세기 12:10-20과 16장에서 출애굽 전통에 대한 (반

Pentateuchdiskussion, in: R. Roukema (Hg.), The Interpretation of Exodus (Festschrift Houtman), CBET 44, 2006, 65-79.

45 특별히 "젖과 꿀이 흐르는 땅"과 백성 목록.

46 이미 P. Weimar, Die Berufung des Mose. Literaturwissenschaftliche Analyse von Exodus 2,23-5,5, OBO 32, 1980, 341-342가 지적한 것처럼, 이것은 오경 편집에 귀속된다.

47 M. Köckert, Die Geschichte der Abrahamüberlieferung, in: A. Lemaire (Hg.), Congress Volume Leiden 2004, VT.S 109, 2006, 103-128, 123-124.

어적인?) 전조를 관찰할 수도 있다.[48] 창세기 12:10-20에는 본보기로 행동하는 파라오를 묘사하고 있는데, 그는 아브라함과 아브라함이 거짓으로 애굽에서 취득한 재물을 보내주었다(שלח[샬라흐]). 그리고 창세기 16장에서 이스라엘 여인에게 억압당하여(ענה[아나]) 광야로 도망가는(ברח[바라흐]) 애굽 여비(女婢)가 묘사되었는데, 그 광야에서 그녀는 구원과 번성을 약속하는 야웨의 천사를 만난다.

하지만 이러한 암시는 족장과 출애굽의 어떠한 문학적 연결도 전제로 삼지 않는다. 만약 족장과 출애굽의 문학적 연결에 대한 암시들이 존재한다면, 이러한 암시는 오히려 출애굽 전통에 대한 인식이 있었다는 것과 이 전통이 아마도 논쟁적으로 수용되었음을 전제하는 것이다.[49]

창세기 12장 이후 본문 중에서 아브라함과 출애굽 전통을 의도적으로 서로 연결시키려 시도한 특징적 본문은 창세기 15장이다. 전통적인 문서가설에서는 (주저하며) J와 E로 배정된 창세기 15장이 유럽 오경 연구에서는 종종 창세기 17장을 전제하는 제사장이후 (nachpriesterlich) 본문으로 평가된다.[50] 물론 창세기 15장의 문학적 통

---

48 T. Römer, Exodusmotive und Exoduspolemik in den Erzvätererzählungen in: I. Kottsieper, et al. (Hg.), Berührungspunkte. Studien zur Sozial- und Religionsgeschichte Israels und seiner Umwelt (Festschrift Albertz), AOAT 350, 2008, 3-20; 창 16장에 대해서 참조하라. T. B. Dozeman, The Wilderness and Salvation History in the Hagar Story, JBL 117 (1998), 23-43.

49 유사한 현상이 호 12장의 야곱 전승에 대한 논쟁에서 주어졌다. 덧붙여서 참조하라. A. de Pury, Hosea 12 und die Auseinandersetzung um die Identität Israels und seines Gottes, in: W. Dietrich/M. Klopfenstein (Hg.), Ein Gott allein? JHWH-Verehrung und biblischer Monotheismus im Kontext der israelitischen und altorientalischen Religionsgeschichte, OBO 139, 1994, 413-439, 그와 비평적 논쟁에 대해서 참조하라. E. Blum, Hosea 12 und die Pentateuchüberlieferungen, in: A. C. Hagedorn/H. Pfeiffer (Hg.), Die Erzväter in der biblischen Tradition (Festschrift Köckert), BZAW 400, 2009, 291-321.

50 T. Römer, Gen 15 und Gen 17. Beobachtungen und Anfragen zu einem

일성에 관하여 의견이 일치된 것은 아니다. 계속해서 13-16절에 있는 예견이 고려되지 않았다는 점은 잘 알려져 있다(그로 인해 과거에는 이 단락이 P를 전제한다는 근거가 되었다).[51] 아브라함에게 백성의 압제와 해방을 인지시키는 야웨의 말은 실제로 이야기의 연결을 차단하며, 12절과 17절에는 서술의 재시작이 확인된다.

하지만 이러한 "단절"이 탁월하게 창세기 15장의 문체로 첨가되어서, 이 단락이 없다면 창세기 15:8의 아브라함 질문은 응답 부재의 상태가 되고 만다(במה אדע כי אירשנה[바마 에다 키 이라쉐나] 8절 그리고 ידע תדע[야도아 테다] 13절을 참조하라).

그러므로 필자의 의견에는[52] 2-3*절에 있는 주석 그리고 경우에 따라서 창세기 15장의 마지막에 있는 10개의 부족 목록을 기반으로 15장이 다층으로 구성되어 있음을 출발점으로 삼는 것은 필연적이지 않다. 만약 우리가 특별히 창세기 15장이 창세기 14장을 전제하며,[53] 토라의 다양한 주제를 짜깁기식으로 모으려고 했던 "오경 편집

Dogma der »neueren« und »neuesten« Pentateuchkritik, DBAT 26 (1989/90), 32-47; J. Ha, Genesis 15. A Theological Compendium of Pentateuchal History, BZAW 181, 1989; Schmid, Erzväter, 172-185; C. Levin, Jahwe und Abraham im Dialog. Genesis 15, in: M. Witte (Hg.), Gott und Mensch im Dialog (Festschrift Kaiser), BZAW 345, 2004, 237-257; L. Schmidt, Genesis xv, VT 56 (2006), 251-267; Köckert, Abrahamüberlieferung, 127 등.

51 최근 연구에 대해서 참조하라. J. C. Gertz, Abraham, Mose und der Exodus. Beobachtungen zur Redaktionsgeschichte von Genesis 15, in: Gertz (Hg.), Abschied vom Jahwisten, 63-81, 69-76(7절) 그리고 J.-L. Ska, Some Groundwork on Genesis 15, in: J.-L. Ska (Hg.), The Exegesis of the Pentateuch. Exegetical Studies and Basic Questions, FAT 66, 2009, 67-81, 78-80.

52 만약 1절에서 환상이 다뤄지고 있다고 이해한다면, 종종 문제가 제기되었던 5절(하늘의 별)과 12절(해가 질 무렵) 사이의 통일성 단절은 해결된다.

53 창 15장이 명백하게 창 14장의 "연장"(Fortsetzung)으로 고안되었다는 것은 큰 상급에 대해 진술하는 아브라함의 말(창 15:1)과 야웨가 스스로 아브라함의 "방패"(מגן)라고 서술하는 것(창 15:1)에서 확인된다. 이러한 연관성은 게르츠(Gertz)에

적"(pentateuchredaktionell) 본문이라고 이해해야 한다면, 창세기 15장을 다층으로 이해할 필요는 없다.

창세기 15장에는 명백하게 모세와 비교되는 아브라함에 대한 평가가 나타난다. 모세가 예언자 대열을 시작하는 자로 묘사되는 신명기 18:14-20과 달리 창세기 15:1에서 신의 계시는 특별히 에스겔에서 빈번하게 확인되는 예언자의 말씀사건공식으로 아브람(Abram)에게 주어졌다.

창세기 15:6에 따르면 아브라함의 믿음(ויהאמן ביהוה[붸헤에만 바야웨])은 종종 강조되는 것처럼 믿음 없는 아하스 왕과 대조될 뿐 아니라,[54] 민수기 20:12에 나타난 야웨를 믿지 않았던(לא־האמנתם ב[로 헤에만템 비]) 모세(그리고 아론)와도 대조된다. 끝으로 아브라함은 출애굽기 6:2-8의 제사장적 계시 신학과 달리 이미 모세 이전에 이스라엘 하나님의 이름을 인식하고 있었다.

> 나는 이 땅을 네게 주어 소유를 삼게 하려고 너를 갈대아인의
> 우르에서 이끌어 낸 야웨니라(창 15:7).

쾨커트(Köckert)가 표명한 바와 같이 "[이 구절은] 십계명 서막인 출애굽기 20:2을 레위기 25:38 그리고 창세기 11:28과 연결시켰다."[55] 창세기 11:28-31(P)단락, 특별히 창세기 11:31에서 데라가 갈대아 우르에서 나오는데 주도적 역할을 했다는 기록은 빠르게 수정되었는데,

---

의해 관찰되었다. 하지만 창 14장으로부터 독립된 창 15장의 원형을 재구성하기 위해서 게르츠는 "상당히 명백한 문학비평적 증거"가 없어도 창 15:1의 "변형"을 추측될 수 있음을 주장한다(Gertz, Abraham, 70).

54 예를 들어, L. Ruppert, Genesis. Ein kritischer und theologischer Kommentar. 2. Teilband: Gen 11, 26-25, 18, fzb 98, 2002, 269.

55 Köckert, Abrahamüberlieferung, 127.

그와 달리 아브라함이 갈데아 우르에서 나왔다고 진술되었기 때문이다. 따라서 창세기 15장은 아브라함을 원-모세(Proto-Mose)로 제시하였고, 족장과 출애굽을 명백하게 문학적으로 연결시키는 것을 보여준다. 이미 제시된 것처럼, 창세기 15장은 확실히 "제사장이후" 본문으로 분류되며, 그러므로 족장 이야기를 바탕으로 족장 이야기와 모세 이야기 그리고 출애굽 이야기가 "제사장이전"(vorpriesterlich)에 문학적으로 매듭지어졌다는 것은 명백하게 불가능하다.

동시에 이것은 창세기와 출애굽기가 P를 통하여 가장 먼저 연결되었다는 이론과 일치된다. 물론 이러한 이론에 이의가 없는 것은 아니다. 반 세터스(J. Van Seters), 카(D. Carr), 레빈(Ch. Levin), 슈미트(H.-Ch. Schmitt) 그리고 또 다른 슈미트(L. Schmidt)와 같은 학자들은 족장과 출애굽이 제사장이전에 연결되었음을 피력했다.[56] 이러한 입장에 다음과 같은 연구결과를 언급할 필요가 있다. 대부분 이러한 연결은 요셉 이야기와 출애굽기 1장의 몇몇 구절들(종종 언급되는 것으로 출 1:6aα, 8-10*)을 기반으로 제시되었다(동시에 문체적으로나 내용적으로 출

---

[56] J. Van Seters, The Patriarchs and the Exodus: Bridging the Gap Between Two Origin Traditions, in: Roukema (Hg.), The Interpretation of Exodus, 1-15; D. M. Carr, What Is Required to Identify Pre-Priestly Narrative Connections Between Genesis and Exodus? Some General Reflections and Specific Cases, in: Dozeman/Schmid (Hg.), A Farewell to the Yahwist?, 159-180; C. Levin, The Yahwist and the Redactional Link Between Genesis and Exodus, in: 위의 책, 131-141; H.-C. Schmitt, Erzvätergeschichte und Exodusgeschichte als konkurrierende Ursprungslegenden Israels-ein Irrweg der Pentateuchforschung, in: Hagedorn/Pfeiffer (Hg.), Die Erzväter in der biblischen Tradition, 241-266; L. Schmidt, Die vorpriesterliche Verbindung von Erzvätern und Exodus durch die Josefsgeschichte (Gen 37; 39-50*) und Exodus 1, ZAW 124 (2012), 19-37. 계속해서 참조하라. J. S. Baden, The Continuity of the Non-Priestly Narrative from Genesis to Exodus, Bib. 93 (2012), 161-186, 그리고 그것에 대한 대응으로 K. Schmid, Genesis and Exodus as Two Formerly Independent Traditions of Origins of Ancient Israel, Bib. 93 (2012), 187-208.

3장과 평행을 보여주는 창 46:1-5은 중요하다). 창세기 37-50*장이 제사장이전에 존재했다는 점에 대해서 더 이상 의견의 일치가 없으며, (시 105편에 이르기까지 히브리 성서의 어디에서도 잘 알려진 것으로 전제되지 않은) 요셉 이야기의 기원에 대해서 우리는 여하튼 페르시아 시대 또는 초기 헬레니즘 유대 디아스포라에 관한 가설을 고려해야 한다.[57]

계속해서 "P-연결 가설"(P-Verbindungs-Hypthese)에 대해 반박하는 사람들 중에서 대다수는 창세기와 출애굽기의 통합이 하나의 "포로기" 야위스트 혹은 다른 편집자를 통해 이루어진 것으로 간주하는데, 그런 점에서 그들은 족장-전통과 모세-출애굽-전통이 문학적으로 독립되어 성장했음을 가정하고 있다는 것을 알 수 있다.[58] 이러한

---

57 이러한 가설은 독일어권 해석학에서는 근소하게 선호되고 되고 있으며, 보다 빈번하게 프랑스와 이탈리아 그리고 스페인 출판물에서 관찰된다. B. J. Diebner, Le roman de Joseph, ou Israël en Egypte. Un midrash post-exilique de la Tora, in: O. Abel/F. Smyth (Hg.), Le livre de traverse. De l'exégèse biblique à l'anthropologie, Patrimoines, 1992, 55-71; T. Römer, Joseph approché. Source du cycle, corpus, unité, in: ebda. 73-85; J.-M. Husser, Le Songe et la Parole. Etude sur le rêve et sa fonction dans l'ancien Israël, BZAW 210, 1994, 231-248; A. Catastini, Storia di Guiseppe (Genesi 37-50), 1994; P. Sacchi, Il problema della datazione della storia di Giuseppe, Hen 18 (1996), 357-364; B. Gosse, Structuration des grands ensembles bibliques et intertextualité à l'époque perse, BZAW 246, 1997, 153-154; J. A. Soggin, Das Buch Genesis. Kommentar, 1997, 427-436; C. Uehlinger, Fratrie, filiations et paternités dans l'histoire de Joseph (Genèse 37-50*), in: J.-D. Macchi/T. Römer (Hg.), Jacob. Commentaire à plusieurs voix de Gen. 25-36 (Festschrift A. de Pury), MoBi 44, 2001, 303-328 ; D. Nocquet, Genèse 37 et l'épreuve d'Israël. L'intention du cycle de Joseph, ETR 77 (2002), 13-35; A. Kunz, Ägypten in der Perspektive Israels am Beispiel der Josefsgeschichte (Gen 37-50), BZ 47 (2003), 206-229; A. Qincoces Lorén, José el Egipto: Más allá de Moisés, Hen 25 (2003), 213-239; M. J. Guevara Llaguna, Esplendor en la diaspora: La historia de José (Gn 37-50) y sus relecturas en la literatura bíblica y parabíblica, Biblioteca midrásica 29, 2006.

58 그러한 이해를 강조한 것으로 참조하라. R. G. Kratz, Die Komposition der erzählenden Bücher des Alten Testaments. Grundwissen der Bibelkritik, UTB 2157,

발달과 연관되어 단편가설적 특징이 다시 적절하게 적용될 수 있다. 마찬가지로 필자의 의견에는 비로소 P가 족장과 출애굽을 신학적으로 고찰하여 연결했다는 점은 명확하다. 그것은 뒤에서 간략하게 언급될 것이다.

4. 오경에서 P 본문의 문제

크라츠(R. Kratz)는 오경 연구의 상황을 다음과 같이 요약했다.

> 한 가지는 분명하다. 그 자체로도 복잡한 제사장 문서는 따로 분리되는데, 그것은 사료이거나 혹은 편집된 것이다.[59]

동시에 이미 명확한 것은 P와 관련된 의견의 일치는 상당히 균열이 생기기 쉽다는 점이다. 계속해서 P는 주조되듯이 단번에 저작된 것이 아니라, 오히려 P^g(제사장적 기본 문서)와 P^s(제사장적 2차 문서)로 구별되어야 한다는 벨하우젠의 견해는 제한적이기는 하지만 의견의 일치를 보이고 있다. 그러나 P가 여호수아 18:1이나 19:51[60] 혹은 신명기 34*

2000, 295, 그에 따르면 족장 이야기와 출애굽 이야기는 (출 2:15-22을 통하여) 포로기가 되어서야 비로서 연결되었다고 옹호하였다. 계속해서 참조하라. R. Albertz, Der Beginn der vorpriesterlichen Exoduskomposition (KEX), ThZ 67 (2011), 223-262.

59   Kratz, Komposition, 12.
60   최근 출판물에 대해서 참조하라. J. Blenkinsopp, The Pentateuch. An Introduction to the First Five Books of the Bible, ABRL, 1992, 237; E. A. Knauf, Josua, ZBK.AT 6, 2008, 154-155; P. Guillaume, Land and Calendar: The Priestly Document from Genesis 1 to Joshua 18, LHB/ OTS 391, 2009.

장[61]에서 종결된다는 전통적인 의견에는 더 이상 의견의 일치가 발견되지 않는다. 또한 빈번하게 제기되는 주장, 즉 민수기 27장이 P의 종결을 함유하고 있다는 것[62]은 거의 설득력을 상실했는데, 왜냐하면 민수기 27장 본문은 상당히 "불확실한" 종결을 다루고 있기 때문이다.[63]

민수기의 "제사장" 문서들은 두드러지게 출애굽기와 레위기의 제사장 문서들과 구별되므로, 폴라(T. Pola)가 주창한 P^{g}의 출애굽기 40장 종결[64]이나 또는 쾨커트와 니한(Nihan)이 주장한 제사장 문서의 레위기 16장 종결[65]에서 찾는 것이 보다 근접해 있다. 해마다 욤 하키푸림(yôm hakkippurîm[대속죄일-역주])에 성전과 공동체를 정결케 하는 것은 실제로 P의 종결과 정확히 어울리는 것을 보여준다.

그러나 우리는 또한 P^{g}가 일차적으로 출애굽기 40장에서 종결되었고, 계속해서 레위기 1-16장은 독립된 제사장 문서의 틀에서 확인되

---

61 이러한 이해는 다시 C. Frevel, Mit Blick auf das Land die Schöpfung erinnern. Zum Ende der Priestergrundschrift, HBSt 23, 1999를 통하여 강조되어 옹호되었다.

62 J.-L. Ska, Le récit sacerdotal: Une »histoire sans fin«?, in: Römer (Hg.), The Books of Leviticus and Numbers, 631-653.

63 위에 언급된 이론에 대한 논의를 참조하라. C. Nihan, From Priestly Torah to Pentateuch. A Study in the Composition of the Book of Leviticus, FAT II/25, 2007, 20-30.

64 T. Pola, Die ursprüngliche Priesterschrift. Beobachtungen zur Literarkritik und Traditionsgeschichte von Pg, WMANT 70, 1995; 그와 유사하게 E. Aurelius, Der Fürbitter Israels. Eine Studie zum Mosebild im Alten Testament, CB.OT 27, 1988, 187 그리고 O. Kaiser, Grundriß der Einleitung in die kanonischen und deuterokanonischen Schriften des Alten Testaments I, 1992, 58-59; E. Otto, Forschungen zur Priesterschrift, ThR 62 (1997), 1-50. 오토는 출애굽기 29*장에서 제사장 문서가 종결된다고 생각한다.

65 M. Köckert, Leben in Gottes Gegenwart. Zum Verständnis des Gesetzes in der priesterschriftlichen Literatur, JBTh 4 (1989), 29-61, 56 이하; Nihan, Torah, 340-394.

는 첨가물들을 (다른 두루마리에서) 보여준다는 것을 가정할 수 있다.[66] 그 결과 P^g는 두 개의 두루마리를 포함할 수도 있는데, 하나는 "서술적인" 것이며(창세기-출애굽기) 다른 하나는 "제의적인" 것이다(레 1-16). 그러나 P를 그렇게 짧게 이해하는 것은 "P-본문에 존재하는 땅점유를 어떻게 이해야 하는가?"라는 질문에 직면하게 된다. 계속해서 출애굽기 혹은 레위기에서 종결되는 제사장 문서는 그러한 P를 바탕으로 오경의 뼈대가 형성되었다는 전통적인 사고를 무너뜨린다.

계속해서 "P를 처음부터 독립된 문서로 이해할 것인가" 혹은 "오래된 비제사장적 사료를 편집한 것으로 이해해야 하는가"는 논쟁이 되고 있다. 크로스(F. M. Cross)의 논문[67] 이후부터 북아메리카 연구에서 제시되는 후자의 사고는 현재에도 논의되고 있으며, 알베르츠(R. Albertz)와 베르너(Berner) 등이[68] 독일어권 연구에서 대표적 인물이다.

이러한 주장은 P 사료를 빈틈없이 재구성하려던 수많은 시도들에도 불구하고 전혀 성공을 거두지 못했다는 관찰을 근거로 한다. 하지만 상이한 문서들이 결합되면서 그것들이 완전하게 보전되었다는 추정은 잘못된 가정, 즉 편집자들이 그들의 사료를 가능하다면 완벽하게 견지하려 했다는 가정에서 비롯된 것이다. 그러나 메소포타미아,

---

66 Otto, Priesterschrift, 36; Kratz, Komposition, 117; M. Bauks, La signification de l'espace et du temps dans »l'historiographie sacerdotale«, in: T. Römer (Hg.), The Future of the Deuteronomistic History, BETL 147, 2000, 29-45, 37; C. Levin, Das Alte Testament, C.H. Beck Wissen 2160, 2001, 76.

67 예를 들어 F. M. Cross, Canaanite Myth and Hebrew Epic, 1973.

68 참조, R. Albertz, Die vergessene Heilsmittlerschaft des Mose. Erste Überlegungen zu einem spätexilischen Exodusbuch (Ex 1-34*), EvTh 69 (2009), 443-459; Berner, Exoduserzählung, Berner는 P를 셀 수 없이 많은 이어쓰기로 해체시켰다. Zur Diskussion siehe auch Shectman/Baden (Hg.), Strata of the Priestly Writings.

특별히 길가메쉬 서사시와 같은 실례들은 오래된 문서들이 자유롭게 취급되었고, 새로운 진술을 위해 짧아지고, 누락되거나 정정되기도 했음을 보여준다.[69] 만약 P가 실제로 (다층의) 개정층으로 입증되어야 한다면, 문서가설은 **완료된**(ad acta) 것으로 간주될 수도 있었을 것이며, (단편가설과 결합하여) 보충가설은 우위를 점했을 것이다.

아마도 우리는 블룸(E. Blum)의 제안을 수용하여 중도적 입장을 취해야 할 것이다.[70] 예를 들어, 사람들은 재앙 이야기와 같은 제사장 문서들 또는 출애굽기 14장에서 확인되는 바다 기적에 대한 제사장 판본이, 동일한 제사장 그룹들의 작업을 통해 보다 오래된 비제사장 전통에서 개정되어 제사장적으로 되기 전에, 우선적으로 작성되었다는 것을 실제로 가정해야 할 것이다. 그로 인해 (출애굽기 7-9장과 14장에서 입증되는) 사료 구별은 몇몇 구절들에서 명확해질 것이다. 또한 모세가 야웨의 정체성과 자신의 임무를 알게 된 출애굽기 6장의 제사장적 야웨의 말을 배경으로 제사장 사료의 독립성을 추정하는 것은 견지되는 것처럼 보인다.

다시 말해, 출애굽기 2:25[71]의 마지막은 3:1로 넘어가는 것이 아니라, 6:2로 옮겨 간다("하나님이 모세에게 말씀하여 이르시되…"). 계속해서 이미 몇몇 본문 연구가들이 매끄럽게 하기 위해 시도했는데, 문체적이며 내용적으로 납득하기 어려운 출애굽기 6:1에서 6:2로 넘어가는 것은 출애굽기 6:2 이하에 영향을 끼친 편집자를 가정함으로써 더욱 해석하기 어려워진다. 만약 출애굽기 6:2 이하의 저자가 이미 6:1을 인지했고 자

69　J. H. Tigay, The Evolution of The Gilgamesh Epic, 1982; A. R. George, The Babylonian Gilgamesh Epic. I/II. Introduction, Critical Edition and Cuneiform Text, 2003.
70　E. Blum, Studien, 229-285. 그에 따르면 "'사료'도 '편집'도 아니다."
71　출 2:25의 동사 형태는 MT와 달리 70인역을 따라서 니팔(Nif'al)로 이해된다.

신의 두루마리에 받아들였다면, 그는 글의 서문 하나를 생략할 수 있었거나 혹은 출애굽기 3:15처럼 오드(עוד – 또, 다시-역주)라는 용어를 통하여 출애굽기 6:2의 입문을 속행하는 것임을 명확히 할 수 있었을 것이다. 그로 인해 전체적으로 출애굽기 1:13-14, 2:23aβ-25, 6:2 이하는 독립된 본래 제사장 이야기로 이해됨을 말한다.

이런 맥락에서 모세는 특별한 사람으로 제시되지 않는데, 자주 표명되는 것처럼[72] 그것은 다음과 같은 전제, 즉 이러한 연결을 만들어낸 저자는 모세에 대한 인식 혹은 모세 이야기에 대한 것을 인지하고 있었다는 것으로 설명될 수 있다. 그것에 창세기 17장과 결부되어 발전된 출애굽기 6장의 계시 신학이 상응한다. 하나님은 인류에게 자신을 엘로힘(*ælohim*, 창 1)으로, 아브라함과 그의 후손들에게는 엘샤다이(*'el šadday*, 창 17)로, 그리고 이스라엘 사람들에게는 모세를 통하여 야웨(*yhwh*, 출 6장)로 계시했다. 만약 창세기와 출애굽기의 P 본문들이 비제사장 본문들과 분리된다면, 이 계시 신학은 더 좋은 기능을 발휘할 것이다.

계속해서 만약 P가 창세기 17장과 출애굽기 6장을 통해서 본래에는 독립된 두 가지 기원전통을 신학적이며 문학적으로 연결하려는 의도를 가지고 있었다면, 이러한 의도는 어째서 독립적인 제사장 문서가 빈번하게 짧으며 그리고 표면적으로 불완전하게 서술되었는가를 설명해 줄 수 있을 것이다. 다시 말해 제사장 문서는 그들의 수취인들이 제사장이전 족장 이야기와 모세 이야기를 인지하고 있음을 전제하는 것으로 추정된다. 따라서 그들은 족장 전통과 출애굽 전통이 신학적이며 문학적으로 하나의 통일체를 이룬다

---

72 예를 들어, Blum, Studien, 240-241. Blum에 따르면 "그러한 일관성 없는 서술"은 독립된 본문에서는 결코 인정될 수 없다. 만약 P가 모세 이야기를 인식하고 있다는 것을 전제로 하며 그 이야기를 명백하게 보충하려 했다면, 이러한 (미학적인) 반대 의견은 사라졌을 것이다.

는 것을 제시하는 데에 성공한 것처럼 보인다.

출애굽기 6:4과 8절에서 창세기 17:7-8을 암시하는 것은 마찬가지로 땅점유를 제사장적 견해로 이해하려는 징후를 담고 있다. 쾨커트가 적절하게 강조한 것처럼, P는 아브라함, 이삭과 야곱에게 행한 땅 약속이 이미 이뤄진 것으로 간주했다.[73] 그것에 따르면 "이방인의 땅"이라는 표현은 조상에게 주어진 땅 선물이 일시적인 것임을 의미하지는 않는다.

만약 쾨커트와 바욱스(Bauks)[74]의 견해대로 창세기 17:8에 사용된 아후자(אחזה) 개념을 "사용할 권리"(Nutzungsrecht)로 이해한다면, 이 표현은 레위기 25:23-24을 배경으로 설명된다.

> 토지를 영구히 팔지 말 것은 토지는 다 내 것임이니라 너희는
> 거류민이요 동거하는 자로서 나와 함께 있느니라(레 25:23).

종종 주장되는 것과 달리 출애굽기 6:4과 8절에는 어떠한 긴장관계도 존재하지 않는데, 왜냐하면 8절에 따르면 땅은 이미 족장들에게 주어졌기 때문이다. 맹세로 이해되는 8절의 표현은 필시 조상에게 주어진 신명기사가적 땅 맹세를 제사장적으로 수용한 것으로 이해된다.

---

73 M. Köckert, Das Land in der priesterlichen Komposition des Pentateuch, in: D. Vieweger/E.-J. Waschke (Hg.), Von Gott reden. Beiträge zur Theologie und Exegese des Alten Testaments(Festschrift Wagner), 1995, 147-162, 154. 마찬가지로 보라. J. Wöhrle, The Un-Empty Land: The Concept of Exile and Land in P, in: E. Ben Zvi/C. Levin (Hg.), The Concept of Exile in Ancient Israel and its Historical Contexts, BZAW 404, 2010, 189-206, 196-197. 그는 P본문이 창 28:4과 35:12을 다음과 같이 이해하고 있다고 지적한다. 다시 말해, 야웨는 세 족장 각각에게 땅 수여를 현실화하고 있다.

74 M. Bauks, Die Begriffe אחזה und מורשה in Pg. Überlegungen zur Landkonzeption in der Priestergrundschrift, ZAW 116 (2004), 171-188.

신명기 10:11; 11:9, 21 그리고 31:7처럼 본문들이 출발점으로 삼는 것은 언급된 세대는 야웨가 이미 그 세대의 조상에게 주기로 약속한 땅을 소유해야 한다는 점이다(אשר נשבע יהוה לאבתיכם[아쉐르 니쉬바 야웨 라아보탐]).[75] 언어적으로 출애굽기 6:8과 가장 일치하는 것은 에스겔 20:42인데, 동일하게 "손을 들다"라는 표현이 사용되었다.

따라서 P는 이스라엘의 기원에 관한 두 가지 전통의 연결을 강조하기 위해, 신명기와 에스겔에서 관찰되는 조상에 대한 땅 맹세를 애굽에 있는 조상에게 전용시켰다(이것은 신 1:8; 30:20 그리고 오경 편집으로 귀속되는 다른 구절들에서도 나타난다).

제사장 문서의 내적 구별(그리고 제사장 문서에 사용된 "사료"에 대한 질문)[76]은 앞으로 새로운 연구 분야로 다가올 전망이다. 예를 들어 "제사장" 본문은 민수기에서 어떻게 배열되었는가? 크놀(I. Knohl)[77]이 제기한 "성결학파"(Holiness School)의 존재에 대한 논쟁을 통하여 또한 다음과 같은 것이 명확하게 될 수 있다. "성결법전" 이외에도 오경의 P본문과 다른 전승을 전제로 하며 그것들을 개정하거나 평준화시키려 했던 그밖의 (편집) 본문이 레위기 17-26장에서 확인되는가?[78] 그렇다면 계속해서 H(성결법전)는 오경 편집과 분리되어야 하는가[79]라는 문제가 제기된다.

---

75 신 11:19은 덧붙여서 "너희의 자녀"를 첨가했다. Römer의 도표를 참조하라. Römer, Väter, 13.

76 덧붙여서 참조하라. J. Hutzli, Tradition and Interpretation in Gen 1:1-2:4a, JHS 10/12 (2010), 1-22.

77 I. Knohl, The Sanctuary of Silence. The Priestly Torah and the Holiness School, 1995.

78 덧붙여서 Milgrom의 연구를 참조하라. J. Milgrom, z. B. HR in Leviticus and Elsewhere in the Torah, in: R.Rendtorff/R.A.Kugler (Hg.), The Book of Leviticus. Composition and Reception, VT.S 93, 2003, 24-40.

79 덧붙여서 다양한 이해들에 대해서 참조하라. E. Otto, Das Heiligkeitsgesetz Leviticus 17-26 in der Pentateuchredaktion, in: P. Mommer/W. Thiel (Hg.),

5. 오늘날 오경 논의에서 민수기

민수기는 전반적인 오경 이론의 시험대가 될 것이다. 민수기에서 자료설이 거의 관찰되지 않는다는 점은 이미 슈미트(Schmidt)와 제바스(Seebass)의 주석서를 통해서 암시되었고, 그들은 각각의 방법으로 민수기의 특이성을 승인했다. 그리고 문서가설을 기반으로 하는 "뮌스터 오경모델"(Münsteraner Pentateuchmodell)의 추종자인 프레벨(Ch. Frevel)은 명시적으로 표명하였다. 프레벨은 공개적으로 문서가설이 "레위기와 민수기에서…계속해서 불필요"하다고 인정했다.[80]

문서가설에 대한 오래된 연구는 민수기 1-10장과 27-36장에서 이미 제사장문서이후(nach-priesterschriftlich)의 후대 첨가를 추정했었다.[81] 그와 유사한 것이 전체 민수기에도 적용됨을 특별히 아헨바흐(R. Achenbach)가 명확하게 지적했다.[82]

Altes Testament. Forschung und Wirkung (Festschrift Graf Reventlow), 1994, 65-80 그리고 C. Nihan, The Holiness Code between D and P. Some Comments on the Function and Significance of Leviticus 17-26 in the Composition of the Torah, in: E. Otto/R. Achenbach (Hg.), Das Deuteronomium zwischen Pentateuch und Deuteronomistischem Geschichtswerk, FRLANT 206, 2004, 81-122. Otto와 Nihan과 달리 Stackert는 레 17-26장이 신명기적 율법을 대체하기 위해 작성되었다고 추정한다. J. Stackert, Rewriting the Torah. Literary Revision in Deuteronomy and the Holiness Legislation, FAT 52, 2007.

80 Zenger et al., Altes Testament, 115. Frevel에 따르면 Noth의 민수기 주석서에 나타난 Noth의 발언이 연상된다. 민수기 연구를 바탕으로는 자료설이 제안될 수 없고, 오히려 단편 가설이 개연성이 있다. M. Noth, Das 4.Buch Mose. Numeri, ATD 7, 3, 1977, 8.

81 마찬가지로 참조하라. Seebass, Pentateuchdiskussion, 250. Seebass는 특히 민수기에서 "극소의 부분만을" Pg로 돌리고 있다.

82 R. Achenbach, Die Vollendung der Tora. Studien zur Redaktionsgeschichte des Numeribuches im Kontext von Hexateuch und Pentateuch, BZAR 3,

아헨바흐는 대부분의 오경 전통이 문서화된 이후에 비로소 민수기가 생성되었음을 정당하게 지적했다. 하지만 아헨바흐가 이따금씩 기계적으로 오경 편집, 육경 편집 그리고 신정정치 개정들(theokratische Bearbeitungen)로 분류하는 것과 반대로 민수기에서 이어쓰기 모델(Fortschreibungsmodell)[83]이 부분적으로 고려되어야 하는 것은 아닌지 질문되어야 한다. 민수기의 많은 본문들은 출애굽기와 레위기 그리고 신명기의 율법 본문과 이야기 본문에 대한 후대의 주석으로 이해되며, 이 후대 주석들은 새롭게 수정하는 이유를 두루마리 안에 기록했다(참조, 예를 들어, 민 27장에 대한 주석으로 이해되는 민 36장, 혹은 민 11장과 12장[84] 그리고 16-17장[85]의 기계적 이어쓰기).

만약 민수기가 오래된 오경 전통들 또는 육경 전통들(민 21장 이하와 여호수아서[86]의 땅점유 이야기를 참조하라)의 주석이며 해석으로 인식된다

2003. 민수기의 제사장이후 기원에 관하여 R. Albertz에 의해 제시된 이론에 대해서 참조하라. R. Albertz, Das Buch Numeri jenseits der Quellentheorie. Eine Redaktionsgeschichte von Num 20-24, ZAW 132 (2011), I. 171-183; II. 336-347.

83 이것은 문서가설의 대표자를 통하여 설비되었다. "동시에 민 10:11-36:13에서 이어쓰기의 심도있는 과정이 관찰되는데, 이 과정은 헬레니즘 시대에 까지 이른다" (Schmidt, Numeri, 5-6).

84 T. Römer, Nombres 11-12 et la question d'une rédaction deutéronomique dans le Pentateuque, in: Vervenne/Lust (Hg.), Deuteronomy and Deuteronomic Literature, 481-498.

85 C. Berner, Vom Aufstand Datans und Abirams zum Aufbegehren der 250 Männer. Eine redaktionsgeschichtliche Studie zu den Anfängen der literarischen Genese von Num 16-17, BN 150 (2011), 9-34; C. Berner, Wie Laien zu Leviten wurden. Zum Ort der Korachbearbeitung der Redaktionsgeschichte von Num 16-17, BN 152 (2012), 1-28.

86 덧붙여서 보라. R. Albertz, Die kanonische Anpassung des Josuabuches. Eine Neubewertung seiner sogenannten »priesterschriftlichen Texte«, in: T. Römer/K. Schmid (Hg.), Les dernières rédactions du Pentateuque, de l'Hexateuque et de l'Ennéateuque, BEThL 203, 2007, 199-216.

면, 이러한 주석으로서 민수기는 발락 이야기 단락과 같은 오래된 단편을 통합하는 것을 결코 배제하지 않는다. 전체로서 민수기는 아마도 커다란 오경 단락을 후대에 협연(協演)한 앙상블과 같다. 다시 말해, 이것은 한편으로는 창세기-레위기와 다른 한편으로는 신명기를 연결하는 교각의 기능을 하고 있다.[87]

6. 오경인가 육경인가

역사비평 연구가 시작된 이래로 미해결된 문제는 이제 막 생성하는 유대교 창설을 위한 원시 자료의 범위에 대한 질문이다. 19세기에는 오경이 빈번하게 진술되고 있음에도 불구하고 대부분 육경을 고려했으며, 이러한 사고는 벨하우젠과 여하튼 노트(M. Noth)에 이르기까지 관철되었다. 노트의 신명기 역사서 이론은 육경 이론 자체와 상충되는 관계를 보이기 때문에, 따라서 오경 자료의 종결은 여호수아서에서 거의 발견될 수 없었다.

노트의 신명기 역사서에 대한 비평과 함께 본래적인 "육경"에 대한 사고가 유행하기 시작했다.[88] 사람들은 최근 논의에서 포로기 이전의 "육경 이야기"에 대해 지지하기 시작했는데, 그것은 모세를 시작으로

---

[87] T. Römer, Israel's Sojourn in the Wilderness and the Construction of the Book of Numbers, in: R. Rezetko et al. (Hg.), Reflection and Refraction (Festschrift Auld), VT.S 113, 2007, 419–445.

[88] C. Frevel, Die Wiederkehr der Hexateuchperspektive. Eine Herausforderung für die These vom deuteronomistischen Geschichtswerk, in: H.-J. Stipp (Hg.), Das deuteronomistische Geschichtswerk, ÖBS 39, 2011, 13–53.

땅점유까지를 포괄한다. 물론 예외적으로[89] "육경"에 함유되어 있는 이 야기들을 규정하는 것은 상당히 막연하다. 게르츠(Gertz)는 다음과 같 은 분석에 만족하였다.

> 기본 형태는 요단강 도하, 베냐민 지파 지역에 위치한 몇몇 도시들을 정복하는 것 그리고 여리고(수 6장*)와 아이(수 8장*) 와 같은 몇몇 지역들을 정복하는 서술로 종결된다.[90]

또한 크나우프(Knauf)는 "'출애굽' 이야기는…'가나안 입성'이라는 출애굽의 종결이 없다면 상상할 수 없다"[91]고 주장했다. "출애굽 이야 기는 본래 어디에서 마무리 되는가?"라는 질문은 대단히 중요한 의미 를 지님에도 불구하고,[92] 그것의 범위를 문학적으로 명확하게 규정하 려는 시도는 지금까지 상당히 미진한 상태이다.[93] 아마도 출애굽 이야

---

89 Kratz는 확신을 가지고 육경의 본래 종결에 속하는 단락을 규정하였다. 수 2:1-7, 15-16, 22; 3:1, 14a-16; 4:19b; 6:1-3, 5, 12a, 14, 20b; 8:1-2a, 10a, 11a, 14, 19; 12:1a, 9-24 (Kratz, Komposition, 130); Kratz, Der vor- und nachpriesterliche Hexateuch, in: Gertz (Hg.), Abschied vom Jahwisten, 295-323, 318-321. 덧붙여서 Achenbach의 언급을 참조하라. R. Achenbach, Pentateuch, Hexateuch und Enneateuch. Eine Verhältnisbestimmung, ZAR 11 (2005), 122-154, 126-132.
90 Gertz, Grundinformation, 289. 여전히 Schmid는 모호하다. Schmid, Erzväter, 163: 수 *1-12(*13-21), *20-23(!). 그는 덧붙여서 사무엘서-열왕기서를 고려한 다. 이 두 경우에서 정밀한 분석은 불가능하다.
91 Knauf, Josua, 17. Knauf는 수 6*장과 10*장을 주전 600년경에 생성된 이 이야기 에 속하는 것으로 평가한다.
92 E. Otto, Das Gesetz des Mose, 2007, 182-187. 그리고 Albertz, Exoduskomposition. 그들은 출 34장의 종결을 개연성 있는 것으로 이해한다.
93 예를 들어, K. Bieberstein, Josua-Jordan-Jericho. Archäologie, Geschichte und Theologie der Landnahmeerzählungen Josua 1-6, OBO 143, 1995. 그는 제한적 으로 수 1-6장에 대해서만 분석하였다.

기의 범위를 문학적으로 규정하는 것은 더 이상 불가능한 것일 수 있는데, 이미 노트가 추정한 것처럼 오래된 땅점유 이야기(물론 모세의 지도하에?)는 여호수아서를 위해서 후방으로 밀려나 있기 때문이다.[94]

최근에 프레벨이 다시 제안한 것처럼,[95] 제사장이전 "육경"의 종결을 여호수아 24장에서 찾으려는 것은 설득력이 대단히 희박하다. 여호수아 24장에 대한 견해 그리고 24장과 23장의 관계에 대한 견해들이 세부적으로는 엇갈리고 있음에도 불구하고, 여호수아 24:2-13에서 관찰되는 여호수아의 "육경 진술"이 제사장적(P) 요소와 신명기사가적(dtr) 요소를 전제한다는 점에 대해서는 명확하게 의견의 일치를 이루고 있다.[96]

오히려 논쟁이 되는 것은 육경이 9경(Enneateuch)의 문학적 하부 조직으로 구성 되었는가[97] 아니면 현실적으로 오경의 대안으로 자리잡

---

94 출애굽기-여호수아서 이외에 여호수아는 단지 삿 1:1; 2:6, 21; 왕상 16:34 그리고 전혀 해설 없이 대상 7:27에서만 확인된다는 점을 상기할 필요가 있다. 혹시 모세의 지도 하에 이뤄진 땅점유 전통이 있었는가?(적어도 삼상 12:8 그리고 Hecataeus)

95 Frevel, Hexateuchperspektive, 27. Frevel은 수 24:2-13*, 19 그리고 25a를 육경의 제사장이전 종결로 추정하며, M. Konkel의 의견을 증거로 제시한다. M. Konkel, Sünde und Vergebung. Eine Rekonstruktion der Redaktionsgeschichte der hinteren Sinaiperikope (Exodus 32-34) vor dem Hintergrund aktueller Pentateuchmodelle, FAT 58, 2008, 258-260. 그는 수 24장의 후대 연대설정을 반박하려 시도했지만, 입증하지는 못했다.

96 여기에서는 Anbar를 지목하는 것만으로도 충분하다. M. Anbar, Josué et l' alliance de Sichem (Josué 24:1-28), BET 25, 1992.

97 K. Schmid, Erzväter, 209-230.

고 있는가[98] 하는 점이다. 70인역(LXX)[99]과 그것을 수용한 다마스쿠스 문서[100](CD = Damaskusschrift-역주)에서 관찰되는 여호수아 24장 마지막에 대한 평가는 오경의 대안으로 계획된 육경을 여호수아 24장이 실제로 구성하고 있다는 주장을 지지한다. 여호수아 23장 이후에 24장을 추가하는 것은 여호수아서를 사사기로부터 분리시키는 것을 의미한다. 여호수아 23장과 사사기 2:6 이하*를 통해 이뤄진 신명기사가로 넘어가는 것은 명백하게 단절되었고, 여호수아서는 오히려 오경과 밀접하게 연결되었다.

사사기 1장을 통해서 사사기에는 새로운 서론이 등장하게 되었다. 이 서론은 한편으로는 성공했지만 다른 한편으로는 성공하지 못한 땅 정복에 대한 대안적인 요약을 제시함으로써 여호수아서를 수정하고 있다. 그것에 따르면 육경은 오경의 대안으로 구상되었지만 관철되지 못했다는 이해가 가능하다. 어쨌든 여호수아 24장과 다른 본문들을 통해서 여호수아서는 "토라의 증보판"(Supplement zur Tora)으로 나타난다.[101]

---

98 Albertz의 숙고를 참조하라. R. Albertz, Religionsgeschichte Israels in alttestamentlicher Zeit, GAT 8, 1992, 507, 마찬가지로 T. Römer/M. Z. Brettler, Deuteronomy 34 and the Case for a Persian Hexateuch, JBL 119 (2000), 401-419, 그리고 T. Römer, Das doppelte Ende des Josuabuches: einige Anmerkungen zur aktuellen Diskussion um ›deuteronomistisches Geschichtswerk‹ und ›Hexateuch‹, ZAW 118 (2006), 523-548, 539-547.

99 M. Rösel, Die Septuaginta-Version des Josuabuches, in: H.-J. Fabry/U. Offerhaus (Hg.), Im Brennpunkt: Die Septuaginta. Studien zur Entstehung und Bedeutung der Griechischen Bibel, BWANT 153, 2001, 197-211.

100 B. Lucassen, Josua, Richter und CD, RQ 18 (1998), 373-396.

101 그러한 이해로 Knauf, Josua, 21.

7. 결론

19세기 오경비평 시작을 배경으로 해서 현재 오경 연구에서 논의되는 현안을 이야기 하는 것은 당시에 발전된 모델들이 통틀어서 분명한 정당성을 갖는다는 결론에 도달한다. 단편가설은 커다란 통일성을 가진 독립된 문학을 재발견하는 것에 관심을 가지며, 일례로 족장 이야기와 출애굽 이야기의 연결에 대한 질문에서 관찰된다. P의 특성에 관한 논의는 문서가설이 보충가설과 연결되어야 함을 설명한다. P의 다층성(多層性)과 민수기에 대한 평가는 이어쓰기모델(Fortschreibungsmodell)과의 관련성을 보여준다. 오경 또는 육경에 대한 논의는 토라의 최종 편집들과 그 편집의 특성에 대한 질문으로 새롭게 제기되었다. "수집가" 혹은 "편집자"를 단순하게 가정하는 것은 복잡한 상황을 고려할 때 적절하지 않다. 오경의 모든 부분에서 동일한 해석 모델이 기초적인 것으로 이해되어야 하는가에 대해서는 계속해서 숙고하여야 한다.

더 나아가 다양한 주석적 문화들이 상호 소통될 수 있도록 시도하여야 하지만,[102] 어떠한 것도 손쉽게 감행할 수 있는 것은 아니다. 19세기와 "벨하우젠 이전" 시기를 회고하면, 당시에는 독일어권과 영어권 연구들이 활발하게 교류되었고, 당시의 학자들은 상대적으로 편하게 자신의 의견을 수정할 수 있었다. 마찬가지로 이러한 주석적 미덕은 재발견되어야 한다.

---

102 덧붙여서 모음집을 참조하라. T. B. Dozeman et al. (Hg.), The Pentateuch: International Perspectives on Current Research, FAT 78, 2011.

1. 문서, 단편 그리고 보충 사이에서: 오경 연구의 상황에 대하여   57

요약

1881년 *ZAW*가 창간되었을 당시에 "최신문서가설"(neueste Urkundenhypothese)이 주류를 이루고 있었다. 하지만 연구사에 대한 조망은 문서가설, 단편가설 그리고 보충가설이 대체적으로 상호 조화되어 왔음을 보여주며, 이것은 동시에 오늘날 연구에서 주요하게 논의되어 왔던 "새로운 단초"에서도 동일하게 관찰된다. 그런 점에서 슈바르츠(Baruch B. Schwartz), 베이든(J. Baden) 등으로 대표되는 문서 모델은 진부하다고 평가된다.

오늘날 등장하는 오경 모델의 비평적 연구에 따르면 창세기 15장, 출애굽기 3장과 6장, 신명기 34장 그리고 여호수아 24장과 같은 본문들을 근거로 족장 전승과 출애굽 전승의 독립성, 소위 제사장 문서의 특징 그리고 "오경 혹은 육경"의 양자택일에 관한 질문들이 제기된다. 이미 125년 전에 나타나고 있는 것처럼 오경 모델은 언급된 세 가지 가설들이 조화를 이룰 때 가장 명확하게 드러난다.

70년 이후, 마틴 노트의 전승사 연구

크리스토프 레빈(Ch. Levin)
뮌헨대학교 구약학 교수

구약성서의 전체적인 역사 전승은 우리에게 몇몇 소규모 대단위 모음집으로 주어졌다. 그 모음집은 역사적 내용에 대한 유전된 이야기들과 보도로 활용될 수 있는 아주 다양한 재료를 통하여 연결되고 배열됐으며, 각각의 특별한 장치로 규정될 수 있는 틀로 삽입되었다. 그러므로 역사 전승에 대한 개별 요소들을 연구하며, 계속해서 그러한 연구를 기반으로 역사 사료에 대한 내용을 비평하고, 마지막으로 사료를 기반으로 이스라엘 역사 서술을 하려는 사람은 무엇보다 이 모음집의 범위와 특징에 대한 정확한 표상을 가지고 있어야 한다. 마찬가지로 모음집이 그들에게 전승된 가장 오래된 원료를 개정했거나, 혹은 적어도 특정한 맥락으로 삽입됨으로써 독특한 관점으로 진행되었다는 기준에 대한 명확한 표상을 연구자는 가지고 있어야 한다. 그렇게 함으로써만이 역사 전승의 발달은 스스로 드러나게 될 것이다.[1]

---

1 M. Noth, Überlieferungsgeschichtliche Studien. Die sammelnden und bearbeitenden Geschichtswerke im Alten Testament, SKG.G 18, 1943, 43–266 [=

2. 70년 이후, 마틴 노트의 전승사 연구

마틴 노트(Martin Noth)가 자신의 전승사 연구의 초반에 언급했던 것처럼, 편집비평적 연구의 목적은 근소한 부분에서만 정확하게 서술될 수 있다. 학자들은 노트가 1942년 초반에 쾨닉스베륵(Königsberg)에서 저술했고,[2] 1946/1947년에 할레(Halle)와 본(Bonn)에서 오경 전승사(Überlieferungsgeschichte des Pentateuch)를 통해 확장된[3] 그의 책에 대해 다음과 같이 진술했다.

> 전승사 연구에 대한 두 권의 책은 이스라엘 역사 서설이라고 할 수 있다.[4]

특별히 노트는 첫 번째 책의 제1장에서 신명기 역사서를 다루고 있으며, 편집사 연구의 모범을 성공적으로 보여주었다. 만약 후대에 전승된 사료가 "신명기사가이후"(postdeuteronomistisch) 또는 "하위 신명기사가적"(subdeuteronomistisch) 틀로부터 분리되는 것이 요구되었다면,[5] 그 방법은 노트에게서 확인될 수 있다. 왜냐하면 이 사료는 단지 이스라엘 역사를 비평적으로 서술하기 위한 토대가 될 뿐이기 때문이다.

1-224]; 2판 1957; 3판 1967, 1. (다음부터는 »ÜSt«로 표시할 것이며, 개별 페이지를 기입할 것이다). J. Doull등이 첫 부분을 영어로 번역했다. The Deuteronomistic History, JSOT.S 15, 1981; 두 번째 부분을 H. G. M. Williamson이 번역했다. The Chronicler's History, JSOT.S 50, 1987.

2   출판에 언급된 간략한 메모를 참조하라. »1942년 7월 8일 강연«.

3   M. Noth, Überlieferungsgeschichte des Pentateuch, 1948; 1960; 1965; 1966. 영어번역 B. D. Anderson: A History of Pentateuchal Traditions, 1972.

4   R. Smend, Martin Noth (1902-1968). Person und Werk, in: U. Rüterswörden (Hg.), Martin Noth-aus der Sicht der heutigen Forschung, BThSt 58, 2004, 1-20, 17.

5   M. Weippert, Geschichte Israels am Scheideweg, ThR 58 (1993), 71-103, 73.

그러므로 아래에서는 노트의 전승사 연구에 대한 연구사적 위치를 평가하거나,[6] 그 이후의 70년 해석사에 대한 평가를 다루지도 않았다.[7] 그 대신에 신명기 역사서에 대한 노트의 가설이 예나 지금이나 개연성이 있는 것처럼, 최근 논쟁[8]과 관련하여 몇몇 고려되어야 할 것들이 있을 것이다.

학자들의 의견은 여러 갈래로 나뉜다. 가장 먼저 노트의 가설은 근본적으로 거부된다.

> 다양한 측면에서 보았을 때 신명기 역사서의 통일성에 (다시금) 의문이 제기된다. 학자들에 따르면 그것은 블럭의 형식으

---

6 참조, U. Rüterswörden (Hg.), Noth (각주 4를 보라); 마찬가지로 S. L. McKenzie/H. F. van Rooy (ed.), The History of Israel's Tradition. The Heritage of Martin Noth, JSOT.S 182, 1994. 이 모음집에 들어있는 Walter Dietrich의 논문은 독일어로 출판되었다. Martin Noth und das deuteronomistische Geschichtswerk, in: S. L. McKenzie/H. F. van Rooy (ed.), Von David zu den Deuteronomisten. Studien zu den Geschichtsüberlieferungen des Alten Testaments, BWANT 156, 2002, 181-198.

7 연구사에 대해서 참조하라. E. Jenni, Zwei Jahrzehnte Forschungen an den Büchern Josua bis Könige, ThR 27 (1961), 1-32. 97-146; A. N. Radjawane, Das deuteronomistische Geschichtswerk. Ein Forschungsbericht, ThR 38 (1974), 177-216; H. Weippert, Das deuteronomistische Geschichtswerk, ThR 59 (1985), 213-249; H. D. Preuß, Zum deuteronomistischen Geschichtswerk, ThR 58 (1993), 229-264. 341-395; T. Veijola, Deuteronomismusforschung zwischen Tradition und Innovation, ThR 67 (2002), 273-327. 391-424; 68 (2003), 1-44; A. Scherer, Neuere Forschungen zu alttestamentlichen Geschichtskonzeptionen am Beispiel des deuteronomistischen Geschichtswerks, VF 53 (2008), 22-40.

8 사무엘서에 대해서 참조하라. Th. Römer (ed.), The Future of the Deuteronomistic History, BEThL 147, 2000; M. Witte u. a. (Hg.), Die deuteronomistischen Geschichtswerke. Redaktions- und religionsgeschichtliche Perspektiven zur »Deuteronomismus«-Diskussion in Tora und Vorderen Propheten, BZAW 365, 2006; H.-J. Stipp (Hg.), Das deuteronomistische Geschichtswerk, ÖBS 39, 2011.

로 성장했거나, 문학적인 층이었거나 혹은 두 가지가 동시에 발견된다. "통일성에 대한 문제와 함께 신명기 역사서"의 존재는 사라진다…여호수아–열왕기에서 신명기사가적 편집이 서서히 일어났을 것이라는 이해는 노트의 가설의 근간을 흔들어 놓았다.[9]

몇몇 학자들은 다음과 같이 언급하기도 한다.

> 오경과 전기 예언자에 대한 최근 해석에서 마틴 노트의 전승사적 접근과 자료 비평이 분열하고 있다.[10]

그와 달리 다른 학자들의 주장은 다음과 같다.

> 최근 연구에서 대단히 섣부르게 등한시되어왔던 노트의 기본 가설은 일대 전환점(Meilenstein)이라고 진술한다.[11]

어쨌든 이러한 논쟁은 노트의 가설이 불변한 채 남아있다는 것을 의미하지는 않는다. 하지만 이러한 수정들은 노트의 가설을 약화시킨 것이 아니라 오히려 강화시켰다. 물론 신명기사가적 편집이 제시된

---

9 R. G. Kratz, Die Komposition der erzählenden Bücher des Alten Testaments, UTB 2157, 2000, 219.

10 Th. B. Dozeman/Th. Römer/K. Schmid, Introduction, in: Th. B. Dozeman/Th. Römer/K. Schmid. (ed.), Pentateuch, Hexateuch, or Enneateuch? Identifying Literary Works in Genesis through Kings, Atlanta 2011, 1–8, 1.

11 E. Blum, Das exilische deuteronomistische Geschichtswerk, in: Stipp (Hg.), Geschichtswerk(각주 8을 보라), 269–295, 289.

방법으로 적용되지는 않았지만, 이미 노트 자신에게서도 "신명기사가적 편집이 서서히 성장했다는 이해"가 관찰된다. 고대의 문서 저술을 전제로 한다면, 첫 번째 편집 원고와 오늘날 본문의 범위에 대한 현저한 차이는 노트의 가설에 대해 의문을 제기하는 것이 아니라, 오히려 반대로 노트의 가설을 위한 조건이 된다.

1. 계획된 초안의 완결성

노트 가설의 핵심은 신명기부터 열왕기서에 나타나는 신명기사가적 첨가가 (이미 앞에서 언급한) 신명기 역사서의 문학적 연결을 전제하는 것이 아니라, 오히려 그것이 신명기 역사서의 연결을 위한 근간을 형성했다는 것이다. 당시까지만 해도 문서가설의 영향으로 인해 9경 연결은 신명기사가 이전에 이뤄졌다는 점에 다소간에 일치를 이루고 있었다.

> 대규모 역사서를 조합하는 것은 가장 초기 신명기사가적 개정이 발생하기 전에 이미 사사기와 사무엘서에서 일어났을 것이다.[12]

코닐(Carl Heinrich Cornill)이 사무엘상 1-15장에서 E 사료를 주장한 이후에,[13] 부데(Karl Budde)는 야위스트(Jahwist)와 엘로히스트

12　J. Wellhausen, Die Composition des Hexateuchs, [4]1963, 301; 참조, 같은 책, 214. 263.

13　C. H. Cornill, Ein elohistischer Bericht über die Entstehung des israelitischen

(Elohist)를 사사기와 사무엘에서 입증하려 시도했다.[14] 뿐만 아니라 스멘트(Rudolf Smend sr.)는 물론 아무런 근거 없이 열왕기서를 포함시켰고,[15] 이후에 벤찡어(Immanuel Benzinger)[16]와 횔셔(Gustav Hölscher)는 스멘트의 주장을 보충하고자 했다.[17] 육경뿐 아니라 사사기 분석에서도 스멘트에 동조했던 아이스펠트(Otto Eißfeldt)는 다음과 같이 결론 내렸다.

> 따라서 (여호수아서와) 사사기 이야기의 신명기사가적 발행에
> 대해서는 이야기할 수 있지만, 사사기 이야기의 신명기사가
> 적 편집에 대해서는 이야기할 수 없을 것이다.[18]

노트는 여호수아 주석서 연구에서 자신의 기존 의견에 대해 이견을

Königthums in 1 Samuelis 1-15 aufgezeigt, ZKWL 6 (1885), 113-141.

14 K. Budde, Die Bücher Richter und Samuel, ihre Quellen und ihr Aufbau, 1890, 특히 268-276. Budde는 Cornill 이외에도 E. Schrader와 Ch. Bruston을 이전 연구자로 언급하였다.

15 R. Smend, Die Erzählung des Hexateuch auf ihre Quellen untersucht, 1912, 7. 351-352.

16 I. Benzinger, Jahvist und Elohist in den Königsbüchern, BWANT NF 1, 1921. 그것을 통하여 Benzinger는 자신의 주석서(Die Bücher der Könige, KHC IX, 1899)를 넘어서고 있다.

17 G. Hölscher, Das Buch der Könige, seine Quellen und seine Redaktion, in: H. Schmidt (Hg.), EYXAPIΣTHPION für Hermann Gunkel, FRLANT 36,1, 1923, 158-213. "그것에 따르면 오래된 사본인 Rd는 JE와 달리 열왕기서를 지배하고 있다. J 사료는 국가분열까지 다다르기 때문에, 전체 서술은 국가분열 이후에 E를 기반에 두고 있다"(204). Hölscher는 이러한 주장을 후대에 완성했지만 근본적으로 수정하지는 않았다. Die Anfänge der hebräischen Geschichtsschreibung, SHAW.PH 1941/42 Nr. 3, 1942. 참조, Noth, ÜSt, IX.

18 O. Eißfeldt, Die Quellen des Richterbuches in synoptischer Anordnung ins Deutsche übersetzt, 1925, 109.

제시한다.[19] 오경 사료의 땅점유 약속이 여호수아서에서 최종적으로 성취된다고 관찰했던 이전 연구와 달리, 노트는 다음과 같이 인지했다.

> 완성된 연결 관계에서 가정된 연속되는 이야기 서술을 파악하는 것이 성공적으로 이뤄질 수 없기 때문에, 무엇보다 창세기에서 확인된 문학비평의 주제들이 여호수아서에서 동일한 방법으로는 증명될 수 없다.[20]

그보다 앞서서 루돌프(Wilhelm Rudolph)는 엘로힘의 존재와 신문서가설의 중심점에 대한 존재를 부인했었다.[21] 노트에게 있어서 책의 전반부 사료들은 베냐민 전통에서 유래한 원인론적 설화(ätiologische Sagen) 묶음으로 입증되었다. 노트는 여호수아 13:2-21:42에 기록된 지파 지형에 대해 알트(Albrecht Alt)의 연구를 기반으로 평가한다.[22] 알트에 따르면 지파 지형이 의존하고 있는 두 목록 가운데 하나는 "빨라도 요시야 왕정시대에 기원했기 때문에," 이 목록은 "포로기 시대에" 편집적으로 연결될 수 있었을 것이다.[23]

따라서 전체를 조망하는 역사 진행에 설치된 것은 "신명기사가적

---

19 M. Noth, Das Buch Josua, HAT I 7, 1938 (확장된 2판 1953, 개정하지 않은 3판 1971).

20 Noth, Josua, 1판, VIII; 2판, 8.

21 W. Rudolph, Der »Elohist« von Exodus bis Josua, BZAW 68, 1938.

22 A. Alt, Judas Gaue unter Josia (1925), in: A. Alt, Kleine Schriften zur Geschichte des Volkes Israel II, 1953, 276-288; A. Alt, Das System der Stammesgrenzen im Buche Josua (1927), in: A. Alt, Kleine Schriften zur Geschichte des Volkes Israel I, 1953, 193-202.

23 Noth, Josua, 1판, X; 참조, 2판, 15.

편집의 두 번째 단계"에 속한 것이다.[24] 당시에는 땅점유에 대한 제사장 문서의 서술을 여호수아서의 후반부까지 관찰해왔는데, 그와 달리 노트는 제사장 문서가 오경을 넘어서까지 이어질 수 없다는 결론에 도달하게 되었다. 그런 점에서 육경-가설은 효력을 상실하였다.

노트가 그 자리에 배치시킨 편집사적 가설과 연관되어서 신명기사가적 첨가물은 전승에 대한 해설에 전념하는 것이 아니라, 오히려 전체 문학적 연결관계를 가장 먼저 제시하는 틀에서 사용되었다는 것이 증명될 필요가 있다. 전체 작품이 "계획된 완결성의 특징"을 가지고 있다는 것이 노트의 가장 큰 관심사였다.[25] "무엇보다 문체적 '독특성'이 결여되었다는 점에서 이러한 사실에 중요한 의미를 부여할 수 없음에도 불구하고," 노트는 그러한 특징을 한편으로 신명기사가적 용어로 이해했고, 다른 한편으로 이 자료를 이용하여 다른 새로운 구성을 제시하는 것으로 관찰했다.

특히 노트는 "신명기사가는 역사 진행의 모든 중요한 순간마다 지도자적 역할을 수행하는 사람들을 짧은 혹은 긴 연설을 통해 등장시킴"[26]으로써 이 새로운 구성물이 완성되었다고 보았다. 노트는 이렇게 분류되는 프로그램적 본문을 여호수아 1장, 12장, 23장; 사사기 2:11 이하; 사무엘상 12장; 열왕기상 8:14 이하 그리고 열왕기하 17:7 이하에서 관찰하였다. 그가 다윗 왕조에 대한 약속을 다루는 사무엘하 7장을 여기에 포함시키지 않는 것은 주목할 만하다.

---

24 Noth, Josua, 1판, XIV; 참조, 2판, 10.
25 ÜSt, 3-12.
26 ÜSt, 5.

2. 기본층의 확장

노트는 신명기사가적 편집이 "주조되듯 한 번에 이루어지지는 않았다"는 것을 간과하지 않았다.[27] 아이스펠트와의 대화에서 그는 다음과 같이 설명한다.

> 실제로…다양한 곳에서 신명기사가의 작품은 동일한 문체의 형태로 후대 첨가되며 확장되었다. 그러나 그것이 최초 신명기사가의 완결성을 반대하기 위한 논증이 되지는 않는다.[28]

만약 루돌프가 여호수아 23장에서 사사기 3:6까지의 반복과 모순을 바탕으로 신명기사가적 사사기가 신명기사가적 여호수아와는 독립적으로 생성되었다는 것을 추론했다면,[29] 노트는 그러한 결론이 시종일관한 편집에 문제를 제기하기 때문에 그 결론을 물론 거부하며, 동시에 그는 "그 분석이 여기에서 하나의 신명기사가적 기본층"을 제시한다는 입장을 고수한다. 계속해서 노트는 이렇게 진술한다.

> 이 기본층은 다양하게 이차적으로 확장되었다…여기에서… 본래 원문에…변화들이 후대에 첨가되었다.[30]

땅점유에 대해 모순된 방법으로 서술하는 것을 일례로 들 수 있다.

---

27 Noth, Josua, 1판, XIII.
28 ÜSt, 6.
29 Rudolph, »Elohist«, 243.
30 ÜSt, 7.

하나의 판본에 따르면 이전 거주민들 전체는 정복당했고, 추방되거나 근절되었다. 그것과 함께 이방민족들이 땅의 일부에 생존하고 있다는 서술이 존재한다. 노트는 망설임 없이 이러한 모순을 문학비평적으로 해결한다.

> 본문의 이차적인 성장으로서…문맥에서 볼 때 근원을 알 수 없는 이방민족들이 여전히 거주한다는 전체 단락이 사사기 2:20-3:6에서 나타난다. 그 단락은 여호수아 23장의 첨가와 사사기 1:21, 27 이하가 이미 존재했음을 전제하는 것이므로, 다른 한편으로 보았을 때 통일성을 갖춘 것은 아니다.[31]

노트에게서 중요한 것은 이러한 모순은 다음과 같은 점이다.

> 두 가지 평행하게 진행된 이야기에 대한 추정으로 귀결되는 것이 아니라, 오히려 이차적으로 확장된 기본층에 대한 확신으로 귀결되었다[32]

노트는 이러한 확장을 전체 모습의 일부로 이해하는 것을 포기했다. 그것은 노트를 이미 1939년에 열왕기서를 통하여 비교할 만한 편집사적 가설에 도달했던 옙센(Alfred Jepsen)과 구별되게 만들었는데, 그의 가설은 시간적인 이유로 노트보다 10년 이후인 1953년이 되어서야 비로소 출판될 수 있었다.[33] 옙센의 경우에 이 편집사는 여러

---

31 위의 책을 참조하라.
32 ÜSt, 8.
33 A. Jepsen, Die Quellen des Königsbuches, 1953. 이 논문의 후대 출판은 Jepsen

층으로 구성된 개정의 역사(Bearbeitungsgeschichte)로 이해되었다. 첫 번째 편집자인 R^I에 대해 옙센은 다음과 같이 말한다.

> 한 명의 예루살렘 제사장을 고려했는데, 이 제사장은 성전과 도시 파괴 직후의 시점에…이스라엘과 유다의 제의사(Kultusgeschichte)에 대한 개요를 작성했고, 그것은 두 국가가 경험한 야웨 심판을 이해하도록 만들기 위함이었다. 동시에 그것은 유다에게 자신들의 하나님과 그의 성전으로 다시 돌아가야 함을 교육하기 위한 것이었다.[34]

그것의 중심에는 왕들이 상이하게 신뢰하고 행동했던 예루살렘 성전이 존재했다.

> 성전 예배에 있어서 극히 드물게 성공적으로 제시된 모범은 다윗이었는데, 그는 항상 후대 왕들의 행위를 평가하는 기준으로 언급되었다.[35]

그 뒤에 나타나는 "예언자적 편집"(nebiistische Redaktion)인 R^{II}는 다른 신들을 예배하는 것에서 멸망의 원인을 찾으며, 토라를 이행하는 것을 추가하였다.

R^{II}에 대해서 새로운 표현을 제안하는 것이 무의미한 것은 아

에게 Noth의 이론에 반응할 수 있는 기회를 제공했다.
34   Jepsen, Quellen, 76.
35   Jepsen, Quellen, 68.

니지만, 나는 노트가 제시했던 "신명기사가"라는 특징적 표현을 충분히 수용할 수 있을 것이다.[36]

엡센의 편집사적 층에서 보았을 때 본래의 "신명기사가적"이라는 것은 두 번째 것이다. 엡센은 다시 세 번째로 "레위인"의 편집(levitische Redaktion)을 첨가하는데, 그것은 연대기 작성에 직접적으로 도달해 있는 것이다.[37]

엡센의 가설은 열왕기서와 관련되어 있으므로 그의 가설은 더 이상 확장되지 못했다. 따라서 이 연구는 노트의 궤도에서 진행되었다. 기본층이 이차적으로 확장되었다는 노트의 관찰로부터 그의 가설에서도 감지되는 대단히 중요한 변화가 생겨났다. 1960년대에 꽃피운 편집 비평이 역사서에 주의를 기울였을 때, 신명기사가적 층은 결코 통일된 문학층이 아니라는 것이 과거보다도 훨씬 더 명확하게 입증되었다.

노트가 이미 문학비평적으로 해결책을 제시했었던 땅점유에 대한 모순된 묘사가 동인을 제공했다. 스멘트(Rudolf Smend)는 후대 층들이 불완전한 땅정복에 대한 이해를 보여주고 있을 뿐 아니라, 완전한 땅점유는 토라에 대한 순종에 달려있다는 이해를 제시하고 있음을 관찰했다. "율법과 민족들"은 연결되어 있다.[38] 그로 인해 편집 신학에서 유효한 모습이 변화되었다. 토라는 비

36　Jepsen, Quellen, 106.

37　Jepsen, Quellen, 102-104. Jepsen은 이 첨가문들을 미드라쉬로 특징짓는다. 만약 그것과 비교할 때 미드라쉬가 연대기적으로 "단지 근소하게 후대"의 것이라면, 미드라쉬는 물론 주전 6세기 말로 연대 설정되며, 동시에 적어도 200년이 이르게 연대 설정된다.

38　R. Smend(jr.), Das Gesetz und die Völker(1971), in: R. Smend(jr.), Die Mitte des Alten Testaments. Exegetische Aufsätze, 2002, 148-161.

로소 서서히 기초로 자리잡고 있음이 확인된다.

시종일관 진행된 첫 번째 편집과 달리 후대 층들은 문학적 통일성을 형성하지 않았다. 이것은 처음부터 두드러지게 나타났고, 그 이후로 항상 새롭게 확인되었다. 슈토이어나겔(Carl Steuernagel),[39] 스멘트(Smend sr.),[40] 노트[41] 그리고 다른 많은 이들이 이미 다양한 층을 관찰했던 여호수아 1:6, 7, 8에서 스멘트(Smend jr.)는 다음과 같이 관찰했다.

> 본래 신명기사가적 본문에 대한 해석이 상이하게 둘로 구별되는 단계가 있었다…두 번째 단계는 첫 번째 단계를 디딤판으로 삼았고 그것을 자신에게 맞게 확장했다.[42]

우선 여호수아 1장에서는 개연성이 있는 것으로만 관찰되는 것이 계속되는 책의 내용을 통해서 보증된다.

> 만약 여호수아 1:7-8에서 두 가지 편집 단계가 분리되어야 한다면, 23장에서 이미 바로 그 두 번째 단계가 주어졌을 것이다. 이론적으로 여호수아 23장이 보다 후대의 손길로 저작됐다는 것이 고려될 수 있다—따라서 우리는 아마도 이 제한된 영역에서 4가지 신명기사가적 편집단계를 확인하게 된다.[43]

---

39 C. Steuernagel, Deuteronomium und Josua, HK I 3, 1900, 154-155.
40 Smend(sr.), Erzählung, 280 각주 15번을 보라.
41 Noth, Josua, 1판, 7, 또한 ÜSt, 41 각주 4. Noth는 여호수아 2판 28-29에서 자신의 이해를 수정하였다.
42 Smend(jr.), Gesetz, 150.
43 Smend, Gesetz, 154-155. 불행히도 Smend는 계속해서 다음과 같이 진술했다.

그런 점에서 물론 "최초의 문맥이 어느 정도 계획적으로 개정된 것"을 피력하는 것은 적절하지만, 그러나 "신명기 역사서의 저자 이외에도…한 명의 다른 저자 혹은 더 많은 저자들이 있었다"라는 것 대신에 오히려 "구약성서의 다른 곳에서와 마찬가지로 여기에서도 헤르츠베륵(H. W. Hertzberg)이 '이후역사'(Nachgeschichte)라고 언급한 과정이 관찰된다"라고 결론 내리는 것이 보다 현명한 것으로 평가된다.[44] 스멘트가 문학적 이후역사 부분에 대해 언급할 것을 제안한 것처럼, 율법적 신명기사가인 "DtrN"에는 본의 아니게 다음과 같은 개념, 즉 첫 번째 편집의 경우와 마찬가지로 한 명의 개별 저자가 이면에 존재한다는 개념이 결과로 나타났다.

이러한 다층성은 두 저자 혹은 편집자만으로는 이해될 수 없기 때문에 제3의 저자가 등장했으며, 그는 신명기 역사서 저자들 사이에 위치했는데, "DtrG"(후에는 "DtrH" = 신명기사가적 역사가 [deuteronomistischer Historiker])와 "DtrN"로 불린 저자 사이로 고안되었다. 디트리히(Walter Dietrich)는 예언에 방향을 설정한 신명기사가를 "DtrP"로 표현했는데, 그들은 예언자 이야기를 열왕기서에 첨가했고,[45] 마찬가지로 역사의 과정을 "예언자의 말과 그것의 영향이라

"다행히도 그것은 개연성이 없다."

44 Smend, Gesetz, 150. 참조, H. W. Hertzberg, Die Nachgeschichte alttestamentlicher Texte innerhalb des Alten Testaments (1935), in: Smend, Gesetz, Beiträge zur Traditionsgeschichte und Theologie des Alten Testaments, 1962, 69-80.

45 참조, Noth, ÜSt, 78-80.

는 주제"⁴⁶ 아래에 배치시켰다.⁴⁷ 이러한 첨가물의 어법은 문서예언에서 잘 알려진 숙어, 특별히 포로기와 포로기이후 시기에 개정된 예레미야와 에스겔에 의존하고 있다.⁴⁸ 그러는 사이에 신명기사가적 예언서 개정은 에스겔의 인식-신학(Erkenntnis-Theologie)보다 후대라는 것이 드러났다.⁴⁹ 그로 인해 이 개정은 제사장 문서에 근접해 있으며, "DtrN"으로 불리는 신학과 시간적 관계는 의문시되었다.

3. 친왕적 입장

이후역사(Nachgeschichte)는 노트 가설을 유지하기로 결정한 것이 아니었다. 그와 반대로 보다 후대층을 제거함으로써 첫 번째 편집에 대한 명확한 단면도를 확보하는 것이 중요하다고 입증되었다. 그 이후로 "신명기사가적이라는 것이 율법적인 것만은 아니다"⁵⁰는 것이 확인됐다. "DtrH" 편집은 옙센의 R¹편집에 대단히 근접해 있다.

중요한 단초가 베이욜라(Timo Veijola)에게서 나타났는데, 그는 스멘트와 디트리히의 업적을 기반으로 사무엘서를 분석하는 데에 열중

---

46 Noth, ÜSt, 80; 참조, G. v. Rad, Die deuteronomistische Geschichtstheologie in den Königsbüchern (1947), in: G. v. Rad, Gesammelte Studien zum Alten Testament, TB 8, 1958, 189-204, 193-195.
47 W. Dietrich, Prophetie und Geschichte. Eine redaktionsgeschichtliche Untersuchung zum deuteronomistischen Geschichtswerk, FRLANT 108, 1972.
48 Dietrich, Prophetie und Geschichte, 70-82.
49 참조, Ch. Levin, Erkenntnis Gottes durch Elia (1992), in: Ch. Levin, Fortschreibungen. Gesammelte Studien zum Alten Testament, BZAW 316, 2003, 158-168.
50 Dietrich, Prophetie und Geschichte, 147 각주. 153.

했다.[51] 그곳에는 잘 알려진 신명기(Deuteronomismen)가 전반적으로 누락되었다. 하지만 편집적인 본문들은 대량으로 존재한다. 베이욜라는 왕조 약속을 모두 편집적인 것으로 인지했을 뿐 아니라, 첫 번째 신명기사가에게로 귀속시켰다. 그것은 다음과 같은 결론을 도출해냈다.

> 신명기 역사서의 첫 번째 판본은 다윗-왕조를 지향하고 있으며, 그것의 회복을 위해 노력하고 있다.

그것은 전체적인 이해에 있어서 완벽한 전환점을 의미했다.[52] 노트는 알트(Albrecht Alt)가 책임을 맡았던 국가 이전 제도상(像)[53]을 기반으로 해서, 왕정이 이스라엘에게 본질적으로 생소한 것으로 간주했으며, 이러한 확신을 신명기사가적 편집자에게 종속시켰다. 노트에 따르면 다음과 같다.

> 신명기사가는 자신이 부정적으로 평가한 왕정 설립의 기원을 기본적으로 다른 민족들과 같아지고자 하는 백성들의 악한 소원으로 소급시켰다.[54]

---

51 T. Veijola, Die ewige Dynastie. David und die Entstehung seiner Dynastie nach der deuteronomistischen Darstellung, STAT B 193, 1975. 연구사에 대해서 같은 책 13-14를 참조하라.

52 마찬가지로 참조하라. F. M. Cross, Canaanite Myth and Hebrew Epic, 1973, 277. "다음과 같은 주제를 경시한 것, 다시 말해 다윗 가문에 대한 약속을 경시한 것은 노트(Noth) 연구의 중대한 실수이다."

53 참조, 특별히 M. Noth, Das System der zwölf Stämme Israels, BWANT IV 1, 1930.

54 ÜSt, 57.

이 편집은 다윗 왕권을 기준으로 삼았고, 계속해서 히스기야와 요시야를 대단히 긍정적으로 평가했다는 것은 후퇴하게 되었다. 신명기 사가는 다음과 같이 진술한다.

> …결코 몇몇 왕들의 역사가 아니라, 오히려 전체 왕정 시대 역사를 서술하려 했는데, 그는 왕정 시대의 종말을 알고 있는 자였다.[55]

> 만약 신명기사가가…왕정 제도를 강하게 부각시키고 있다면, 그로 인해 그는 이러한 현상의 역사적 의미가 고려되어야 함을 확신했다…왜냐하면 이 왕정 제도는 백성을 나락(奈落)으로 인도했기 때문이다…그럼에도 불구하고 신명기사가는…이러한 절망이 시기적으로 이차적일뿐 아니라 백성의 존재에 부합하지 않으며, 따라서 근본적으로 거부되어야 한다는 점을 아주 명확하게 제시했다.[56]

노트는 동시에 왕들이 신명기 제의법에 순응했는가에 대해서 신명기사가가 고려하고 있다고 확신했음에도 불구하고, 그는 "제의 실행에 대해 특별히 무관심한 것"을 신명기사가에게 소급시켰다.[57]

베이욜라가 왕정시대 초기에 대한 보도에 관심을 기울였을 때, 신명기사가의 친왕적 입장이 증명되었다. 이제 그는 공개적으로 노트를

---

55 ÜSt, 73-74. Noth의 강조.
56 ÜSt, 95.
57 ÜSt, 104.

반박하는 자로 등장시키게 되었다.[58] 베이욜라는 "사람마다 자기 소견에 옳은 대로 행하였더라"(삿 17:6; 21:25)에 대해 왕이 없던 시기의 혼돈을 포로기 편집자의 현실이 반영된 것으로 제시했다.[59] 계속해서 그는 야웨가 인가한 왕에 대한 열망을(삼상 8장) 본래는 "반군주제적 언급과는 무관한" 것이라고 지적했다.[60] 역사서는 왕국의 재난을 극복하려 했지 해석하려 한 것이 아니다.

> 신명기적 선포와 지시(삼상 8:4-5, 6b, 7a, 22aβ)에 상응하는 백성의 요구와 사무엘에게 임한 하나님의 왕 제정 명령은 변화를 초래했다.[61]

왕국이 재건될 수 있는 희망이 사라진 다음에야 비로소 군주제와 신정정치를 대립하게 만드는 소위 "왕의 법"이 삽입되었다.

임명 보도와 사사기 9장의 아비멜렉 왕권 이야기에서 관찰되는 왕권 비판이 후대의 개정으로 소급된다는 베이욜라의 입증은 그 영향력을 아무리 높이 평가해도 지나치지 않는다. 베이욜라는 20세기 중반에 독일어권 해석가들이 지배해왔던 이스라엘 민족의 역사적 특수성에 대한 이해를 추락시켰다. 만약 포로기 신명기주의(Deuteronomismus)가 다윗 왕권에서 성전 건축을 전제하며 계속해서

---

58 T. Veijola, Das Königtum in der Beurteilung der deuteronomistischen Historiographie. Eine redaktionsgeschichtliche Untersuchung, STAT B 198, 1977, 5.

59 Veijola, Königtum, 15-29.

60 Veijola, Königtum, 54.

61 R. Smend, Der Ort des Staates im Alten Testament (1983), in: R. Smend, Mitte, 174-187, 183. 각주 38을 보라. Smend는 이어서 신명기사가적 역사서에 대한 새로운 해설을 요약했다.

성전 재건을 그리워한다면, 그로 인해 포로기이전 야웨 종교는 왕권과 밀접한 연결을 갖고 있었고, 야웨 종교는 주변 문화에서 발견되는 궁중 종교와 다를 바 없다는 결론에 도달하게 된다.

베이욜라가 첫 번째 활동을 통해 목표를 훨씬 지나쳤지만, 그의 통찰이 갖는 의미가 축소되지는 않는다. 사무엘하 7장의 다윗 약속과의 관계성은 이 본문이 제사장 문서를 전제한다는 것을 보여주었다.[62]

"영원한 왕조"(ewige Dynastie)라는 언급은 이미 신명기 보다는 역대기에 더욱 근접해 있다. 다윗의 정의로움을 부각시키는 후대첨가는 역사서 전반에서 확인되는 후대의 정의-개정(Gerechtigkeits-Bearbeitungen)을 연상시킨다. 사울이 버림받고 다윗에 대한 야웨 선택이 정당했다고 서술하는 시도가 이와 유사한 정신으로부터 유래하였다.

4. 포로 시대의 첫 번째 판본

> 문학비평 연구에 있어서 앞으로의 문제는 한 저작의 기본적인 통일성에 대한 시각이 부재한 상태에서 이 저작의 내부 다층성(多層性)을 어떻게 다룰 것인가 하는 점이다.[63]

노트가 "계획된 완결성의 특징"으로 관찰한 것은 이제 그 효력을 상실했다. 강령적인 연설들은 무엇보다 후대 개정으로 소급된다. 그

62　Ch. Levin, Die Verheißung des neuen Bundes, FRLANT 137, 1985, 251-255.
63　T. Veijola, Martin Noths »Überlieferungsgeschichtliche Studien« und die Theologie des Alten Testaments (1994), in: T. Veijola, Moses Erben, BWANT 149, 2000, 11-28.

것들은 주제에 있어서 부록이지 편집적 이음쇠가 아니다. 그리고 "개별 전승요소를 신명기사가로 귀속시킬 수 있는 가장 확실한 것"[64]으로 이해되었던 "언어적 증명"은 더 이상 명확한 것이 아니다. 사람들이 관례적으로 "신명기사가적"이라고 언급하는 것은 첫 번째 편집자 본문보다 훨씬 후대 개정에도 계속해서 적용된다.[65]

디트리히는 R^I이라는 자신만의 편집자를 특징적으로 사용한 옙센을 인용하였다.

> 만약 R^I이 R^d, 즉 신명기사가적 세계관에 의존하는 문서의 저자라는 것이 일반적으로 적절하다고 추정될 수 있다면, 주목할 만한 것은 신명기와의 명확한 관련성에 대한 기준이 부재하다는 점이다…따라서 전체적으로 R^I저작은 주저없이 신명기사가적 문헌으로 추정되어야 하는가라는 질문이 제기된다.[66]

우리는 "DtrH"에서 비신명기사가적 신명기사가의 역설을 다루어야한다. 그럼에도 불구하고 우리가 신명기주의, 다시 말해, 신명기를 지향하는 역사신학에 대해 말하는 것은 가장 확실하게는 첫 번째 편집자에

---

64   ÜSt, 4.
65   Weinfeld는 "신명기적 어법"의 248 용례의 목록을 만들었다. M. Weinfeld, Deuteronomy and the Deuteronomic School, 1972, 320-359. 필자의 의견에 따르면 15가지만 첫 번째 신명기사가에서 나타난다(IA 4, 6, 8, II 9, 10, VA 6a, 10, 15, 20, B 1, 2c, 5, 7, IX 5, X 21). G. Vanoni, Beobachtungen zur deuteronomistischen Terminologie in 2 Kön 23,25-25,30, in: N. Lohfink (Hg.), Das Deuteronomium. Entstehung, Gestalt und Botschaft, BEThL 68, 1985, 357-362, 358. 바노니는 다음과 같이 관찰했다. "왕하 23:26 이후에 신명기사가적 어법이 사라진다." 이러한 관찰은 첫 번째 편집층의 처음에도 유효하다.
66   Jepsen, Quellen, 73, zitiert von Dietrich, Prophetie und Geschichte, 147 각주. 153.

게 귀속될 수 있는 본문 영역을 기반으로 한다. 곧, 이스라엘과 유다 왕들의 경건성에 대한 평가이다. 이 편집자는 이스라엘과 유다의 연합에 대한 선포를 통하여 벧엘과 단에 설립된 야웨-제의장소의 직접적인 관계성을 관찰했고, 따라서 전체 북이스라엘 왕들이 뒤따랐던 "여로보암의 죄"를 맹렬히 비난했다(왕상 12:26-30**는 일부 본문을 의미한다-역주).

야웨-제의장소로서 벧엘과 단에 대한 유죄선언은 최초 신명기(신 12-26*장)의 핵심적인 율법이 된 신명기 12:13 이하의 제의 중앙화법을 선전했다. 제의 장소의 통일성은 다윗 통치하에서 이스라엘과 유다의 통일성에 상응한다. 역사서의 첫 번째 판본은 신명기와 마찬가지로 유대적인 전체-이스라엘-이데올로기를 대변한다.

이러한 방향설정은 우리가 주전 7세기로 추정할 수 있는 유대 왕들의 정치와 이음새 없이 일치하기 때문에, 역사서의 첫 번째 판본이 왕정시대로 소급된다는 제안이 제기된다. 보다 후대에 크로스(Frank Moore Cross)는 "포로기 편집"으로부터 "요시야 편집"을 구분하려 시도했다.[67] 로핑크(Norbert Lohfink)는 땅점유의 신명기사가적 서술을 근거로 연대 설정에 관하여 "엄밀히 말해 두 가지 역사적 상황만을 배경으로 이해하는 서술은 문제시 된다"는 결론을 내렸다. 곧, "요시야가 국가를 북방으로 확장하는 것 그리고 포로 귀환"이다. 이야기 서술에서 관찰되는 군대의 진군을 근거로 로핑크는 요시야 시대를 확정 짓는다.[68] 이미 쿠에넨(Abraham Kuenen)은 다음과 같이 추정한다.

---

[67] Cross, Canaanite Myth and Hebrew Epic, 274-289. 그의 주장은 넬슨에 의해 확장되었다. R. D. Nelson, The Double Redaction of the Deuteronomistic History, JSOT.S 18, 1981.

[68] N. Lohfink, Kerygmata des Deuteronomistischen Geschichtswerks, in: J. Jeremias/L. Perlitt (Hg.), Die Botschaft und die Boten (Festschrift Wolff), 1981, 87-100, 95. 연대기적 전쟁서술에 대한 관찰은 "군사적 요소"는 결코 서술을 위한 불변하는 근거가 될 수 없다는 것을 보여주었다.

주전 600년 경에 저술된 신명기적이면서 포로기이전 (vorexilisch) 열왕기서는 바벨론 포로민들을 통해서…계속되었다.[69]

그러나 역사지형적 관점은 부분적으로 포로기이전 것이라는 쿠에넨의 가장 중요한 논지는 물론 증명되지 못했다. 그가 언급한 열왕기상 8:12-53, 54-61; 11:29-39; 열왕기하 8:16-24; 14:1-7; 16:1-9; 17:7-18, 21-41 본문 중에 어떤 것도 당시의 현재성을 내포하고 있지 않다.[70]

"포로기이전"의 첫 번째 판본에 대한 주장은 역사서의 결말에서 문학적 성장이 구축되었다는 인식을 무조건적으로 전제한다.[71] 그러나 그것을 증명하기 위한 모든 통찰력에도 불구하고 포로기이전의 문학적 성장 구축은 발견되지 않았다. 그 대신에 아우렐리우스(Erik

---

69　A. Kuenen, Historisch-kritische Einleitung in die Bücher des alten Testaments, I 2, 1890, 90.

70　참조, M. Noth, Zur Geschichtsauffassung des Deuteronomisten, in: Z. V. Togan (ed.), Proceedings of the Twenty-Second Congress of Orientalists Istanbul 1951, Vol. II, Leiden 1957, 558-566, 563-566. 또한 크로스는 "열왕기하 8:22과 16:6에서 현저하게 관찰되는 '오늘날까지'라는 표현 사용은…유대 국가의 존재를 추측하게 하며," 그것은 "대단히 강력"했을 것이다(Cross, Myth, 275). 그러나 그것은 크로스의 잘못된 판단이다. 참조, Ch. Levin, Aram und/oder Edom in den Büchern Samuel und Könige, Textus 24 (2009), 65-84, 75-79.

71　보다 복잡한 것이 H. Weippert에게서 관찰된다. H. Weippert, Die »deuteronomistischen« Beurteilungen der Könige von Israel und Juda und das Problem der Redaktion der Königsbücher, Bib. 53 (1972), 301-339. 그녀는 다음과 같은 세 가지 편집 단계를 추정한다. RI는 북왕국 멸망 이후에, RII는 요시야 통치 시기에 그리고 RIII는 남왕국의 멸망 이후에 일어났다. 그녀의 논증은 왕의 경건성에 대한 평가를 도식적으로 분석한 것을 기반으로 삼았다. 그녀에 따르면 이 경건성을 통하여 왕들을 평가하는 상이한 척도가 분리되었고, 그리고 예를 들어서 כעס의 히필 형태(진노를 일으키다-역주)를 통하여 식별될 수 있는, 즉 제1계명을 지향하는 첨가된 후대 평가의 기본적인 형태는 독립되어 고찰되어야 한다.

Aurelius)는 모든 가능성을 신중히 검토한 결과 그러한 구축은 명백하게 존재하지 않았다는 것을 지적했다.[72] 특별히 요시야로부터 그의 후계자로 넘어가는 과정에는 숨 쉴 틈도 없다.

그러는 동안에 첫 번째 판본을 시드기야까지 고려하는 것이 다음과 같은 이유로 추론되었다. 열왕기서 구조의 기반이 되는 "통시적 도식"은 신명기사가에게서 유래한 것이 아니라, 노트가 추정한 것처럼 오히려 신명기사가 이전에 주어졌다. 왜냐하면 내부 사료에서 "누구의 남은 행적(יתר דברי[예테르 디브레이])은…"과 같이 언급된 각각 왕의 특별한 업적에 대해 가끔씩 암시되는 정황들은 신명기사가에 의해 첨가된 왕의 경건성에 대한 평가와 긴장관계를 형성하고 있다. 이러한 사료들은 보다 오래된 다른 손길에서 기원했다.[73]

이러한 암시는 자료 구조에서 원사료가 아니라, 아마도 (유다로 도피한) 이스라엘과 유다의 왕들의 연대기(Annalen)에서 발췌된 것이 취급되고 있음을 보여준다. 이와 같이 그들에게 낭독된 옹색한 문서는 원사료를 대체할 수 없었다. 신명기 역사서의 저자는 지칠 줄 모르고 왕의 측근 독자에게 새롭게 원사료를 환기시켰기 때문이다. 남북왕국의

---

72 E. Aurelius, Zukunft jenseits des Gerichts. Eine redaktionsgeschichtliche Studie zum Enneateuch, BZAW 319, 2003, 21-57. Aurelius는 특별히 Weippert의 입증 과정, 다시 말해 단계별 성장을 주장하는 학자들을 대표하는 입증 과정을 철저하게 해체시키고 거부했다. 동시에 이 논쟁은 바로 종결되었다고 평가된다. 그러나 참조하라. H.J. Stipp, Ende bei Joschija. Zur Frage nach dem ursprünglichen Ende der Königsbücher bzw. des deuteronomistischen Geschichtswerks, in: H.-J. Stipp. (Hg.), Geschichtswerk, 225-267 각주 8번 보라.

73 참조, Ch. Levin, Die Frömmigkeit der Könige von Israel und Juda, in: J. Pakkala/M. Nissinen (ed.), Houses Full of All Good Things. Essays in Memory of Timo Veijola, Helsinki und Göttingen 2008, 129-168, 134-136; J. Pakkala/M. Nissinen (ed.), Das synchronistische Exzerpt aus den Annalen der Könige von Israel und Juda, VT 61 (2011), 616-628, 620-623.

자료 데이터를 연결시킴으로써, 그것은 이스라엘과 유다 왕의 역사에 통일성을 제시하려는 목적으로 이용되었다. 그러므로 그것은 유대적인 전체-이스라엘-이데올로기에 대한 증거가 되었으며, 이 증거는 왕들 중에서 한 명, 개연성 있는 인물로 요시야 혹은 여호야김에게 위임되었다. 시드기야 통치 기간(왕하 24:18)까지 다다를 수 있는 마지막 진술들은 분명 후대 첨가되었을 것이다.[74]

사람들이 노트와 많은 다른 이들에게 동조하여 열왕기서의 틀을 이루는 도식을 신명기사가로 소급시킬 경우, 이러한 논거는 역사서의 포로기이전 연대설정을 지지하게 된다. 그와 달리 만약 발췌한 일부가 신명기사가이전(vordeuteronomistisch)의 것이라면, 이러한 근거는 사라진다. 왕의 경건성에 대한 판단은 왕조의 멸망과 성전 파괴를 전제하기 때문이다. 역사서는 궁정 상류층에게 소급될 수 있는데, 이들은 신명기를 넘어선다.

"R¹에서 빈번하게 사용되는 용어 중에 하나인 바마(בָּמָה [바마], "산당"을 의미한다-역주)는 신명기에서 전혀 확인되지 않는다."[75] 유다 도시들에 존재하는 "산당"에 대항하는 논쟁은 유다 땅의 성소들이 중앙 성소 재건을 진부한 것으로 폄하시키고 있다는 위험스러운 상황으로 잘 설명된다. "야웨-제의를 예루살렘에 중앙화 시키는 사고"는 의심할 여지없이 번창하고 있는 예루살렘 성전을 전제한다.

그러므로 신명기 12장의 중앙화 법을 포로기이전으로 연대 설정하는 것은 개연성이 있다. 하지만 예루살렘 성전 파괴로 인해 이러한 강령은 이제부터 유다 내부에서 새로운 목표점을 갖게 되었다.[76]

---

74 덧붙여서 Kuenens의 고찰을 참조하라. Kuenens, Einleitung, 93. 각주 69.
75 Jepsen, Quellen, 73.
76 그것에 대한 동조와 반대에 대해서 Aurelius, Zukunft, 40. "예루살렘을 지향하는 야

역사서의 마지막인 열왕기하 25:27-30에서 보도되는 주전 562년에 있었던 여호야긴 복권(復權)을 노트는 연대설정의 상한선(terminus a quo)으로 삼았다.[77] 이 보도는 틀을 이루는 도식의 문체와 구별되기 때문에, 이것이 첫 번째 판본에 속한 것인가는 명확하지 않다. 이러한 보도는 바벨론에 있는 다윗 가문의 지류(支流)로부터 첨가되었을 것이다.[78] 그 배경에는 유다에 남아있는 다윗 왕조 분파와 살아남은 궁정에 속했던 자들 사이의 대립이 예견된다. 이 대립으로부터 후대에 바벨론 골라(포로민 공동체: 역자주)가 유일하며 합법적인 그리고 생존한 하나님의 백성임을 요구하는 것이 생겨났다.[79]

최초의 역사서가 그달리야 살해와 함께 중단된다는 것은 개연성이 있다(왕하 25:25a). 그것은 연대 설정에 변화를 가져오지 않는다. 첫 번째 판본은 유다 왕국이 멸망한 이후(주전 586년) 몇 십 년 안에, 그리고 다리우스(주전 522-486)가 페르시아 통치를 유다 땅에 확립하기 전에 기록되었고, 다리우스 왕권 확립으로 인해 유다 왕권 재건에 대한 소망은 착각인 것으로 증명되었다.

웨-제의 중앙화에 대한 사고의 생성은 포로시기가 아니고서는 잘 설명될 수 없다."
77 ÜSt, 12.
78 Noth, ÜSt, 87. Noth는 신명기사가에 대한 언급을 추가적으로 기술했다.
79 덧붙여서 보라. Ch. Levin, The Empty Land in Kings, in: E. Ben Zvi/Ch. Levin (ed.), The Concept of Exile in Ancient Israel and its Historical Contexts, BZAW 404, 2010, 61-89.

5. 역사서의 연결성

역사적인 책들이 처음부터 독립된 문학적 연결성을 형성했다는 것은 최근 논쟁에서 문제시되고 있다. 이미 오랫동안 사람들은 노트에 대항하여 사사기의 편집적 틀이 열왕기서의 틀과 구별된다는 논증을 적합한 것으로 만들었다.

> 열왕기서에 대한 신명기사가적 편집과 사사기서의 신명기사가적 편집이 하나의 작업 과정을 통해 나타나게 되었다는 것은 생각하기 어렵다.[80]

계속해서 그들에 따르면 열왕기서에는 왕의 경건성을 다루고 있지만, 사사기에서는 백성에 대해 다루고 있다. 또한 사사기에는 제의 중앙화 모티브가 누락되었다. 그 대신에 다른 신을 예배하는 것은 후대 신명기사가 개정을 통해서 죄로 맹렬히 비난되었다. 사사기 시대의 순환적인 역사상은 이후 서술에서는 결코 이어지지 않는다.

이러한 반론 중에 어떤 것도 논지가 분명하지 않다. 성전이 부재하는 동안 중앙화 계명은 그 대상이 존재하지 않는다. 또한 이 계명은 열왕기서에서 야웨를 신뢰하는 것에 대한 유일한 척도가 아니다. 초기 신명기사가는 이미 바알 숭배를 혹독하게 비판했다(왕상 16:31-32; 22:53; 왕하 8:18, 27; 10:28; 21:3bβγ). 사사기 틀이 처음 작성되면서 이스라엘인들의 죄는 사사기 2:11과 10:6에서만 바알 (그리고 아세라) 숭배

---

80 G. v. Rad, Theologie des Alten Testaments, Bd. 1, [6]1969, 359. 후대에 특별히 E. Würthwein은 이러한 이의에 관심을 가졌다. E. Würthwein, Erwägungen zum sog. deuteronomistischen Geschichtswerk. Eine Skizze, in: E. Würthwein, Studien zum Deuteronomistischen Geschichtswerk, BZAW 227, 1994, 1-11.

로 기술되었다. 열왕기서에 따르면 죄를 범하는 것은 왕 혼자만이 아니었다. 이스라엘 왕은 이스라엘 백성들이 범죄하는 것을 방관했고, 유다 왕은 백성들이 산당에서 제사지내는 것을 막지 않았다. 유사하게 사사기에서도 이스라엘인들의 행위는 사사들에게 의존하고 있다. 만약 사사가 죽으면, 그들은 죄에 빠지고 만다(삿 2:9, 11; 3:11-12; 4:1; 10:5-6; 12:15; 13:1; 17:6). 이스라엘인들이 선한 태도를 취하는 것은 그들이 사사의 지배를 받고 있을 때이다.

만약 열왕기서의 틀을 이루고 있는 도식이 "신명기사가이전"(vordeuteronomistisch)의 기원이라면, 직선적인 역사 서술과 순환적인 역사 서술 사이에는 결정적인 차이가 존재하지 않는다. 신명기사가는 단지 사사기에서만 이야기들의 연결을 활성화시켰다. 외부의 적들에 의한 압제와 야웨가 보낸 구원자들을 통해 해방되는 과정에서 우리는 유대인들의 경험이 반영된 것으로 평가할 수 있으며, 또한 그들의 희망을 관찰할 수 있다.

동시에 구원자들이 왕정 이전에 이미 왕들처럼 묘사된다는 것은 주목할 만하다. 소위 "소사사"(kleine Richter)[81]를 포함하는 구원자들의 직무 계승은 다른 곳에서 연대기적으로 표현되었는데, 이 연대기는 여호수아 죽음부터 사울의 통치 시작까지 합산해서 370년에 이르며 그로 인해 처음부터 사사기 시대를 넘어간다.[82]

---

81   두 목록인 삿 10:1-5 그리고 12:8-15은 결코 독자적인 전승 요소를 형성할 수 없을 정도로 편집적인 틀과 밀접하게 연결되어 있다. 이것은 우리가 관찰한 것처럼 입다의 경우뿐 아니라(삿 12:7), 기드온(삿 8:30, 32) 그리고 삼손(삿 16:31)에서도 관찰된다. 신명기사가는 구원자와 사사들 사이에 어떤 차이점도 생성하지 않았다.

82   Noth, ÜSt, 21-22. Noth에 따르면 이 숫자들은 단순한 연속으로 이해될 수 있으며, 그것이 압박, 평화 혹은 직무기간을 표현하는 것인지에 대해서는 별로 중요치 않다. 삿 4:3; 삼상 4:18; 7:2에서 확인되는 진술은 후대 삽입이다. (그와 달리 노트[ÜSt, 22-23]는 삿 4:3을 포함시켜서 390년을 추정한다) 여호수아의 나이인 110을

사사기의 통상적인 개념에 따르면 틀을 형성하는 작업은 "비신명기사가적"(undeuteronomistisch)이다. 그러므로 리히터(Wolfgang Richter)는 신명기사가이전 구원자에 대한 책(vordeuteronomisches Retterbuch) 이라는 가설을 발전시켰지만, 그것은 필연성을 상실했다.[83] "비신명기사가적" 신명기사가는 이야기를 틀에 삽입했던 첫 번째 인물이다. 베이욜라가 인식한 것처럼 저자가 기록하는 당시 상황이 사사기 17:6에서 표현되었다.

> 그 때에는 이스라엘에 왕이 없었으므로 사람마다 자기 소견
> 에 옳은 대로 행하였더라(삿 17:6).

이러한 침체기에 저자는 왕권의 재기를 전망하고 있다. 사울과 특별히 다윗의 통치하에서 관찰되는 것들을 통하여 저자는 역사와 미래를 동일시하고 있다.

오늘날과 같이 훨씬 더 많은 책들로 분할되어 있는 역사의 과정은 후대에 묶인 것이 아니라, 오히려 편집적인 통일성을 형성하고 있다. 그런 점에서 노트의 가설은 유지된다. 이러한 추론은 이미 언급된 관찰 이외에도 근본적인 숙고를 기반으로 한다. 성서의 역사서술은 실제적인 역사 진행에 상응하지는 않으며, 따라서 결정된 것이 아니다. 만약 9경이 비교적 후대에 독립된 문학적 묶음으로부터 비로소 결합

합치면 이상적인 480(= 12 x 40)년이 계산된다. 이러한 숫자로 인해 후대 왕상 6:1에서 출애굽에서부터 성전 건축까지 관계가 추론될 수 있었다. Noth(ÜSt, 20)와 달리 이 기록은 더 이상 신명기사가에게서 유래하지 않았다..

[83] W. Richter, Traditionsgeschichtliche Untersuchungen zum Richterbuch, BBB 18, 1963, 319-343. 우리는 단지 이 이야기들은 분명한 모티브들에 따라서 모아졌다는 것과 그 이야기들이 신명기사가이전에 전승되는 과정에서 상호 영향을 끼쳤다는 것만을 관찰할 수 있을 것이다.

된 것이라면, 이러한 배열이 추구하는 구상이 어디서부터 유래했는지 진술했을 것이다. 전승사적 해결책들은 적절하지 못한 것으로 입증되었기 때문에, 그러한 결정이 역사서의 틀을 본문의 후대 성장으로 제안하는 편집적 구상을 기반으로 한다는 것은 필연적이다.

아마도 신명기 34*장에 기록된 모세 죽음에 관한 비망록을 포함하여 사경을 위한 이러한 뼈대는 야위스트 작품의 편집을 통해 일차적으로 형성되었고, 이후로 야웨기자의 구조를 반복하는 제사장 문서를 통하여, 그리고 마지막으로 두 사료를 연결하는 (비교적 초기) 편집으로부터 서술저작이 생성되었다. 이러한 과정을 통하여 오늘날 자료의 덩어리가 한 단계씩 점차적으로 생겨났다.[84]

이와 같은 방법으로 여호수아부터 열왕기서까지 책들은 첫 번째 편집을 통해 형성되었다. 사무엘서와 열왕기서의 분리는 다윗의 왕위 계승 이야기를 단절시킨다. 사사기와 사무엘서의 분리는 삼손(삿 13-16장), 단지파 사람의 이동(삿 17-18장), 사무엘(삼상 1-3장) 그리고 사울(삼상 9장 이하) 이야기들의 각각 처음 부분에서 재인식될 수 있는 모음집을 파괴한다. 또한 전역사를 배제하고서는 상상할 수도 없는 사무엘서의 직접적인 배치는 이 단락이 부차적인 것임을 보여준다.

여호수아와 사사기 두 권이 후대에 분리되었다는 점은 여호수아의 죽음이 이중적으로 기록되었다는 것에서 알 수 있다(수 24:29-31; 삿 2:7-10). 사사기의 시작은 여호수아의 죽음을 전제하지만, 사사기 2:6 이하에서 여호수아는 다시 등장하며 2:8에서 다시 죽음을 맞이한다. 여호수아서 시작은 다시 신명기 34장에서 보도된 모세의 죽음과 직접적으로 연결되므로 여호수아서 시작은 결코 독립된 삽입물이 아니다.

---

84 덧붙여서 Ch. Levin, On the Cohesion and Separation of Books within the Enneateuch, in: Dozeman u. a. (ed.), Pentateuch, 127-154, 각주 10.

노트 이전에 문서가설 지지자들이 시도했던 것처럼, 전체 9경 구성을 유일한 편집 단계로 소급시킬 수 있다면, 그것은 훨씬 세련되었을 것이다. 하지만 두 개의 첫 번째-편집들은 대단히 모순되는 것이기 때문에, 9경을 구성을 유일한 편집 단계로 소급시키려는 시도는 배제된다. 신명기사가는 성전 재건을 위해 노력하고, 그것을 위해서 중앙화 법인 신명기 12장을 관철시키는 반면, 야위스트는 야웨가 배타적으로 유일한 제의장소와 결부되어 있다는 것을 부인하며 야웨의 무소부재(Allgegenwart)를 강조한다. 신명기사가는 여로보암의 죄에 대하여 강력히 항의하지만, 야위스트는 벧엘에 대한 제의원인론(Kultätiologie)을 전승한다(창 28:11-22).

이러한 대립은 그리 날카로운 것은 아니다. 신명기사가는 산당에 대항하여 싸우지만, 야위스트에 따르면 조상들은 그들이 발견하는 곳에서는 어디든 상관없이 야웨 제의를 실행했고, 계시 장면을 덧붙였다.[85] 사경과 신명기 역사서 사이에 대한 노트의 편집사적 구분은 불가피한 것이었다. 문제는 "두 개의 처음 편집을 연결하는 이음매는 어디에 존재하는가?"이다.

6. 첨가서술에 대한 문제

노트는 신명기의 처음에 설치된 대단위 반복에서 역사서의 시작을 관찰했다.[86] 그러나 이러한 해결책은 새로운 오경 비판을 통해서 불가능한 것으로 평가되었다. 왜냐하면 신명기 1-3장에 전제된 민수기 전

---

85 참조, Ch. Levin, Der Jahwist, FRLANT 157, 1993, 414-435.
86 ÜSt, 14.

승들은 노트가 가정했던 것보다 훨씬 후대의 것이기 때문이다.[87] 이 전승들의 대부분은 아마도 역사서가 처음 작성된 이후에야 비로소 생성되었을 것이다.[88] 그와 동시에 "신명기사가적 역사서가 어떤 부분에 배열되었는가" 하는 점은 불확실하다.

신명기의 시작은 "앞서 서술된 이야기와 연결하려는 의도를 갖고 있지 않았다는 점은 분명하며, 오히려 앞선 이야기를 재현하는, 즉 대치하는 것을 목적으로 삼았다."[89] 이러한 반복은 새로운 책의 머릿글을 가능하게 만들었지만, 이 머릿글은 자체적으로 보았을 때 독립된 시작을 의미하지는 않았다. 따라서 이 반복은 오히려 이미 주어진 것과 분리를 보여줌과 동시에 아직 존재하지 않는 관계성을 생성하는 것으로 사용되었다. 역사서 시작과 관련하여 신명기 1-3장을 포기하는 것은 적절한 행동이다. 마찬가지로 우리는 신명기적 율법을 고려하지 말아야 한다. 다시 말해 새로운 시작은 율법 설치와 연결되어 있다는 것이다. 역사의 반복이 모세의 설교 형태로 나타난다는 점은 신명기적 율법을 모범으로 만들고 있는 것으로 보인다.

사경의 입장에서 벨하우젠은 연결점을 올바로 간파했다.

---

87 문제에 대한 지적으로 참조하라. J. Ch. Gertz, Kompositorische Funktion und literarhistorischer Ort von Dtn 1-3, in: Witte u. a. (Hg.), Geschichtswerke (각주 8을 보라), 103-123.

88 Blum이 Wellhausen과 결부시켜 추정한 것처럼, 만약 신 1-3장에서 제사장문서이전(vorpriesterschriftlich) 본문이 전제된다면, 그것과 관련하여 아무것도 변하지 않는다. E. Blum, Pentateuch-Hexateuch-Enneateuch? Oder: Woran erkennt man ein literarisches Werk in der hebräischen Bibel? in: Th. Römer/K. Schmid [ed.], Les dernières rédactions du Pentateuque, de l'Hexateuque et de l'Ennéateuque, BEThL 203, 2007, 67-97, 92 각주 89; Wellhausen, Die Composition des Hexateuchs, 201. J와 P는 과거에 상상하던 것과 같이 지나치게 대립하지는 않는다. 또한 제사장 문서를 제외하면 더 이상 주전 7세기로 거슬러 올라갈 수 없다.

89 Wellhausen, Composition, 193. 각주 12. JR편집의 흔적이 민 24장에서 종결된다. 참조, Levin, Jahwist, 50.

발람 설화 이후에 J가 갑자기 중단되었다는 점은 언급할 가
치가 있다. 우리는 아마도 민수기 25:1-5과 신명기 34장에
서만 이 화려한 이야기책의 흔적을 발견할 수 있을 것이다.[90]

이러한 해설에 따르면 싯딤에서 발생한 모세의 죽음과 함께 야위스트가 종결된다는 것은 상당히 개연성이 있다. 그것에 대해서 특별히 아주 유사한 용어로 미리암의 죽음을 기록하는 민수기 20:1의 유랑 보도가 언급된다. 이 유랑 보도는 야위스트이전(vorjahwistisch)의 광야 보도에 속한다.[91]

민수기 25:1a/신명기 34:5-6 본문의 관계는 앞서 민수기
20:1aβb에서 관찰되는 미리암 죽음 보도와 대단히 세심하게
일치한다.[92]

민수기 25:1에서 언급된 장소인 싯딤에서 여호수아 2:1의 땅점유 이야기가 시작되고 있다는 오래된 관찰에 크라츠(Reinhard Kratz)는 주목했다.[93] 이로써 크라츠는 아마도 문제 해결을 위한 열쇠를 찾았을 것이다. 여기에서 시작된 서술의 결말에 대해서 미가 6:5은 신뢰할 만

---

90   Wellhausen, Composition, 116.
91   참조, Levin, Jahwist, 372-373.
92 R. Kratz, Der vor- und der nachpriesterschriftliche Hexateuch, in: J. Ch. Gertz/K. Schmid/M. Witte (Hg.), Abschied vom Jahwisten. Die Komposition des Hexateuch in der jüngsten Diskussion, BZAW 315, 2002, 295-323, 321.
93 R. Kratz, Der literarische Ort des Deuteronomiums, in: R. Kratz./H. Spieckermann (Hg.), Liebe und Gebot (Festschrift Perlitt), FRLANT 190, 2000, 101-120, 119. 참조, Steuernagel, Deuteronomium und Josua, 156, 각주 39; Smend, Die Erzählung des Hexateuch, 284, 각주 15.

한 증거를 제시하는데, 그것에 따르면 발람-전승은 싯딤 지역을 넘어서 길갈까지 이르렀고, 이 지역들은 직접적으로 땅점유와 결부되어 있다.

노트의 가설을 대신해서 육경 가설이 다시 지지를 받고 있다는 것이 크라츠에 대한 비판을 의미한다고 볼 수는 없다.[94] 신명기사가가 관철시키려는 편집의 주제는 이미 여호수아에서도 발견되기 때문이다. 이 신명기사가는 땅정복을 빈틈없이 사사시대와 연결시켰다.

> ...그 땅에 전쟁이 그쳤더라...백성을 보내어 각기 기업으로 돌아가게 하였더라...백성이 여호수아가 사는 날 동안에... 여호와를 섬겼더라...눈의 아들 여호수아가 백십 세에 죽으매 무리가 그의 기업의 경내 에브라임 산지 가아스 산 북쪽 딤낫 헤레스에 장사하였다...이스라엘 자손이 여호와의 목전에 악을 행하여 바알들을 섬겼다(수 11:23b; 24:28; 삿 2:7a.8a*.b-9.11a).

모세 죽음을 보도하는 주변 배경 그리고 여호수아 땅정복에 대한 배경을 통하여 본래 관련성이 없었던 것이 연결된다는 점은 긴장관계를 완화하려는 시도, 즉 디아스포라를 지향하는 사경과 제의 중앙화에 대한 신명기사가적 관심 사이에 존재하는 긴장관계를 완화하려는 시도가 존재했음을 보여준다. 사사기 2:1-5* 장면이 그러한 시도로 이해될 수 있는데, 그 장면은 사사기 2:6을 수용함으로써 신명기사가

---

94 그런 점에서 필자는 Blum의 이론에 동의한다. E. Blum, Pentateuch-Hexateuch-Enneateuch? 79-83, 각주 88을 보라. 그러나 만약 Blum이 세밀히 조사한 이야기 주제로부터 진정성을 포기시킨다면 그것은 지나치게 멀리 간 것이다. 문서가설의 대표자들은 자의적으로 본문에 대한 결과를 평가했다. 오늘날 우리는 단지 편집사적으로만 본문 결과를 평가할 뿐이다.

적 이야기에 있는 여호수아 24:28과 사사기 2:7a 사이로 삽입되었다.

> 여호와의 사자가 길갈에서부터…올라와 말했다. "내가 너희를 애굽에서 올라오게 했으며[95] 내가 너희의 조상들에게 맹세한 땅으로 들어가게 하였다. [...] 너희는 이 땅의 주민과 언약을 맺지 말며 그들의 제단들을 헐라!" 여호수아가 백성을 보내매 이스라엘 자손이 각기 그들의 기업으로 가서 땅을 차지하였다(삿 2:1abα[אל־הבכים〈엘-하보킴〉을 제외하고], 2a, 6).

이러한 "구성적 매듭"(kompositionelle Knoten)[96]은 우선적으로 야위스트의 보도를 수용한 것이다. 그는 "야웨 천사"(← 출 3:2 J^R)에게 출애굽기 3:17(J^R)의 약속을 문자적으로 반복하게 했다. 그것과 연결해서 제의 중앙화 계명은 야위스트에 대하여 단호하게 반대함으로써 명백하게 되었다. 야위스트는 왕정시대라는 상황을 출발점으로 삼는 신명기사가의 조건에서는 더 이상 등장하지 않는데, 그 때는 민족적인 구별이 이스라엘과 유다 백성들에게 전혀 중요하지 않을 시기이다.

그 대신에 디아스포라는 조상의 역사에서 자신들이 어떻게 묘사되는지 그리고 어떻게 그 조상의 역사에서 땅점유로 넘어가게 되었는지에 대해서 거론한다.

---

95   미완료는 단지 과거로만 이해될 뿐이다. 문법 설명(GesK § 107b), 그리고 만약 여기에서 출 3:17의 약속이 인용되었다면, 미완료 연속법으로 변화 혹은 본문 탈락에 대한 가정은 아직 불필요하다(마찬가지로 G. F. Moore, Judges, ICC, 1895, 61).

96   그러한 이해로 E. Blum, Der kompositionelle Knoten am Übergang von Josua zu Richter. Ein Entflechtungsvorschlag, in: M. Vervenne (ed.), Deuteronomy and Deuteronomic Literature, BEThL 133, 1997, 181-212. Blum은 이 장면의 편집사적 의미를 명확하게 인식했다.

그 때에 가나안 사람이 그 땅에 거주하였더라
(창 12:6b; 참조, 24:3, 37 J^R).

그리고 조상들은 "그들이 거주하는 땅"에서 살았다(창 17:8; 36:7; 37:1; 출 6:4 P). 이러한 장면은 너무도 명료하게 9경의 가장 오래된 층을 기반으로 두 가지 상반되는 역사적 구상이 연결되었다는 점을 보여준다. 편집사적으로 이것이 어떤 입장에서 시행되었는가에 대해서는 대답될 수 없다. 우리는 사경과 신명기사가적 역사서가 연결되면서 무언가 파손되었다는 것을 배제해서는 안 된다. 만약 여호수아 2:1이 신명기 34:5-6*(그리고 민수기 25:1a)과 연결된다면, 이러한 장면은 결코 좋은 시작이 될 수 없었을 것이다.

> 눈의 아들 여호수아는 싯딤에서 두 명의 정탐꾼을 보냈고 (서술적인)[97] 다음과 같은 임무가 그들에게 주어졌다. 가서 그 땅 [그리고 여리괴을 정탐하라. 그리고 그들은 갔고 라합이라 불리는 기생의 집에 들어갔으며, 그곳에 피신했다.

사람들은 즉시로 정탐꾼 이야기가 여리고 정복 이야기와 관련되었던 것으로 처음부터 이해한 것은 아니다.

> 다양한 손길에서…이 용어들이 유래하였고, 땅과 여리고를 정탐한다.[98]

97　חרש "은밀히"는 70인역에서 누락되었다.
98　Smend, Erzählung, 281-282, 각주 15. 그와 다른 의견으로 K. Bieberstein, Josua-Jordan-Jericho. Archäologie, Geschichte und Theologie der

여호수아서 첫 부분에서 관찰되는 문학적 관계들은 대단히 혼란스러운 상황이다. 현재 우리에게는 마틴 노트가 제시한 근거를 바탕으로 몇몇 발견자들의 작업이 주어졌을 뿐이다.

요약

최근 해석을 통해 발견된 신명기 역사서가 편집사적으로 다층적(Mehrschichtigkeit)이라는 점은 이미 마틴 노트(Martin Noth)가 제시한 것이며, 또한 엡센(Alfred Jepsen)에게서 유사한 것이 확인된다.

그러나 노트는 문서가설에 대치하는 것을 편집사적으로 증명하려 했기 때문에, 노트에게 있어서 다층성은 중요한 것으로 인식되지 못했다. 그 밖에 "이스라엘 12지파 시스템"(System der zwölf Stämme Israels)에 대한 노트의 가설은 왕권이 역사에서 기본적인 역할을 하고 있다는 점을 노트가 간과하도록 만들었다.

이러한 실수는 베이욜라(Timo Veijola)를 통해 수정되었다. 여호수아, 사사기, 사무엘 그리고 열왕기서에 대한 노트 가설의 가치는 수정을 통해 오히려 견고해졌다. 역사서가 일찍이 어디에서 시작했는가에 대해서는 여전히 미궁 속에 있다.

Landnahmeerzählungen Josua 1-6, OBO 143, 1995, 124-125.

문서예언의 수수께끼

요륵 예레미아스(Jörg Jeremias)
전 마부륵대학교 교수

본 논문의 제목과 관련되어서 네 가지 문제들이 연결되어 있다. 이 문제들은 상호 구별되기는 하지만, 현재 예언서 연구에서 심도 있게 논의되고 있다.

① 보편적인 예언의 문서화

예언은 선천적으로 구두로 이뤄지는 현상이다. 예언자들은 고난에 처한 청원하는 자의 부탁을 받아 "고난으로 인해 앞으로 어떻게 될 것인가?"에 대해서 가급적이면 그에게 하나님의 길조의 메시지를 중재하기 위해 하나님과 연락을 시도한다(소위 귀납적 예언[inductive Prophetie]).

또는 예언자들은 원하지 않는 하나님의 메시지에 사로잡히며, 그들은 그것을 자신의 청중에게 알려야만 한다(소위 직관적 예언[intuitive Prophetie]). 고대 근동과 구약성서에서 확인되는 예언의 전형적인 활동은 구두로 이루어졌고, 그렇다고 해서 구두 선포는 필연적으로 문서화로 귀결되지는 않는 일상적인 사건이었다. 따라서 한편으로는 고대 근동에서 다른 한편으로는 구약성서에서 예언이 문서화되었던 상황들이 설명되어야 한다.

② 문서예언의 본질

예언의 문서화는 예언자의 구두 선포를 어느 정도까지 변화시켰는가? 그것을 위해서 고대 근동과 구약성서 예언을 비교하는 것은 도움이 된다.

③ 예언서의 기원

고대 근동에서 예언서는 생소한 것이기 때문에 구약성서의 문서가 생성될 수 있었던 원인은 특별히 연구되어야 한다.

④ 순수한 문서예언(Schriftprophetie)의 특징

이것은 다시 말해 구두로 된 이전역사가 없는 예언의 형태를 의미한다. 문서예언은 포로기이후(nachexilisch) 시대의 현상이며, 현존하는 예언서를 전제로 한다.

이러한 질문들이 암시하는 구두성(Mündlichkeit)에서 문서화(Schriftlichkeit)의 과정 그리고 예언서의 생성을 지나서 문서예언이 나타나는 과정은 언제나 구약성서 예언의 가치가 높다는 것을 반영한다. 하나의 개별 논문이 문서예언과 관련된 난해한 질문들에서 단지 중요한 측면만을 이끌어 낼 수 있다는 것은 말할 것도 없다.

1. 고대 근동과 유사점들

우리에게 전승된 구약성서 예언자의 말이 문서의 형태로 대단히 각인되어 있다는 것은 최근의 연구에서야 비로소 충분히 인식되었다. 그것을 위해서 고대 근동 예언과 비교가 요구된다. 그러한 비교는 오랜 기간 동안 불가능했는데, 왜냐하면 고대 근동의 예언 본문이 그만큼

잘 알려지지 않았었기 때문이다. 한 세기 전에 독일에서 소위 "바벨-비벨-논쟁"(Babel-Bibel-Streit-20세기 초에 델리취[Friedrich Delitzsch]에 의해 촉발된 고대 근동과 신학의 우선성에 대한 논쟁이다-역주)의 소용돌이가 일어났을 때, 구약성서 예언은 전반적으로 냉정함을 유지했다.

물론 고고학자들이 파편으로 발굴했던 본문은 메소포타미아 예언자의 상이한 계층에 대해 증명하지만, 예언자 선포는 대단히 극소수만이 서신 또는 보도의 형태로 대략적으로 수용되었을 뿐이다. 주전 11세기 것으로 이해되는 애굽인 우나문(Unamûn)의 유명한 여행 보도에는 비블로스(Byblos-지중해 동편에 위치한 가장 오래된 항구 도시-역주) 출신인 황홀경에 빠진 사람(Ekstatiker)에 대해서 기록하고 있다.

이외에도 주전 800년 경의 하맛(Hamath-시리아의 도시-역주)의 왕인 자쿠르(Zakkur)가 바알샤밈(Baal-Schamim)에 감사의 마음을 표현하고자 세운 비문을 언급할 수 있는데, 그것에 따르면 바알샤밈은 선견자(Seher)와 미래 해석자(Zukunftsdeuter)를 통하여 절박한 전쟁의 위기에 빠진 자쿠르에게 구원신탁을 전하도록 했었다.[1]

고대 근동의 본문 발굴물과 성서의 예언서 본문 사이에 유사점들이 놀라울 정도로 부족하다는 것은 구약성서가 보여주는 적지 않은 실례(實例)들, 즉 이스라엘 주변 민족들에도 예언자가 있었음을 제시하는 것보다도 더욱 주목된다. 모압 왕이 도움을 요청했던(민 22-24장) 그리고 지금까지 구약성서 이외의 것에서도 증거되는(아래를 보라) 선견자 발람을 상기할 필요가 있다. 혹은 엘리야가 갈멜산에서 대결했어야 했던 400명의 바알 그리고 아세라 예언자들을 고려해야 한다(왕상 18장). 또는 에돔, 모압, 암몬, 두로 그리고 시돈 왕들이 바벨론 왕인 느부갓

---

[1] 참조, 한편으로 K. Galling (Hg.), TGI², 1968, 41-48, 그리고 다른 한편으로 H. Donner/W. Röllig (Hg.), KAI 1964, Text 202.

네살과 전쟁을 목전에 두고 "어떠한 행동을 취하여야 할 것인가?"를 협의하기 위해 예루살렘에 방문한 왕들에게 설명하는 예언자들을 염두에 둘 수 있다(렘 27:9).

따라서 여기에 언급된 왕들은 이 공모를 위한 모임에 필시 자신들의 예언자와 동행했을 것이다. 왜냐하면 그들은 자신들의 정치적 계획들이 각각의 신들의 의지와 조화를 이루기를 분명 원했기 때문이다.

오늘날 고대 근동 예언 문서에 대한 우리의 지식은 놀라울 정도로 향상되었다. 다양한 맥락에서 조금은 우연하게 나타난 단일 증거문들이 다양으로 확보된 것 이외에도 마리(Mari)에서 출토된 고대 바벨론 왕인 침리림(Zimrilim)의 도서관, 신앗수르의 마지막 왕의 문서 보관소 그리고 구약성서에서도 잘 알려진 예언자 발람에 관한 요르단 계곡의 "텔 데이르 알라"(Tell Deir 'Allā) 비문이 있는데, 이 비문은 구약성서 학자들에게 중요한 정보를 제공해 주었다. 여기 언급한 문서들은 아주 다양한 방면에서 유익을 가져다주었다.[2] 그것들 각각은 실제로 고고학적으로 우연히 발굴된 것들이다. 그러나 고대 근동의 예언에서 문서의 역할이 보편적 이었는가를 서술하는 가능성에서 우리는 여전히 너무 멀리 떨어져 있다.

메소포타미아에서는 예언자들의 수많은 계층이 나타남에도 불구하고, 어떠한 이유로 근소한 예언자의 말들만이 문서로 증명되는가? 무엇보다 유프라테스 중간 정도에 인접한 **마리의 웅장한 왕실 도서관에서** 발견된 예언자의 임무에 대해 기록하고 있는 **고대 바벨론 서신**

2　M. Nissinen은 오늘날 잘 알려진 예언 문서를 전체의 모습으로 언급하였다. M. Nissinen, Spoken, Written, Quoted, and Invented: Orality and Writtenness in Ancient Near Eastern Prophecy, in: E. Ben Zvi/M. Floyd (Hg.), Writings and Speech in Biblical and Ancient Near Eastern Prophecy, SBL Symposium Series 10, 2000, 235-271, 236-238.

들이 대부분 1930년대에 출판되었는데,[3] 이에 대한 실마리를 제공해 준다. 충성스러운 공직자들이 마리의 왕에게 보내는 이 서신에는 그들이 왕의 토지를 감독하기 위해 감찰하는 중에 예언자와의 만남이 보도되었다. 그것은 우리에게 예언의 형태를 알려주는데, 여기에서 확인되는 예언의 형태가 구약의 예언보다 대략 1000년 정도 오래되었음에도 불구하고, 의심할 여지없이 구약성서 예언의 전역사에 속한다.

현상학적으로 두 예언의 형태는 놀랍도록 근접해 있다. 곳곳에서 예언자는 소위 메신저 공식(Botenformel)으로 정당성을 보여주며, 그들은 또한 동일한 계시 수단(꿈, 비전, 황홀경)을 내세운다. 그들 밑에는 평신도와 직업 예언자, 남자와 여자, 개인과 그룹이 존재하며, 요청하지 않은 하나님의 메시지(직관적 예언)와 간청하는 하나님의 메시지(귀납적 예언)가 등장한다.

이러한 현상학적 유사성에도 불구하고 구약성서와 마리의 예언 메시지의 내용은 특이할 정도로 상이하다. 성전 문 수리에 대한 요구 혹은 제물을 국가로 바쳐야 한다는 제의적 요구 또는 정치적 활동에 대한 경고와 같은 마리에서 출토된 서신과 비교할 때, 구약성서 본문에는 근본적인 문제가 등장한다.

하나님의 권위에 왕은 어떻게 행동함으로 책임을 다할 수 있는가?

또는 어떤 관계를 통하여 왕은 신이 허락한 왕이 되며, 그것은 유지될 수 있는가?

만약 혹자가 마리에서의 신 이해와 비교할 때 신에 대한 성서적 이

3　참조, F. Ellermeier, Prophetie in Mari und Israel, 1968, 그리고 M. Dietrich, TUAT II/1, 1986, 83-93. 예언적 내용을 포함하는 최근에 편집된 마리 문서에 대해서 참조하라. M. Nissinen, Prophets and Prophecy in the Ancient Near East. Writings from the Ancient World 12, 2003, 13-77, 그리고 마지막으로 R. Pientka-Hinz, TUAT N.F. 4, 2008, 53-55.

해의 우월성을 통하여 시작부터 간과될 수 없는 차이점들을 설명하고자 한다면,[4] 그는 물론 경솔하게 판단하는 것이다.[5] 언급된 차이는 이차적으로 볼 때 그것의 배경이 서로 상이하기 때문에 나타난 것일 뿐이며, 그와 달리 차이점의 근본적인 이유는 서로 다른 본문의 생성으로 설명될 수 있다.

마리 문서는 구두예언을 문서 형태로 보여주고 있다. 공직자들이 감찰기간에 만난 예언자의 말이 상당히 짧음에도 불구하고 그들은 자신들이 보내는 서신에서 필요한 만큼만 정확하게 기술했다. 예언자들의 말은 그들에게 해당되는 것이 아니라, 왕에게 적용되는 것이었다.

마리 궁정의 예법으로 인해 예언자(또는 공직자)들이 직접 왕을 알현(謁見)하는 것이 불가능했을 수도 있으며, 추측컨데 시녀들 그리고 왕의 가족들 중에 여인들은 왕에게 자신들의 예언자적 꿈을 문서로 전달했을 것이다. 혹은 궁정까지의 거리가 너무 멀었기 때문일 수도 있다. 예언자들의 말은 전달하는 공직자를 필요로 했으며, 따라서 그 말은 문서로만 전달되었다. 감찰 공직자가 왕을 위해 기록한 말은 본질적으로 구두로 된 것이며, 그날그날에 주어진 것이다.

왕은 각각의 메시지를 특정 시간이 지난 후에 파기해야 했는데, 왜냐하면 그것들은 시간이 지나면서 진부한 것이 되었으며, 또한 왕은 최근의 서신과 법률 문서 그리고 경제 문서를 도서관에 비치하게 위해 공간을 마련해야 했기 때문이다. 우리가 사용하는 문서들은 우연

---

4 Noth 자신은 그러한 고찰과는 별개의 입장을 취한다. M. Noth, Geschichte und Gotteswort im Alten Testament (1949), in: M. Noth, Gesammelte Studien (im Folgenden: Ges. St.), ThB 6, 1957, 230-247, 240-241.

5 마리의 예언 본문들이 명백하게 왕에 대한 비판을 표현하는 것으로 최근에는 종종 정당하게 강조되고 있다. 특별히 참조하라. M. Nissinen, Das kritische Potential in der altorientalischen Prophetie, in: M. Nissinen/M. Köckert (Hg.), Propheten in Mari, Assyrien und Israel, FRLANT 201, 2003, 1-32.

히 우리에게 오게 되었다. 만약 도서관 건물이 한 달 후에 무너졌다면, 아마도 발굴자들은 다른 예언자들의 말을 포함하는 서신들을 분명히 찾을 수도 있었을 것이다.

물론 아주 짧은 기간이기는 하지만, 구약성서와 마찬가지로 메소포타미아에서도 분명히 **문서로 전승된 예언**이 존재했다. 이 증거 본문들은 마리 예언보다 대단히 후대의 것이며, 그것들은 구약성서의 고전 예언과 시기적으로 상당히 근접해 있다. 일례로 **신앗수르 예언**을 관찰할 수 있다. 신앗수르 예언의 첫 번째 본문들은 마리 서신보다 훨씬 이전부터 이미 잘 알려져 있었으며,[6] 소위 제2이사야의 구원신탁(Heilsorakel)과 현저하게 근접해 있음에도 불구하고, 사람들은 처음에는 그것에 거의 주의를 기울이지 않았다.

베그리히(J. Begrich)는 신앗수르 예언의 첫 번째 본문들을 거들떠도 안 보고 "제사장적 구원신탁"을 재구성하였다.[7] 파폴라(S. Parpola)는 1997년에 오늘날 잘 알려진 증거 본문들을 출판했으며, 특히 바이페어트(M. Weippert)와 니시넨(M. Nissinen)은 구약성서에 있어서 신앗수르 예언 본문의 의미를 강조하였다.[8]

---

6 그것은 1875년부터 알려졌다. 참조, 1875. 참조, H. Greßmann, AOT², 1926, 281-282.

7 J. Begrich, Das priesterliche Heilsorakel, ZAW 52 (1934), 81-92 = in: J. Begrich, Ges. St., hg. Von W. Zimmerli, ThB 21, 1964, 217-231.

8 S. Parpola, Assyrian Prophecies, State Archive of Assyria 9, 1997; M. Weippert, Assyrische Prophetien der Zeit Asarhaddons und Assurbanipals, in: F. M. Fales (Hg.), Assyrian Royal Inscriptions: New Horizons, Orientis Antiqui Collectio VII, 1981, 71-116; F. M. Fales (Hg.), Aspekte israelitischer Prophetie im Licht verwandter Erscheinungen des Alten Orients, in: G. Mauer/U. Magen (Hg.), Ad bene et fideliter seminandum (Festschrift Deller), AOAT 220, 1988, 287-319; M. Nissinen, References to Prophecy in Neo-Assyrian Sources, State Archive of Assyria Studies 7, 1998; M. Nissinen, Prophets and Prophecy, 97-132; 참조, K. Hecker, TUAT II/1, 1986, 56-82, 그리고 최근의 것으로 R.

그것은 신탁을 다루고 있다. 그 신탁은 주로 여신인 이쉬타르(Ischtar), 특별히 아벨라의 이쉬타르(Ischtar von Arbela)의 신탁이거나, 앗수르(Assur) 혹은 나부(Nabu)가 준 것인데, 주로 여예언자를 통해 전달된 것이며, 그들의 이름과 출신지는 개별적으로 일목요연하고 신중하게 게재되었다. 신탁은 왕인 (또는 부분적으로 왕세자) 엣살하돈(Asarhaddon)과 앗수르바니팔(Assurbanipal)을 향한 것이었다.[9] 왕궁에서 전승된 왕에 대한 구원 예언의 실례(實例)들이 존재한다.

신탁은 전반적으로 화자인 하나님의 자기 소개로 시작하며,[10] 왕에게 동행에 대한 약속과 승리에 대한 약속을 포함하고 있다. 그리고 그러한 신탁은 많은 경우에 항상 그런 것은 아니지만 "안도의 양식"(Beschwichtigungsformel; M. Weippert), 즉 "두려워 말라!"로 식별된다.

이 신탁은 두 가지 형태로 우리에게 주어졌다. 부분적으로(6개 본문) 가로 방향으로 되어 있는 개별 판에는 각각 하나의 신탁만이 기록되어 있다. 부분적으로 세로 방향으로 되어 있는 모음 판에는 두세 개의 문서 줄이 있어서 10, 6 또는 3개의 개별 신탁을 총괄하고 있다. 후자의 형태에서만 엣살하돈에 대한 언급이 확인된다. 세로 방향 판들은 사실적인 관점에 따라 배열되었고, 형제들과 왕좌를 놓고 벌이는 분쟁에서 엣살하돈이 승리하는 것, 그의 등극과 통치 첫 해에 대해서 다루고 있다. 마찬가지로 앗수르바니팔에 대한 신탁은 세로 방향 모양의 판

Pientka-Hinz, TUAT N.F. 4, 2008, 55-60.

9 신탁이 외형적으로 왕의 어머니 또는 앗수르의 주민에게 송부된 곳에서도 신탁은 객관적으로 유효하다.

10 이러한 자기 소개의 상이한 기능에 대해서 바이페어트는 제시하였다. M. Weippert, »Ich bin Jahwe«-»Ich bin Ištar von Arbela«. Deuterojesaja im Lichte der neuassyrischen Prophetie, in: B. Huwyler u. a. (Hg.), Prophetie und Psalmen (Festschrift Seybold), AOAT 280, 2001, 31-60.

으로 구성되었다. 가로 방향으로 된 판에는 개별 신탁이 문서로 기록된 아주 다양한 원인이 고려되고 있는데, 개별 신탁들은 왕의 부재시에 여예언자 혹은 예언자에게 임한 것으로 볼 수 있다.[11] 신탁 모음판은 엣살하돈에 관한 것이 아니지만, 세로 형태의 신탁은 앗수르바니팔에 대한 것이었다. 여기에서 잘 알려진 문서 보관이 명백하게 제시되었다.

왕은 자신에 대한 합법화를 목적으로 예언자의 말을 문서로 전승시켰다. 바벨론 제국의 위대한 마지막 두 왕, 즉 엣살하돈과 앗수르바니팔은 다양한 방법으로 왕권 다툼에 연루되었으며, 공석이 된 왕권을 차지하기 위해 동일한 혹은 훨씬 막강한 권한을 가진 형제들과 분쟁을 벌여야만 했다. 궁정 예언자의 구원 신탁은 자신들의 통치에 대하여 매우 기분 좋게 (추가적으로) 합법성을 제공해 주었다.

이러한 본문들은 전혀 다른 관점을 통해 마리 본문보다 더 중요한 가치를 구약학자들에게 제공한다. 이 본문들은 성서 이외의 고대 근동 예언이 문서로 전승되는 과정을 처음으로 보여주며, 계속해서 이러한 진행 과정을 통해, 적어도 모음판들에서, 어느 정도 인식될 수 있는 문서의 선별 과정뿐 아니라, 진행 과정과 연결되어 있는 예언자의 말이 분명한 문체로 형성되는 것을 제시한다.

그것은 대략 4가지 본문 형태로 구별될 수 있는데, 모음판의 신탁은 그에 상응한 모습을 보여준다.[12] 우리는 지금까지 언급한 문서로 기록된 고대 근동 예언자의 말에 대한 증거 본문을 관찰함으로써 문서화의 두 가지 특성을 명확하게 구별해야 한다.

첫째, 편의에 따른 문서화(Gelegenheitsschrift)이다. 이와 같은 문서

---

11 이러한 가능성을 고려한 학자로 Nissinen, Spoken, Written, 247.

12 참조, Weippert, Assyrische Prophetien, 76.

화는 외부 상황에 기인한 것이지만, 본래는 구두예언에 머물렀던 것이다. 예언자의 메시지를 함유하는 마리 서신과 앗수르 예언의 개별 판을 예로 들 수 있다.

둘째, 기록으로 보관하려는 의도로 소급되는 예언이다.[13] 기록 목적의 신탁은 아마도 이론적으로는 서기관 교육에서 모범적으로 사용되었던 것으로 보이며, 앗수르 제국은 앗수르바니팔 죽음 이후에 곧바로 멸망하지는 않았을 것이다. 모음판에서 확인되는 예언은 왕실 예언으로서 왕조를 위한 것이었고, 자연히 왕조와 밀접하게 연결되어 있었다.

하지만 이스라엘과 직접적으로 인접한 지역에서 유래했으며 글자로 기록된 예언에 대하여 대단히 중요한 최근 발굴은 편의에 따른 예언 문서(prophetische Gelegenheitsschrift)와 기록물 보관 목적의 예언(archivierte Prophetie)을 구분하는 것이 충족될 수 없음을 지적하고 있다. 요르단 계곡에 위치한 **텔 데이르 알라**(Tell Deir 'Allā)**에서** (고대) **아람어 비문**이 우연히 발굴 되었다.[14]

이 비문은 이스라엘과 직접적으로 인접한 이웃 나라에서 발견되었고, 주전 8세기 구약성서의 "고전 예언"(klassische Prophetie)이 시작되던 시기와 상응할 뿐 아니라, 성서에서 잘 알려진 선견자인 발람이라는 인물을 포함하고 있기 때문에 구약학자들에게 중요한 의미를 갖는다. 또한 이 비문은 전반적으로 성서 예언자의 재앙 예언과 내용적으로 대단히 유사한 것을 보여주고 있기 때문에 구약학자들에게 중요

---

13   Nissinen은 이미 앞에서 언급한 단행본에서 고대 근동 예언 자료에 대해 신중하게 연구함으로써 그러한 결과를 도출하였다(Nissinen, Spoken, Written, 268-269).

14   J. Hoftijzer/G. van der Kooj, Aramaic Texts from Deir 'Allā, DMOA 19, 1976의 첫 출판물을 참조하라.

하다. 이 (고대) 아람어 비문은 바닥에 쓰러져 있었던 회반죽 위에 빨간색과 검정색 물감으로 기록되어있었다. 네덜란드 발굴자의 의견에 따르면 그 건물은 성소였는데, 세워져 있을 동안에, 이 비문은 방문하는 모든 사람들이 항시 읽을 수 있도록 해당되는 공간의 벽에 걸려 있었다. 유감스럽게도 이것들은 단지 단편적으로만 보존되었을 뿐이다.

그러나 (파편으로만 재구성될 수 있는) 본문 단편의 두 번째 조합은 첫 번째 조합의 나머지 절반과 마찬가지로 지혜적 개념들과 표상을 포함하고 있기 때문에,[15] 이 본문이 교육적인 이유로 벽에 기록되었을 개연성이 충분하다. 그러나 우리는 이 공간에서 보편적인 교육이 진행되었는지 혹은 특별한 예언자에 대한 지식을 교육했는지에 대해서는 알 수 없다.

계속해서 훨씬 더 잘 보존된 첫 번째 조합은 이야기 형태로 "브올의 아들, 발람 선견자에 대한 기록"을 제공한다. 발람은 밤에 나타나는 신현현의 모습으로 다가올 재앙을 경험했으며, 그는 그러한 재앙에 대해 눈물과 금식이라는, 소위 "자기절제의식" (Selbstminderungsriten; E. Kutsch)으로 반응하였다. 울고 있는 이유에 대해 질문하는 그의 동거인들(Mitbewohnern?)에게 발람은 신적 회합 (會合)을 알려주는데, 그것에 따르면 샤다인-신들(Schaddajin-Götter)은 하늘을 어둡게 하는 것과 공포를 주는 것을 태양여신인 Šmš[16]에게 허

---

15 참조, H.-P. Müller, Die aramäische Inschrift von Deir 'Allā und die älteren Bileamsprüche, ZAW 94 (1982), 214-244; E. Blum, Israels Prophetie im altorientalischen Kontext. Anmerkungen zu neueren eligionsgeschichtlichen Thesen, in: I. Cornelius/L. Jonker (Hg.), »From Ebla to Stellenbosch«. Syro-Palestinian Religions and the Hebrew Bible, ADPV 37, 2008, 81-115, 89-96.

16 Hoftijzer, Aramaic Texts, 272 이하, 그리고 TUAT II/1, 1986, 138 이하, 마찬가지로 H. Weippert/M. Weippert, Die »Bileam«-Inschrift von Tell Dēr 'Allā, ZDPV 98 (1982), 77-103은 šgr 독법에 반대한 반면, M. Weippert, Der

락한다. 이해하기 난해한 것이 계속되는데, 그곳에는 완전히 파괴된 인간 사회집단이 서술되었다. 이 혼란스러운 상황은 태양여신이 격노한 원인인지 혹은 결과인지는 명확하지 않으며, 인간에 대한 권고와 경고가 뒤이어 나타난다.

마리와 니느웨에서 출토된 예언 본문을 대하는 독자에게 발람 선견자 비문은 적지 않게 놀라움을 가져다 준다. 이 본문들은 주전 8세기 팔레스틴의 협소한 지역에서는 아무도 기대하지 않았던 대단히 높은 문학적 수준을 보여준다. 그것은 고도로 전문지식을 가진 서기관 교육을 전제로 한다.

또한 이 비문은 주전 8세기 팔레스틴 지역에서 왕궁 이외에도 복잡한 텍스트를 제작할 수 있었다는 가능성을 명백하게 보여준다. 이러한 문서예언은 메소포타미아 증거본문과 달리 왕궁과 왕궁 내부에서 있었던 제의와 정치의 일상적 문제에 대해서는 전혀 언급이 없다. 그와 달리 발람 비문에는 신적 회의에 참여하여 신이, 특별히 규율과 정의를 대표하는 태양여신이, 인간에게 가져올 광범위한 재앙을 인지할 수 있는 예언자가 제시되었고, 그는 긴박한 미래에 대하여 인간에게 경고한다.[17]

비록 이 비문이 구체적인 수취인에 대한 현실성 있는 예언자의 말을 다루고 있지 않음에도 불구하고, 이 예언자는 우리가 알고 있는 고대 근동의 다른 어떤 예언자들보다 지정학적으로 그리고 내용적으로 구약성서의 재앙 예언자와 대단히 근접해 있다.

»Bileam«-Text von Tell Dēr 'Allā und das AT (1991), in: M. Weippert, Jahwe und die anderen Götter, FAT 18, 1997, 163-188, 168,179-180, 그리고 Blum, Israels Prophetie, 89은 A. Caquot/A. Lemaire, Les textes araméens de Tell Deir 'Allā, Syria 54 (1977), 189-208를 따라서 šmš로 이해한다.

17 인상적인 요약에 대해서 참조하라. Blum, Israels Prophetie, 95-96.

전체적으로 고대 근동의 문서예언에서 세 가지 중요한 것이 확증된다. 그것들은 현재 우리에게 잘 알려져 있는 것이지만, 상호 어떤 관계도 없을 뿐더러 문서 형태로 된 예언을 대표할 만한 것도 아니다. 마리의 경우에서 문서화는 궁정의 예의범절로 설명될 수 있고, 앗수르 증거본문은 앗수르의 위대한 마지막 왕들이 합법화를 요구한 것으로 설명되며, 텔 데이르 알라(Tell Deir 'Allā)의 경우에는 선견자 발람의 특별한 영향과 그의 재앙 환상으로 해석될 수 있다.

세 가지 모든 경우에서 문서화는 특별한 상황에 기인한다. 고대 근동에서 예언은 구약성서와 마찬가지로 본질적으로 구두적 현상이었으며, 이러한 현상은 구약성서와 달리 고대 근동에서 계속 유지되었다.

2. 구약성서 문서예언의 시초

고대 근동의 문서예언이 상당히 희박하게 관찰되고, 그 모든 것들이 당위성을 가짐에도 불구하고, 문서예언은 예언자 말의 구두 선포가 날마다 일어나는 과정에서 하나의 본질적인 사건을 의미한다. 물론 극도의 예외도 있겠지만,[18] 한 명의 예언자가 스스로 기록하지 않았다면, 예언자적 메시지를 보내는 신과 그것의 수취인 사이에는 예언자 이외에도 서기관 혹은 그 이상의 집단이 등장하게 된다.

서기관들은 더 이상 아무런 입장도 취하지 않는 중립적이며 냉담한 전달자가 아니었다. 마리 지역의 공무원들은 그들이 예언자의 메시지로

---

18 참조, K. van der Toorn, From the Oral to the Written: The Case of Old Babylonian Prophecy, in: Ben Zvi/Floyd (Hg.), Writings and Speech, 219–234, 229.

부터 획득한 것 이상을 왕에게 알렸는데, 그것은 그 메시지를 믿을 만한지, 사안이 급박한 것인지 혹은 살펴볼 만한 것인지를 포함하고 있다.

또한 문서로 표현된 예언자의 말은 일반적으로 구두적 예언자의 설교보다 짧은데, 그것은 녹음테이프 같은 조서가 아니라 오히려 응축되었으며, 동시에 자동적으로 강조와 해석의 과정이 드러난다. 구약성서에서 우리는 이러한 실상을 다음과 같은 것에서 명확하게 관찰할 수 있다. 호세아, 이사야 그리고 예레미야 같은 예언자들은 20년 혹은 그 이상을 예언자로 활동했지만, 상대적으로 아주 적은 그리고 특별히 중요하다고 평가되는 말들만 전승되었다.

덧붙여서 앗수르 신탁은 예언자 말의 문서 전승이 어떻게 강압적 형태에 지배되는가를 보여준다.

> 예언자의 메시지가 기록되는 바로 그 순간에 그 메시지는 다소간에 문학적 형태로 세련되어 진다. 서기관 관습에 순응될 필요가 있으며, 유행하는 관행에 맞게 문체화된다.[19]

구약성서는 구두적 선포에서 문서적 예언자의 말로 넘어가는 것에 대해서 두 가지 중요한 측면을 보여주는데, 이것은 문서 전승의 생성에 대한 흔적을 제공한다. 한편으로 대부분 전승된 예언자의 말은 시적으로 표현되었다. 예언자들이 개별 신탁을 시의 형태로 전파했다는 것을 배제하지 않음에도 불구하고, 다수의 증거 본문에는 전승 본문이 시적 언어로 표현되어 있다는 사실이 관찰된다.

전승된 본문의 내용은 수차례 낭독된 이후에야 비로소 공개되었

19　Nissinen, Spoken, Written, 244.

는데, 이 본문에는 시의 형태로 보다 잘 학습될 수 있는 긴 설교의 핵심 요약이 반영되었음을 보여준다.

계속해서 보다 중요한 것은 본문에서 점차적으로 조금씩 **예언자 메시지에 대한 거절**이 관찰된다는 것이다. 이 거절은 메시지의 (새로운) 내용과 관계되었고, 메시지의 첫 번째 문서화로 귀결되었다. 그러한 문서화는 처음에는 우연한 기회로 생기게 되었다. 그러나 동시에 그것은 지속되지 않았다. 우연한 문서화 이후에 문서고 비치를 목적으로 하는 예언으로 넘어가는 것이 예레미야 36장에서 잘 관찰된다.

예레미야 36:17에 따르면 바룩은 예언자 예레미야의 말을 받아 기록하여 두루마리 문서(Schriftrolle)를 작성했다. 예레미야가 스스로 낭독하는 것은 저지(沮止)됐기 때문에 바룩이 공개적으로 낭독해야 했다. 그것에 따르면 예레미야의 말은 우선은 바로 이 낭독을 위해서만, 아마도 "신속하게 기울여쓰기"(in schneller Kursivschrift)로 문자화되었다. 신속하게 기록된 두루마리에 대해서 "속기법"(速記法: eine Art Stenogrammblock)[20]이라 표현하는 것은 지나친 과장이 결코 아니다.

그러나 여호야김이 첫 번째 두루마리를 불사른 이후에, 예레미야가 자신의 서기관 바룩에게 야웨의 명령을 받아쓰게 해서 만든 두 번째 두루마리에 동일한 특성을 적용해서는 결코 안 된다. 그러한 이유는 두 번째 두루마리가 보다 포괄적이기 때문도, "그 같은 말을 많이" 했기 때문도 아니며, 오히려 새로운 두루마리는 "듣지 아니하는" 왕과 백성에 대한 증거이기 때문이다. 예레미야를 통해 주어진 야웨의 말은 왕에게 위협적이었기 때문에, 야웨의 말은 백성 내에서 자신의 지

---

20 그러한 이해로 I. Willi-Plein, Spuren der Unterscheidung von mündlichem und schriftlichem Wort im AT, in: I. Willi-Plein, Sprache als Schlüssel. Gesammelte Aufsätze, hg. von M. Pietsch/T. Präckel, 2002, 116-129, 119.

위를 위태롭게 만들었으므로, 왕은 야웨의 말을 없애버렸다.

야웨를 통해 분명하게 확인되어 두 번째 두루마리에 기록된 야웨의 말은 가시적으로 파괴된 말을 다시 세웠으며, 두 번째 두루마리의 말은 대적자와 비교하여 야웨의 진실성을 증명하기 위해서 사용되었다. 만약 첫 번째 두루마리를 관찰함으로써 이 두루마리가 "어떤 의미에서 우연한 그리고 단지 실제적인 이유로 문서화되어 존재하는 본문"을 제시한다고 생각한다면,[21] 이러한 특징은 두 번째 두루마리에서는 어울리지 않을 것이다. 이미 오래된 연구가 예레미야 36장을 언급하며 예레미야서의 "원두루마리"(Urrolle)라고 말한 것처럼, 바룩의 첫 번째 기록이 아니라, 두 번째 기록이 서술적인 면에서 예레미야서 생성 시기를 보여준다. 두 번째 두루마리는 일회적인 낭독 상황을 말하는 것이 아니라, 역사 진행을 통해 입증될 때까지 하나님의 말씀이 진리임을 보증하는 것이다.

예레미야 36장 서술에서 관찰되는 것은 계속해서 다른 예언자 선포의 최초 문서화에서도 일반적으로 적용될 수 있다. 구약성서 고전 예언자(klassische Propheten)의 구두 선포와 우리에게 주어진 문자화된 본문 사이의 근본적인 차이점 가운데 하나는 문자화된 본문이 이미 구두 선포의 효력을, 좀더 명확히 말하면, 구두 선포에 대한 거부(Ablehnung)를 인식했고 그러한 거절에 반영하고 있다는 것에서 확인된다.[22] 우리는 이사야 "회고록"의 종결(사 8:16-18) 또는 이사야 30:8

---

21 Willi-Plein, Spuren, 129.
22 구두적인 말의 변화에 대해서 특별히 O. H. Steck은 이사야 "회고록"에 대한 자신의 소논문에서 심도있게 다루었다; 참조, Steck, Wahrnehmungen Gottes im AT, in: Steck, Ges. St., ThB 70, 1982, 149-203. 자신의 마지막 책에서 (Steck, Gott in der Zeit entdecken. Die Prophetenbücher des AT als Vorbild für Theologie und Kirche, BThSt 42, 2001) Steck은 초기 이사야 본문을 조망하면서, 이 본문의 표현들은 "항상(!) 거절에 대한 경험을 포함하고 있다"고 강조한다(위의 책,

을 회상할 수 있다. 이 본문들에서는 예언자 메시지에 대한 거부가 문서화의 본질적인 이유로 관찰되며, 또는 예언자의 말 듣는 것을 반대하는 것이 빈번하게 확인된다(참조, 호 9:7-9; 암 7:10-17; 사 5:18-19; 미 2:6-11 등). 다수의 경우에서 예언자 메시지를 거절하는 것이 전래된 본문들에서 암시적으로 관찰되며,[23] 하나의 시리즈에서는 그것이 명시적으로 나타난다. 후자의 것에 대해서 이사야 30:15이 그 예시이다.

> 주 여호와 이스라엘의 거룩하신 이가 이같이 말씀하시되 너희가 돌이켜 조용히 있어야 구원을 얻을 것이요 잠잠하고 신뢰하여야 힘을 얻을 것이어늘 너희가 원하지 아니하고(사 30:15).

예언자의 구두 선포는 명백하게 기로의 선택을 앞둔 상황에서 선포되었다. 이 상황에서 여하튼 예언자는 분명한 희망, 즉 왕과 백성이 그들의 망상 어린 군사력에 대한 신뢰와 애굽 군대의 도움에 대한 신뢰를 포기할 것이며, 그 대신에 예언자가 전한 하나님의 말씀을 믿을 수도 있다는 희망을 가져야만 했다. 문서화된 본문은 이런 상황을 이미 배후에 두고 있다.

155, 각주. 75). 참조, 최근에 Hartenstein은 좀 더 명확하게 규정하고 있다. F. Hartenstein, Das Archiv des verborgenen Gottes. Studien zur Unheilsprophetie Jesajas und zur Zionstheologie der Psalmen in assyrischer Zeit, BThSt 74, 2011, XI.3-4 등.

23 이 본문들에서 암시적으로 전제되고 있으며 예언자가 전한 하나님의 말씀에 대한 거부를 보여주는 예는 다음과 같은 사실, 즉 수많은 예언자가 전한 경고의 말은 그것의 거부를 전제하는 맥락에서 존재한다는 사실을 보여준다; 참조, H. W. Wolff, Das Thema »Umkehr« in der alttestamentlichen Prophetie (1951), in: H. W. Wolff, Ges. St., ThB 22, 1964; ²1973, 130-150.

그러나 본문은 왕과 백성이 예언자가 전해준 하나님의 말씀과 반대되는 결정을 했으며, 백성이 재난으로 치닫고 있는 것을 알려준다. 모든 초기 문서예언 본문은 이미 외면당하는 하나님의 선포의 시점에서 관찰되는 역사 해석을 포함하고 있다. 이사야 30:15은 하나님의 말씀을 배척하는 자들에게 재난이 닥쳐오고 있음을 보여주며, 동시에 본문은 이미 재난을 지나친 자들에게 그들도 자신의 생애에 유사한 잘못을 할 수 있음을 경고하고 있다. 그러나 본문의 이러한 관심은 본래 의도라기 보다는, 본문의 후대 의도이다.

최근에 크라츠(R. G. Kratz)와 이외의 학자들은[24] 다음과 같은 주장을 제기했다. 소위 고전 예언자들은 구두 선포에서 그들과 동시대에 활동했던 고대 근동 예언자들과 어떤 차이점도 보이지 않으며, 그들의 담지자들이 비로소 고전 예언자들을 주전 722년과 587년 국가의 멸망이라는 충격으로 인해 재앙 예언자로 부각시킴으로써 중요하게 이해되도록 만들었다. 이미 1997년에 크라츠는 다음과 같이 결론지었다.

> 이사야는 구원 예언자였다…이사야 6-8장의 회고록에서 발견되는 구원 예언자의 모습을 회고함으로써 비로소 그는 이스라엘과 유다의 심판 예언자가 되었고, 전승자들은 그것을 예언자에 대한 거부라는 진부한 주제(Topos)로 설명하였다.[25]

---

24 필자는 K.-F. Pohlmann과 U. Becker만을 언급하고자 한다. Krats는 자신의 주장에 대해 포괄적이며 대단히 강력하게 근거를 제시했기 때문에, 뒤에 이어지는 사고들은 그에게 집중된다. 덧붙여서 베커가 고전 예언자의 수많은 재앙의 말을 포로기 이후로 연대 설정하는 것은 최근에 필자의 의견에 따르면 블룸의 설득력있는 근거들로 인해 거부되었다. Blum, Israels Prophetie, 97-98.

25 R. G. Kratz, Die Redaktion der Prophetenbücher, in: R. G. Kratz/Th. Krüger (Hg.), Rezeption und Auslegung im AT und in seinem Umfeld, OBO 153,

여기에서 크라츠는 자신의 논증을 지나치게 단순화시켰다. 심판 예언자를 거부하는 것이 문학적인 "진부한 주제"(Topos)에 대한 문제이거나 혹은 크라츠가 앞서서 표현한 것처럼 "모티브"[26]에 대한 문제가 아니라 반복되는 개념화와 어구에서 관찰될 수도 있는, 오히려 우리가 관찰한 것처럼 직접적으로(호 9:7-9; 암 7:10-17; 미 2:6-7 등) 또는 간접적으로 예언자 말의 형태에서 입증되는 사실관계에 대한 문제이다. 또한 예언자적 선포 내용은 구두 선포의 단계에서 이미 발생한 거절을 암시한다.

마찬가지로 크라츠는 예언자 내에서의 대결을 간과하였다(미 3:5-8을 참조하라). 만약 크라츠가 "무조건적인 심판 예언을…전승된 교육의 산물"[27]로 이해한다면, 즉 예언자의 구두 메시지와는 무관한 것으로 이해한다면, 그의 판단은 전체적으로 볼 때 해석학적 결과[28]라기보다는 오히려 근본적인 신념의 결과로 평가된다.

크라츠에게 있어서 "무조건적인 심판 선포"는 고전 예언에서 사용될 수 없었는데, 왜냐하면 그러한 심판 선포는 "종교사적인 관점으로 볼 때 주전 587년 이전"[29]에는 적합하지 않기 때문이다. "문서예언자는 가나안 종교사와 전혀 구분되지 않는 포로기 이전 이스라엘-유대

1997, 9-27, 다음에서 인용되었다. R. G. Kratz, Prophetenstudien. Kl. Schriften II, FAT 74, 2011, 32-48, 44.

26 위의 책, 42.
27 위의 책, 44.
28 해석학의 결과는 다음과 같은 통찰, 즉 편집사적 방법을 통하여 획득된 예언서에서 구두로 선포된 가장 오래된 층을 파악하는 것이 얼마나 어려운가 하는 점이다. 만약 다른 의견을 알기 원한다면 참조하라. R. G. Kratz, Die Worte des Amos von Tekoa, in: M. Köckert/M. Nissinen (Hg.), Propheten in Mari, Assyrien und Israel, FRLANT 201, 2003, 54-89 = M. Köckert/M. Nissinen (Hg.), Prophetenstudien, 310-343.
29 Kratz, Redaktion, 42, Kratz는 유사한 Pohlmann의 평가에 동의하고 있다.

종교사에서 어울리지 않는 자들이었다."³⁰ 고대 근동 예언에 대한 현재 지식이라는 제한성과 우연성을 거의 존중하지 않는³¹ 이러한 모험적인 주장들은 무엇보다 텔 데이르 알라(Tell Deir 'Allā)의 벽면에 새겨진 비문의 논리적 관계를 간과했으며, 크라츠와 마찬가지로 최근에는 게르츠(J. Chr. Gertz), 쉐러(A. Scherer) 그리고 블룸(E. Blum)이 그것에 대하여 정당하게 이의를 제기했다.³² 필자에게는 여전히 이해가 되지 않는 부분들이 있다. 크라츠의 전제를 따른다면 사람들은 포로기의 전승 교육을 어떻게 설명할 수 있을까?

사람들이 구원 메시지 선포자를 부분적으로 알고 있는 상황에서 과연 어떤 담지자들이 그들을 "무조건적인 심판 예언자"로 자유롭게 만들 수 있었을까? 이러한 전제들을 기반으로 사람들은 고전 예언서의 가장 오래된 문서의 단계가 특징적으로 (그리고 동시에 거의 묘사할 수 있을 정도로) 다양하다는 점을 어떻게 설명해야 하는가? 블룸의 말을 인용하여 다음과 같이 표현할 수 있을 것이다. 여기에서 "심판 예언의

---

30 Kratz, Das Neue in der Prophetie des Alten Testaments, in: Ders., Prophetenstudien, 49-70, 57.

31 동시에 Kratz는 다른 곳에서(Probleme der Prophetenforschung, in: Kratz, Prophetenstudien, 3-17) 예언서 생성, 예언서 담지자 그리고 예언자 이야기와 예언서들이 병존하는 원인에 대한 우리의 인식이 불완전하다는 것을 적절하게 강조했다.

32 J. C. Gertz, Die unbedingte Gerichtsankündigung des Amos, in: F. Sedlmeier (Hg.), Gottes Wege suchend (Festschrift Mosis), 2003, 153-170; A. Scherer, Vom Sinn prophetischer Gerichtsverkündigung bei Amos und Hosea, Bib. 86 (2005), 1-19; Blum, Israels Prophetie, 도처에서 확인된다. Kratz는 그 동안 자신을 비평하는 학자들에 대해서 반응했지만(Kratz, Der Zorn Kamoschs und das Nein JHWHs. Vorstellungen vom Zorn Gottes in Moab und Israel, in: Blum, Prophetenstudien, 71-98, 91-96), 그러나 특히 Blum이 현저하게 강조한 발람 비문에 대한 관점은 상당히 불충분하다.

종료는 신학적 문서를 교육하는 현상"[33]으로 나타났다.

만약 가장 오래된 예언 본문이 단순하게 구두로 선포된 예언자의 말을 보여주는 것이 아니라, 오히려 청중으로부터 거절된 예언자적 하나님의 말씀에 대해 증언하고 있다면, 이 거절은 본래에는, 오래 전부터 관찰된 것처럼, 고전 예언자의 메시지 내용과 관련된 것이다. 여기에서 이것을 개별적으로 논증할 필요는 없다.

필자는 본질적으로 고전 예언자들은 이전의 선배 예언자들과 비교할 때, 더 강도 높은 요구를 하고 있다고 본다. 다시 말해, 이 예언자들은 자신들에게 맡겨진 하나님의 말씀을 근본적으로 개인 혹은 특정 그룹 그리고 표면적으로 (마리와 앗수르 예언자들과 마찬가지로) 왕을 지향하고 있는 것이 아니라, 선견자인 "텔 데이르 알라"(Tell Deir 'Allā)의 발람 환상과 마찬가지로, 오히려 백성 전체를 지향하고 있다. 크라츠가 경솔하게 한 쪽으로 치워버린[34] 이러한 차이점은 소수의 청자들만이 전달할 수 있는 고도의 기준과 연결되어 있다. 그러한 기준을 바탕으로 예언자는 하나님의 메시지에 반응하는 백성의 자세, 환언하면 예언자의 메시지에 거부하는 자세와 그 결과로 예언자 메시지의 첫 번째 문서화로 귀결되었던 백성의 자세에 대해 평가한다.

물론 고전 예언자와 동시대인들은 그들이 속한 사회집단의 죄를 인지할 수도 있었지만, 그러나 그들은 사회집단에 제사장적 카테고리인 의인(צדיק[짜디크])과 악인(רשע[라샤])으로 평가될 수 있는 몇몇 소수자의 죄만을 견지할 뿐이었다. 예언자와 동시대인들은 전체로서 사회집단

---

33 Blum, Israels Prophetie, 85.
34 "고대 근동 예언자들은 대부분 왕에 대해 예언하지만 구약성서 예언자들은 백성에 대해 예언한다는 점은, 단지 하나의 현상일 뿐이지 특징적인 것으로 부각될 수 있는 예언 현상의 여파는 아니다"(Kratz, Worte des Amos, 322).

을 하나님과 관계적인 측면에서 건전한 것으로 간주했다. 그러나 고전 예언자는 "인애"(חסד[헤세드])와 "하나님을 아는 지식"(דעת אלהים [다아트 엘로힘]; 호세아) 또는 "공평과 정의"(משפט וצדקה[미슈파트 우체다카]; 아모스, 미가)를 기준으로 이 사회집단이 좌초하는 것으로 이해했다. 고전 예언자에게 임한 하나님의 말씀은 국가와 하나님의 백성에게 재앙이 임하여 멸망할 것임을 한결같이 포함하고 있으며, 이러한 하나님의 말씀은 그들 심판의 기준이 되었다.[35]

3. 예언서의 생성

물론 고전 예언자 선포의 초기 문서화와 예언서 생성 사이는 명백하게 구별될 수 있다. 전자의 경우는 예언자 구두 선포를 거부하는 것에 대한 반응이었으며, 예언자 선포를 부인하는 자들로부터 그것의 진실성을 지켜야만 했다. 계속해서 아마도 개별적으로 문서화된 말, 부분적으로는 주제별 사안에 따라서 문서화된 말(사 5:8 이하; 렘 21:11-23:40), 부분적으로 특정한 선포 시기에 종결되어 문서화된 말(사 8:16-18; 30:8; 렘 36장)을 전승하는 것은 초기에는 예언자의 말을 믿으려 했었던 소규모 (반대) 집단들을 통해 이루어졌을 것이다.[36]

그와 달리 예언서는 수용된 예언자 말을 엄격하게 선별했음에도

---

35 특별히 참조하라. W. H. Schmidt, Zukunftsgewissheit und Gegenwartskritik. Studien zur Eigenart der Prophetie, BThSt 51, (1973) ²2002, VII 이하; W. H. Schmidt, Alttestamentlicher Glaube, ¹¹2011, 336이하.

36 덧붙여서 참조하라. C. Hardmeier, Verkündigung und Schrift bei Jesaja. Zur Entstehung der Schriftprophetie als Oppositionsliteratur im alten Israel, ThGl 73 (1983), 119-134.

불구하고, 문학적으로 도달할 수 있는 가장 오래된 단계에서 예언자의 영향력 전체를 입증하려는 문서들을 이미 묘사하고 있다. 그런 점에서 예언서는 예외 없이 사마리아 함락과 북왕국 멸망을 전제하고 있다. 우리는 명백한 개연성, 어떤 예언서는 사마리아의 함락 그리고 북왕국 국가의 멸망 이전으로 거슬러 올라갈 수도 있다[37]는 개연성만으로 예언서를 재구성할 수는 없다. 오히려 북왕국의 멸망은 예언자 메시지를 확보하려는 시도들을 착수하게 하였다. 본질적으로 가장 오래된 예언서는 예언서 선포에 대한 보증을, 보다 명확하게 표현하자면 부분적인 보증을, 전제로 하고 있음을 암시한다.

모든 예언서는 예언자가 선포한 하나님의 말씀이 성취됨으로써 나타나게 되었다. 따라서 예언서는 최소한 기본적으로 예언서를 통해 보증된 진리에 대해 더 이상 논쟁할 필요가 없었을 것이다. 이 진리는 오히려 전체로서 예언자 메시지를 문서화시키려는 목적의 전제가 된다.

필자는 앞서 포괄적으로 논의된 크라츠가 주장하는 실제 핵심은 이 중요한 사건을 강조하는 것과 연결되어 있다고 판단한다. 크라츠 연구의 업적은 주전 722년의 중요성을 기반으로 다음과 같은 질문, 즉 물론 크라츠는 예언의 말이 문서로 생성되는 것과 예언서 사이에의 어떠한 구별도 하지 않았지만, 예언서는 언제 어떻게 생성되었는가라는 질문을 환기시켰다는 점이다.[38] 마찬가지로 독특하게 형성된 가장 오래된

---

37 아모스 서문에 나타난 가장 오래된 연대 서술인 "지진 전 이년에"는 기껏해야 이러한 심각한 지진이 아모스 선포에 대한 신적 현실로 이해될 수도 있다는 것(참조, 암 2:13; 9:1)과 아모스서의 초기 단계를 시작하는 것임을 암시할 수 있을 뿐이다. 참조, J. Jeremias, »Zwei Jahre vor dem Erdbeben« (Am 1,1), in: J. Jeremias, Hosea und Amos. Studien zu den Anfängen des Dodekapropheton, FAT 13, 1996, 183-197.

38 참조, Kratz, Das Neue in der Prophetie, 68-69; 이전의 것으로 Kratz, Die Redaktion, 41-43. 또한 대부분 예언자의 말들은 주전 722년 이후에 회상함으로

남왕국 예언서에 실제로 전제되는 것은 그 남왕국 예언서들이 가장 오래된 단계의 호세아서 그리고/또는 아모스서를 이미 인식하고 있었다는 점이다. 그렇다고 해서 그것이 결국에는 몇몇 이사야 본문들이 아모스서와 연관되어 있다는 것을 의미하거나,[39] 또는 이사야 28-31*(*는 일부 본문을 의미한다-역주)장에서 관찰되는 유다의 외교정치에 대한 이사야의 비판이 그것과 유사한 내용의 호세아 5:8-7:16과 일맥상통한다는 것을 의미하지는 않는다. 상당히 제한적이기는 하지만 미가, 정확히 말하면 미가 3:1-2은 아모스 그리고 호세아와 관련성을 갖는다(호 5:1; 암 5:14-15).

주전 722년 이후에 호세아와 아모스 예언자의 말을 그의 담지자들이 조직적으로 문서화한 결과로 인해 본문에 대한 엄청난 가치 평가가 서서히 완성되었다. 일차적으로 거부된 예언자들이 북왕국 멸망으로 인해 진실된 자로 평가되고 하나님의 보냄을 받은 자로 증명된다면, 국가가 멸망하는 과정에서 생존한 집단에게 이 예언자들의 말은 의기소침해 있고 불안정한 상황에서 필연적으로 행해야 할 것에 대한 질문에 도움이 될 수 있었다.

이미 앞서서 예언자들은 재앙이 올 수밖에 없다는 근거를 제시했었다. 동시에 그들은 새로운 시작이 어떻게 가능하게 될 것인가 하는 방안을 생존자들에게 제시했었다. 아모스 5:1-17의 정교한 순환구성(Ringkomposition)에서 관찰되는 무익한 순례(5-6절)로 하나님 찾기를 시도하는 이스라엘에 대한 예언자의 오래된 고발은 "선을 찾는 것"과 정의를 세움으로써 생명을 얻을 수 있다는 외침에서 물론 예언서의

써 강조되었고 분명하게 표현되었다는 것은 반박될 수 없다. 주전 587년의 유사한 현상에 대해서 미 2, 4-5장을 참조하라.

39 덧붙여서 특별히 R. Fey (Amos und Jesaja, WMANT 12, 1963)의 이론을 수정하며 지속하고 있는 것으로 참조하라. E. Blum, Jesaja und der רבד des Amos, DBAT 28 (1992/93), 75-95.

특징적인 징후인 "혹시"(vielleicht)라는 것과 함께 확인된다.[40]

이것은 아마도 하나의 모델로 사용되었을 것이며, 또한 예언자의 구두 고발은 주전 722년 이후에 새로운 명령으로 변형되었다. 따라서 예언서는 서서히 생존한 대다수를 위해서 근본적인 도움이 되었고, 그 결과 그들의 신앙은 재앙을 극복할 수 있었으며,[41] 물론 유대에는 동일한 운명이 그들 땅에도 닥칠 수 있다는 것을 보여주는 경고였다.

동시에 야웨가 불성실한 백성으로부터 자신의 선물, 다시 말해, 땅, 왕 그리고 신현현 그리고 성전에서 만남을 다시 취할 것이라는 예언 선포는 중요하다.[42] 예언자의 선포는 예언 본문의 독자(그리고 청자)에게 재앙은 하나님의 징벌이지 이스라엘 신이 앗수르 신들에게 패배한 것으로 이해될 수 없다는 것을 교육하였다.

이러한 기초적인 공통점에 직면해서 가장 놀랍게 관찰되는 것은 문서예언자 가운데 북왕국에서 활동한 두 예언자, 호세아와 아모스의 책이 형태와 구조뿐 아니라 의도를 볼 때 얼마나 상이하며 독특한가 하는 점이다. 이러한 차이는 아모스가 유대 가문 출신이며 필시 생애 기간에 유다로 다시 돌아갔고(참조, 암 7:10-17), 따라서 호세아서 만이 북왕국에서 생성되었다는 것과 분명 연관되어 있다. 하지만 이러한 고찰은 이와 같은 차이점에 대한 적절한 설명을 제공해 주지 못한다.

---

40 그것과 구별되는 것으로 참조하라. H. W. Wolff, Joel und Amos, BK XIV/2, [4]2004, 그리고 J. Jeremias, Der Prophet Amos, ATD 24, 2, [2]2007.

41 물론 우리는 예언서가 전승된 곳에서 단지 (간접적으로만) 유다로 도피한 자들의 목소리를 확인할 수 있을 뿐이다. 하지만 고고학에서 관찰되는 것처럼 그들의 숫자는 대규모였을 것이다. 북왕국에 체류한 자들에 대해서 우리는 어떠한 증거도 확보하지 못하고 있다. (부분적으로 상당히 자의적인) 고찰에 대해서 참조하라. W. Schütte, Wie wurde Juda israelitisiert? ZAW 124 (2012), 52-72.

42 예언자적 진술을 수용함으로써 그것과 밀접하게 고유한 백성의 초기 역사, 즉 땅, 왕 그리고 성전이 존재했던 역사를 집중적으로 다루는 것처럼 보인다.

오히려 주전 8세기 유대 예언자들에게 상응하는 것들이 더 많이 있었다. 가장 오래된 이사야서와 미가서 어떤 것도 호세아서 혹은 아모스서를 모범(Vorbild) 혹은 모델(Modell)로 삼지는 않았다.

예언서 장르는 처음에는 분명히 존재하지 않았다. 이러한 판단은 다음과 같은 시인(是認)을 바탕으로 인정된다. 해석학자는 후대에 주어진 예언서로부터 차근차근히 그것보다 앞선 단계로 더듬어서 거슬러 올라가야 하며, 그 결과 예언서의 가장 오래된 형태는 단지 불확실성이라는 고도의 잣대를 통해서만 재구성될 수 있으며, 후대는 그것에 대해서 단지 말할 수 있을 뿐이다.

오히려 고전 예언자들의 예언서는 완전히 상이한 역사를 함유하고 있다. 만약 가장 오래된 이사야서 본문이 오늘날 상당히 논란이 되고 있다는 이유로[43] 제외된다면, 사람들은 첨예하게 다음과 같이 표현할 수 있을 것이다. 다시 말해, 호세아서에는 북왕국을 기원으로 하여 주전 722년 이후 시기를 드러내고 있고, 반면에 예루살렘 함락을 각인시키고 있는 아모스서는 근본적으로 포로기(exilisch) 책이며, 미가는 실제로는 포로기이후(nachexilisch)의 책이다. 이러한 차이점은 현재로는 여전히 해결되지 않는 예언서의 수수께끼이다.

---

43 여하튼 최근 연구에서 만족스러운 접근들이 나타나고 있다. 1970년대 H. Wildberger, BK, O. Kaiser, ATD, 우선적으로 Jes 13-39의 주석서들과 상반되는 해석들이 제시되었다. 이러한 해석은 한편으로 초기 전통에 대한 거의 무제한적인 신뢰로 규정되거나, 다른 한편으로는 후대 시대로 설명되어야 하는 모든 말을 예언자에게서 기각해야 한다는 W. Schottroff의 결정으로 시작된다(ATD 18, 1973, 4). 오늘날 21세기로 넘어오는 길목에서 진행된 사 6-8장과 28-31장에 대한 J. Barthel(Prophetenwort und Geschichte, FAT 19, 1997)과 U. Becker(Jesaja. Von der Botschaft zum Buch, FRLANT 178, 1997)의 해석 역시 유사하다. 그로 인해 최근에는 그 차이가 대단히 경미하게 되었다. 참조, K. Schmid, Jesaja. Jes 1-23, ZBK 19,1, 2011; J. Kreuch, Unheil und Heil bei Jesaja, WMANT 130, 2011; Hartenstein, Das Archiv, 그리고 마지막으로 R. Müller, Ausgebliebene Einsicht, BThSt 124, 2012.

필자는 호세아서의 대략적인 특징을 먼저 언급하고자 한다. 왜냐하면 가장 오래된 아모스서는 분명히 가장 오래된 호세아서보다 후대의 것이기 때문이다. 아모스 본문의 표현에 끼친 호세아 본문의 영향은 그 반대의 경우보다 매우 폭넓게 관찰될 뿐 아니라, 이러한 영향은 아모스서의 문학적 핵심 영역에서도 나타난다. 반대로 아모스 본문이 호세아 본문에 끼친 영향은 단지 호세아서의 후대 층에서 확인될 뿐이다.[44] 호세아는 주전 733/732년의 소위 시리아-에브라임 전쟁에 대한 언급을 넘어서 분명히 사마리아 함락 직전까지 자신의 목소리를 외쳤으며,[45] 뒤이어 즉각적으로 나타나는 북왕국 멸망으로 인해 호세아는 메시지적인 면에서 대단히 신속하게 옳다고 증명되었다.

호세아 말의 가장 오래된 문서는 어떤 목적을 갖고 있었을까? 만약 우리가 수많은 해석자들이 전제하는 것처럼 호세아서의 핵심이 4-11장(또는 4-9장)에서 확인된다[46]는 점을 출발점으로 삼는다면, 이 질문에 대한 대답을 위해서 호세아서의 핵심 단락에서 나타나는 두드러지는 문장구조로부터 시작해야 한다. 도입 형식과 합법화 형식이 누락되어 있고, 그뿐만 아니라 모든 틀을 형성하는 어구로 기피되었다.

그 대신에 연결기능을 하는 용어들이 산재해 있어서, 독자들로 하여금 숨돌릴 틈도 주지 않고 지속적으로 낭독을 하도록 만들었다. 하

---

44 그것에 대한 증명으로는 다음을 참조하라. J. Jeremias, Die Anfänge des Dodekapropheton. Hosea und Amos, VT.S 61 (1995) 87-106 = J. Jeremias, Hosea und Amos, 34-54.

45 특별히 참조하라. H. W. Wolff, Dodekapropheton I. Hosea, BK XIV/1, ²1965, XII.

46 그와 상이한 해석가로는 R. G. Kratz, Erkenntnis Gottes im Hoseabuch, Prophetenstudien, 287-309, 그리고 한편으로 그의 제자 R. Vielhauer, Das Werden des Buches Hosea, BZAW 349, 2007, 그리고 다른 한편으로 W. Schütte, »Säet euch Gerechtigkeit!« Adressaten und Anliegen der Hoseaschrift, BWANT 179, 2008.

나님의 연설과 예언자 연설은 이음새 없이 연결되며, 곧 사라질 갑작스러운 부름과 수사학적인 질문이 독자들에게 제기되었다.

유사성이 전혀 없는 문장구조는 아무리 빨라도 학파 또는 담지자 그룹을 반영하는 것으로 이해되는데, 그들은 스승의 메시지를 내적으로 견고하게 만들며 견지하려 했었지만, 외부 영향을 동시에 고려한 것은 아니다. 제의와 정치에 대한 예언자적 비판이라는 주제가 처음부터 폭넓게 각각 다뤄지고 있다(호 4:4-5:7; 5:8-7:16)는 관찰이 이러한 추측을 지지하고 있다. 예언자의 이러한 비판은 계속해서 상호 연결될 뿐 아니라 새로운 주제와 관련되었고, 보다 심층적으로 표현되었다.

그 결과 선재하는 본문을 읽지 않고는 후대 본문들을 이해하기가 어렵게 되었다. 파악이 가능한 호세아의 전체 신학을 제시하기 위해 호세아가 개별적으로 등장하는 것과 그의 개별적인 관심을 연결하려는 시도들이 있었다. 그 밖에 이스라엘의 죄는 한 단계씩 상승하고 있으며, 심판 선포도 점점 더 강해졌다. 처음에는 구두로 선포된 호세아의 개별적 말들이 전체 서술 안에서 목적을 가진 하나의 기능을 수행한다. 호세아의 말들은 지배적인 전체 메시지의 모범과 용례로만 사용됨으로써 고유의 중요성을 대부분 상실하였다.[47]

최근에 쉬테(W. Schütte)는 가장 오래된 호세아서를 "고대의 문헌적 특징"을 가진 "내부 문헌"(Insiderliteratur)으로 해석했으며, (크뤼제만[F. Crüsemann]과 연결하여) 호세아서의 생성을 알카이오스(Alkaios: 고대 그리스의 서정시인-역주)의 정치적 서정시(Lyrik)와 유사하다고 지적하였는데, 그의 시는 정치 문예 단체(Hetairie)를 통해 전승되었고 이 단체의 심포지엄에서 구두로 강연되었다. 이 시는 "내부 그룹의 담론"을 반영

---

47 그것에 대한 입증으로는 참조하라. J. Jeremias, Hosea 4-7. Beobachtungen zur Komposition des Hoseabuches, in: J. Jeremias, Hosea und Amos, 55-66.

하며 호세아서와 마찬가지로 갑작스러운 호명이 나타난다.[48] 어쨌든 호세아서의 초기 성장은 호세아 예언자의 선포를 신뢰했던 집단을 통해 진행되었을 것이며, 그들이 유다로 이주한 이후에도 계속해서 속행되었다. 대단히 많은 전형적인 유다 첨가물(호 4:5, 15; 5:5; 8:14)은 본문의 맥락에서 굉장히 부각되고 있다.

가장 오래된 아모스서의 경우에서도 마찬가지로 그룹 내부의 목적을 가지고 담지자들이 아모스서를 최초로 통합한 것은 **선험적으로**(*a priori*) 배제될 수 없다. 이 책의 마지막에는 예언자적 환상이 강조되어 나타나는데, 이것은 그와 같은 추측을 지지해준다. 하지만 그러한 추정은 호세아서의 경우보다 상당히 불확실하다. 호세아서와 달리 아모스서는 북왕국 기원의 흔적과 강렬한 담론문화의 흔적을 언어적으로 제시하지 않고 있다.[49] 오히려 **아모스서는 전형적인 문학적 기교들로 구성되었음을 보여준다.** 이것은 아모스 3-6장의 말 모음뿐 아니라, 상호 연결되어 있으며 시적으로 표현된 아모스 3-6장의 틀을 형성하는 이방 신탁과 환상 보도에서도 유효하다.[50]

부분적으로 아모스 5:1-17의 순환구성의 경우처럼, 이러한 구성은 하나님의 구원활동과 재앙활동의 관계를 심도 있게 반영하는 대단히 높은 미적 수준을 함유한다.[51] 더 나아가, 적어도 두 가지 이상의 단

---

48 W. Schütte, »Säet euch Gerechtigkeit!«, 18-22.192-200. Schütte는 여기에서 Rössler의 연구를 기반으로 삼고 있다. D. Rösslers, Dichter und Gruppe. Eine Untersuchung zu den Bedingungen und zur historischen Funktion früher griechischer Lyrik am Beispiel des Alkaios, 1980.

49 암 3:3-6, 8절은 외부인에게 질문을 의뢰하고 있으며 합법성이라는 특징을 보여준다.

50 그것에 대한 입증으로 참조하라. J. Jeremias, Amos 3-6, in: J. Jeremias, Hosea und Amos, 142-156. 그 밖에 J. Jeremias, Völkersprüche und Visionsberichte im Amosbuch, 위의 책, 157-171.

51 참조, J. Jeremias, Tod und Leben in Am 5,1-17, in: J. Jeremias, 위의 책, 214-230.

계를 거쳐서 전체로서 아모스서는 순환구성으로 완성되었고, 아모스 5:1-17은 그 중심이 되었다.[52]

이러한 구성들은 예언자의 구두 선포로부터 상당한 시간적 간격을 전제하는 것인데, 그것은 호세아서의 경우보다 더 큰 간격을 가지고 있다.[53] 따라서 아모스서는 (혹시라도 개연성있는 부분모음과는 달리) 처음부터 유다에서 생성되었을 것이다. "사마리아 산"과 평행하게 "시온"을 언급하는 아모스 6:1-7과 같은 본문들은 본래 사마리아를 향하고 있는 아모스의 말이 문서 형태를 통하여 유대 독자를 어떻게 바라보고 있는가를 보여준다.[54] 아모스 8:4-7과 같은 본문들은 주전 8세기 아모스의 대답(암 2:6-8)이 어떻게 주전 7세기 상황에 현실화되는가를 보여준다.[55]

아모스서의 의미에 대한 명확한 진술은 예루살렘 멸망 이후에도 관찰되는데, 왜냐하면 **아모스서는 포로기의 중요한 문학적 인상을 포함하고 있기 때문이다.**[56] 이 시기에 아모스서가 이중적으로 사용되었음이 입증된다.

---

52 참조, U. Rotzoll, Studien zur Redaktion und Komposition des Amosbuches, BZAW 243, 1996, 3-4. 그리고 도처에서 확인된다.

53 그것과 상반되게 장송곡(암 5:2), 화 외침(암 5:18; 6:1), 비정상적인 수사학적 질문들과 같은 것을 통해 특징적으로 이해되는 구두 선포는 담지자의 기억에서 유지된다.

54 참조, E. Blum, »Amos« in Jerusalem. Beobachtungen zu Am 6,1-7, Henoch 16 (1994), 23-47. 하지만 Blum은 구두로 현실에 적절하게 적용하고 있다는 것을 고려한다.

55 참조, J. Jeremias, Am 8,4-7. Ein Kommentar zu 2,6f., in: J. Jeremias, Hosea und Amos, 231-243. 정반대의 의존성에대해 추정하는 것으로는 참조하라. C. Levin, Das Amosbuch der Anawim, ZThK 94 (1997), 407-436 = J. Jeremias, Fortschreibungen. Ges. St. zum Alten Testament, BZAW 316, 2003, 265-290, 271 이하. 하지만 그것은 나의 관점에서는 납득이 되질 않는다.

56 아모스서 단락에서 관찰되는 상대적으로 희박한 포로기이후의 삽입이 이러한 판단을 바꾸지는 못한다. 또한 암 9:11-15에서 확인되는 후대 구원의 말은 책을 잘 마무리하려는 부록과 같은 역할을 한다.

첫째, 아모스서를 포괄하며(암 1:2; 9:5-6) 조직적으로 정리하는(암 4:6-13; 5:8-9의 맥락에서 4:13) 송영을 언급할 수 있다. 그것은 아모스서를 낭독함으로써 참회하는 공동체가 어떻게 예루살렘 파괴와 바벨론 유수를 하나님의 유익하고도 정당한 심판으로 찬양할 수 있으며, 신에게 영광을 돌릴 수 있는가를 보여준다.[57] 여기에서 시선은 과거로 방향을 전환한다. 아모스서는 공공의 재산이 되었고, 공동체 예배에 사용되었다.

둘째, 그 밖의 다른 시선을 아모스서에서 관찰되는 수많은 신명기 사가적 첨가물이 제시해준다.[58] 이 첨가물들은 유다라는 국가 멸망 이후에, 호세아서와 유사하게, 특별히 신명기의 요구(참조, 암 2:4)와 신명기사가적으로 이해되는 제1계명을 중심으로 아모스서가 어떻게 사용되었는지를 보여준다. 현존하는 위기의 상황에서 예언서들이 행동 양식으로 적용되는 것은 수십 년 이후에 예언서들이 사용되는 것과 확연하게 일치한다. 포로기의 아모스서 종결 구절(암 9:10)에 따르면 유다 멸망으로부터 도망친 자들은 아모스의 말을 단호하게 경청할 때에 만이 생존할 수 있다.

미가서의 경우에는 최근 독일어권 연구의 대다수 해석자들에게서 세부적으로는 차이가 발견됨에도 불구하고 기초적인 부분에는 포괄적인 일치가 확인된다. 이 일치는 1881-1984년까지 핵심적인 부분에서 슈타데(B. Stade)의 결론으로 회귀하는 것을 의미한다.[59] 그에 따

---

57 참조, K. Koch, Die Rolle der hymnischen Abschnitte in der Komposition des Amosbuches, ZAW 86 (1974), 504-537; J. Jeremias, Die Mitte des Amosbuches (Am 4,4-13; 5,1-17), in K. Koch, Hosea und Amos, 198-213.

58 참조, 기초적인 것으로는 W. H. Schmidt, Die deuteronomistische Redaktion des Amosbuches, ZAW 77 (1965), 168-193.

59 B. Stade, ZAW 1 (1881); 다음과 같은 주석서들을 참조하라. H. W. Wolff (BK,

르면 오래된 미가 전승은 미가 1-3장에서만 발견된다. 그와 달리 미가 4-5장과 6-7장의 이어쓰기는 포로기 본문들에 대하여 상대적으로 소수만을 제공해 주는 반면에, 대다수의 본문은 포로기이후의 것이다. **미가서는 본질적으로 포로기 이후의 예언서이다.**

이러한 이례적 형태는 미가 예언자의 결정적인 선포와 분명히 연관되어 있다. 미가 1-3장에는 예언자의 해명보도의 특징이 기저에 깔려있는 것으로 보이는데, 왜냐하면 예언자의 "나"가 본문을 관통하고 있기 때문이다.[60] 이러한 해명보도는 처음부터 엄청난 선포를 암시하고 있으며, 그러한 선포로 미가 1-3장은 마무리 된다. 야웨는 자신의 도시와 자신의 거처를 영향력 있는 예루살렘 무리의 죄와 예루살렘 예언자들의 잘못으로 말미암아 파괴할 것이다(미 3:12).

하나님 자신이 예루살렘을 파괴할 것이라는 첫 번째 선포는 엄청난 소동을 불러일으켰을 뿐 아니라(참조, 렘 26:18), 주전 587년 그것이 보증된 이후에 "하나님의 이러한 심판은 자신의 도시를 향한 마지막 의지인가?"라는 질문이 제기되었다. 그로 인해 미가 4-5장에서 확인되는 세 번의 밀어넣기 방식의 이어쓰기(Fortschreibungsschüben)[61]에서 포로기-포로기이후의 시온 신학에 대한 다양한 증언을 통하여 예언 본문의 전체 혼합체는 축적되었고, 이 단락은 미가 3:12에 대한 반론인 동시에 전환점과 연결점으로 작용하게 되었다. 계속해서 미가 6-7장에서는, 물론 하나님의 심판 이후에 새로운 죄에 대한 것으로 죄,

---

1982), R. Kessler (HThK, 1999) 그리고 J. Jeremias (ATD, 2007), 또한 J. L. Mays (OTL, 1976) 또는 W. McKane (1998).

60 참조, 미 1:8-9; 2:8-9; 3:1, 3, 5 그리고 특별히 3:8. R. Kessler, Micha, HThK, 1999, 94-97, Kessler는 Budde와 연결해서 "회고록"에 대해 언급한다.

61 참조, J. Jeremias, Micha 4-5 und die nachexilische Prophetie, in: Köckert/ Nissinen (Hg.), Propheten (위에 각주 5), 90-115.

심판 그리고 용서라는 주제를 다루는 모음집이 나타난다.

다음과 같은 사실은 개별적인 것에서는 적용되지 않지만, 중요한 것으로 인식될 수 있다. 고전 예언자의 이름으로 등장한 **예언서들이 어떻게 시대와 상이하게 동떨어지게 되었는지**에 대해서 현실을 반영하는 신학으로는 거의 생각할 수 없다. **호세아서는 멸망한 북왕국에 대한 중요한 특징을 함유하고 있으며, 반면에 아모스서는 포로기를, 미가서는 포로기이후의 시대를 포함하고 있다.** "각각에서 동일한 담지자 집단이 고려될 수 있는가?"라는 질문은 질문의 범위를 벗어난 것이다.

4. 순수한 문서예언

우리가 지금까지 고찰한 것에 따르면 가장 오래된 예언서 단계에 대해 의견을 진술하는 각각의 학자들은 필연적으로 불확실한 지반을 밟고 있다는 점을 시사하는 것으로 보인다. 각각의 분석이 출발점으로 삼아야 하는 전승된 예언서들은 가장 오래된 예언 본문을 하나의 형태로 제공해 주었는데, 이러한 형태를 통하여 가장 오래된 예언 본문은 수십 년과 수백 년을 너머 항상 새롭게 현실화, 즉 변화하는 역사적 상황과 연관성을 갖게 되었다.

해석자는 고고학과 마찬가지로 현존하는 예언서에서부터 단계별로 가장 오래된 본문으로 거슬러 올라가야만 한다. 현실화는 예언 본문이 진정한 하나님의 말씀이라는 인식을 출발점으로 삼으며, 하나님 말씀을 가장 먼저는 주전 7세기 또는 6세기 유다 독자에게 그리고 계속해서 예루살렘 함락 이후에는 바벨론, 페르시아 그리고 헬레니즘 시대의 세대들에게 방향 제시에 도움을 주는 것으로 제시하고자 시도한다. 이사야서의 경우에는 500년이 넘는 진행 과정이 관찰될 수 있다. 이런 관점에서 볼 때 만약 크라츠가 다음과 같이 표현했다면, 필자의 의견에 그는 지나치게 경솔하게 판단한 것으로 보인다. "말에서 문서로 넘어가는 것은 그 기원의 상황으로부터 말을 꺼내는 것이며, 그 말에 시간을 뛰어넘는 의미를 부여하는 것으로," 이러한 의미 부여는 "계속적이며 영원한 유효성"을 추구한다.[62]

문서화된 예언 본문은 모든 현실화에도 불구하고 구두적인 말의 기원 상황에 연결되어 존재한다는 점에서 문서화된 본문은 자신만의 특징을 갖는다. 아모스서에는 가장 오래된 시점에 대한 기록이("지진 전 이년," 암 1:1), 이사야의 경우에는 자신이 파송된 년(年)에 대한 언급이 ("웃시야 왕이 죽던 해," 사 6:1) 함유되어 있으며, 에스겔서와 스가랴서에는 보다 빈번하게 해와 달에 대한 기록뿐 아니라, 하나님의 말씀을 받은 날에 관한 기록도 신중하게 기입되었다.

예언자의 말이 새로운 상황에 맞게 변화하며 현실화되는 과정에서, 그 말은 기원 상황의 독특한 특성을 여러 가지 방법으로 상실했음에도 불구하고, 그것은 지혜의 말처럼 결코 시대를 초월한 기본원칙이 된 것이 아니라, 오히려 독특한 예언자의 말과 예언자의 특정한 기원 시점을 가진 예언자의 말은 현실화된 예언자 말의 형태로 유지되었다. 단지 책의 관점에서 보았을 때 예언자는 더 이상 근시안적인 미래에 대해 이야기하는 것이 아니라, 오히려 훨씬 더 먼 미래와 그 과제를 조망하고 있다.[63]

---

62 Kratz, Die Redaktion, 45.
63 특별히 참조하라. O. H. Steck, Die Prophetenbücher und ihr theologisches Zeugnis, 1996, 25; O. H. Steck, Gott in der Zeit, 156. Steck은 적절하게 강조했다. Steck, Prophetenbücher, 163-164. 기존에 주어진 예언 본문을 현실화하는 것은 그들의 견해에 따르면 여전히 생각이 공유되고 빠지지 않고 낭독되는 오래된 본문들에서 어떤 중요한 것이 이미 포함되어 있음을 제시하고자 하는 것이다.

하지만 후대에 성장한 예언서 본문들은 그러한 특징적인 현실화에 제한되지 않는다. 동시에 그러한 본문들은 포로기부터 포로기이후 시대로 확대되며, 주석으로 이해되거나 혹은 전승된 예언 본문의 내용적인 첨가로 종종 간주될 수 있는 새로운 예언 본문을 삽입하였다. 이 새로운 본문들은 일반적으로 다음과 같다.

> 다른 책 그리고 보다 자세하며 포괄적인 맥락에서 이전에 교부된 본문들에서 공급된 것들이다. 그러나 이것은 언어적 능력이 떨어진다거나 독창성이 결여되었다는 것을 가리키는 것이 아니라, 오히려 의도된 것이다.[64]

왜냐하면 첨가가 본래 지향하는 것은 각각 독립되어 있는 개별적인 예언자의 말들을 상호 연결시키는 것이기 때문이다. 그것은 초기에, 즉 포로기후기-포로기이후초기(spätexilisch-frühnachexilisch) 시기에 주로 책 내부에서, 또한 점차적으로 책을 넘나들며 나타났고, 그러한 예로 아모스서가 이미 포로기 이전에 호세아서의 진술에 맞게 교정되었다.[65]

이러한 모든 첨가들은 새로운 전체성으로 나아가는 과정이었다. 즉, 개별 예언자의 포괄적인 신학, 여러 예언자들의 신학 그리고 마지막으로 예언의 신학으로 나아가는 과정이다. 본 논문의 마지막에서 간략하게만 언급될 수 있는 질문에 대해서 특별히 슈텍(Odil Hannes Steck)은 그의 생애 마지막에 연구하였다. 동시에 그는 다른 이들보다

---

64 그러한 정당한 이해로 Kratz, Die Redaktion, 38.
65 위에 p. 121을 보라.

더 심도 있게 책 내부에서의 첨가와 책을 넘나드는 첨가를 구별했다.[66] 그것과 관련하여 슈텍은 자신에게 있어서 특별히 중요한 제3이사야에 대한 연구에 의지했다. 이런 맥락에서 예언서 성장의 후대 시기인 헬레니즘 시기에 전체로 확산된 예언 신학을 찾으려는 과정에서 다양한 목적들이 지배적이었다는 점이 강조될 수 있는데, 게르트너(Judith Gärtner)는 이사야서의 가장 후대 본문을 12소예언서의 가장 후대 본문들과 비교함으로써 설득력 있게 제시하였다.[67]

후대 페르시아 시대 이후부터 구두예언에 기반을 둔 예언서는 더 이상 등장하지 않았다.[68] 오히려 현실화하며, 해설하고 첨가하는 문서예언의 방법으로 특유한 예언서가 등장하였는데, 이 예언서들은 처음부터 독자(그리고 낭독자)를 고려한 것이다. 이 분야에서 많은 것들이 상당히 논쟁이 되기 때문에, 가장 오래된 논쟁과 최근 논쟁만을 언급할 것이다. 오바댜와 제2스가랴의 두 예언서에서 우리는 오래된 예언서들과 비교하여 본질적인 새로움을 명확하게 인식할 수 있다.

이 예언서들에서 예언자들은 개별적인 직접 계시에 대해 표면적으로 드물게 언급하고 있다. 그들은 대부분 오래된 예언자의 말을 명시적으로(예를 들어, 욜 3:5[2:32]) 혹은 암시적으로 인용함으로써 혹은 명확하게 예언자의 말과 관련시킴으로써 합법적인 예언자로 증명되

---

66 Steck, Die Prophetenbücher; Steck, Gott in der Zeit. 현재 연구 상황에서 특징적인 것은 Steck 이후 십여 년 동안 예언서에 대한 세심한 고찰이 논문 모음집 »European Association of Biblical Studies« (EABS)으로 나타났다는 점이다 (D. V. Edelman/E. Ben Zvi [Hg.], The Production of Prophecy. Constructing Prophecy and Prophets in Yehud, 2009). 처음 언급된 Steck의 책이 영어로 번역되었었음에도 불구하고, Steck의 연구는 여기에서 단 한번도 언급되지 않았다. 수준을 고려해 보았을 때 이 책의 논문들은 Steck의 책들을 뛰어넘고 있다!

67 J. Gärtner, Jesaja 66 und Sacharja 14 als Summe der Prophetie, WMANT 114, 2006.

68 아마도 요엘서가 (욜 1-2장에서 관찰되는) 가장 후대의 것으로 보인다.

었다. 왜냐하면 이 예언자들은 하나님이 그 당시 시대에 자신의 이전 사자(使者)의 말을 이행했고 진실한 분으로 판명되었다는 것에 대해 확신을 갖고 있기 때문이다.

오바댜서에서 예레미야 49장과 같이 오래된 예언자 본문과의 관계가 용이하게 추론된다. 처음에는(1-7절) 오래된 선포가 이뤄지기 시작했다는 것이 확인된다. 이후에는(8-14절) 전승된 진술은 새로운 역사적 경험을 기반으로 첨예화 되었고 엄격하게 되었다. 그리고 마지막으로(15-17, 21절) 시작되는 성취는 마지막 때의 시작과 능가할 수 없는 "야웨의 날"이 연결되었다.[69] 이러한 현실화와 비교하여 제2스가랴의 가장 후대 본문, 즉 스가랴 14장은 보다 포괄적인 목적을 보여준다. 그것은 12소예언서의 정점이자 종결로서 소위 소예언자들의 메시지를 통합하며 마지막 때를 위한 본질적인 것에 초점을 맞추고 있다.

새로운 해석의 개별 과정을 통해 높이 평가되고 있는 문서예언과 비교할 때, 미래에도 등장할 수 있는 구두예언은 존재의 근거를 영원히 상실하였다. 스가랴 13:2-6에서 구두예언은 전승된 문서예언과 달리 하나님의 이름으로 그 이상의 것과 다른 것을 말하려고 하는 것이므로 위험한 것으로 간주되며, 따라서 우상 숭배의 호흡으로 판결되었다.

---

69   다음의 증거를 참조하라. J. Jeremias, Die Propheten Joel, Obadja, Jona, Micha, ATD 24,3, 59.

요약

"문서예언"(Schriftprophetie) 이라는 개념은 적지 않은 문제점들과 연결되어 있다. 본 소논문은 오늘날 지식에서 전제 조건으로 서술되는 것처럼, 한편으로는 고대 근동 그리고 다른 한편으로는 구약성서에서 문서화된 예언에 주목한다. 그것을 기반으로 하여 어떤 의도로 구약성서에 예언서들이 생성되었으며, 결과적으로 무엇이 구두의 전 역사가 없는 순수한 문서예언으로 도달하게 했는가에 관심을 갖는다.

본 소논문은 마리, 앗수르 그리고 "텔 데이르 알라"(Tell Deir 'Allā) 문서들을 통하여, 고대 근동에서 예언의 말이 문서화되는 다양성에서 정보를 얻어, 동일한 방법으로 성서 예언에 대한 이해를 위해 적용하였다. 그것은 하나의 예언서가 다른 예언서와 구조적으로 동일하지 않다는 점을 보여주는 성서 예언서의 다양성과 상응한다. 더 나아가 문서화, 예언서 그리고 순수한 문서예언의 생성은 예언 선포의 권위가 지속적으로 커져가는 단계로 인식된다.

구약성서 지혜에 대한 논의

루드거 슈빈호스트-쉔베르거(L. Schwienhorst-Schönberger)
비엔나대학교 가톨릭학부 구약학 교수

본 소논문은 구약성서 개론 그리고 다른 전망에 대한 연구가 제시하고 있는 것처럼 구약성서 지혜문헌들에 대한 연구 상황을 백과사전적으로 보여주려는 것이 아니다. 오히려 선별된 실례들을 통하여 최근 지혜문헌들에 대한 연구에서 발견되는 새로운 발전들, 논쟁적으로 진행된 논의들 그리고 미해결된 문제들을 서술하고, 그 발단에 대해서 상론할 것이다. 동시에 폰 라트(Gerhard von Rad)로 대표되는 구약성서의 지혜 이해에 대한 해석학적 적용에 특별한 관심을 두며, 이러한 해석학적 적용이 오늘날 연구에서 놀라울 정도로 제기되고 있다는 것에 초점을 맞추어 서술할 것이다.

1. 지혜에 관한 5권의 책들

일반적으로 잠언, 욥기 그리고 전도서가 히브리 정경의 지혜의 책에 속한 것으로 이해된다. 70인역에는 지혜서(Sapientia)와 벤 시라(Ben Sira)가 첨가되어서 나타난다. 길버트(Maurice Gilbert)는 5권의 토라와 5권의 시편에 상응하는 5권의 지혜에 관한 책들을 언급한다. 그에 따르면 5권의 지혜에 관한 책들의 중심 주제는 지혜이며, 또한 "인간은 어떻게 그것을 습득할 수 있는가"이다.[1] 쳉어(Erich Zenger)가 책임을 맡은 『구약성경개론』(*Einleitung in das Alte Testament*[이종한 역-역주])는 70인역 정경에 대한 입장을 기반으로 하는 개론서인데, 이미 위에서 언급한 것 이외에도 시편과 아가서(Canticum)를 "지혜의 책들"로 편입시켰다.[2] 아가서를 지혜의 책으로 이해하는 것은 솔로몬의 잠언에서 기록되고 있는 것처럼 표제어의 기록이 제안하고 있기 때문이다.[3] 마찬가지로 전도서의 머릿글은 독자들에게 솔로몬의 흔적을 암시한다. 유대 정경 전통에 대한 동방의 배열에서 세 권의 "솔로몬의 책"은 다음과 같은 순서를 따르고 있다. 곧 잠언-전도서-아가서이다. 이러한 순서는 70인역 정경에서도 익숙하다.

기독교 전통은 이와 같은 순서를 통하여 정신적 여정의 세 단계를 제시하는 것으로 보인다. 잠언에서 솔로몬은 학생들에게 의무과 미덕을 가르치고, 전도서에서 그는 "점차적으로 나이가 든 사람"에게 "해 아래" 변하지 않는 것이 전혀 없음을 교훈한다. 마지막으로 아가서에서는 언제나 과소평가되었던 숙련된 자에게 신적(神的) 신랑과 하나가 되는 것을 지도한다.[4] 지혜서의 두 번째 부분(지혜서 6:22-11:1)에서 솔로몬 왕의 진술이 명확히 언급되었고, 따라서 이 책은 헬라어와 고

---

1 M. Gilbert, Les cinq livres des Sages. Proverbes-Job-Qohélet-Ben Sira-Sagesse, 2011, 13.
2 E. Zenger u.a., Einleitung in das Alte Testament, hg. von C. Frevel, [8]2012, 405-507.
3 마찬가지로 Septuaginta-Deutsch (LXX.D: 70인역을 독일어로 번역한 성서-역주), hg. von W. Kraus/M. Karrer, 2009.
4 유대교와 기독교 해석사에 대해서 참조하라. L. Schwienhorst-Schönberger, Kohelet, HThK AT, [2]2011,118-134;E.Birnbaum/L.Schwienhorst-Schönberger, Das Buch Kohelet, NSK14/2, 2012, 279-310.

대 라틴어 필사에서 잘 알려진 대로 "솔로몬의 지혜서"(liber sapientiae salomonis)로 표현되었다.

2. 변두리에 위치한 구약성서의 지혜

구약성서의 지혜가 현대 성서학의 시야에 들어온 것은 비교적 후대에 이르러서이다. 18-19세기에 형성된 역사비평해석방법의 관심은 처음에는 오경에, 이후에는 예언서에 집중되었다. 문서의 기원과 저자에 대한 질문들이 관심의 중심에 자리 잡았다. 율법 그리고 예언과 구별된 독립된 개체로서 구약성서의 지혜는 20세기 초가 되어서야 비로소 시야에 들어왔다. 그때까지 지혜는 제의와 구분된 윤리(Moral)로 귀속되었는데, 이 윤리는 "소원하는 목표를 성취하기 위한 올바른 수단에 대한 통찰과 그것을 잘 활용하는 현명함을 소유하는 것이다."[5]

물론 이러한 윤리는 종교적 기반를 갖고 있지만, "순수한 예언자적 율법에 대한 가르침"에는 도달하지 못하며, 오히려 "성공에 대한 관심이…지나치게 부각되고 있다."

> 율법에는 야웨의 의지가 담겨 있으므로 따라야 하는 것이 아니라, 물론 피상적인 복을 이야기하기는 하지만, 복으로 가는 유일한 길을 제시하기 때문에 따라야 한다. 그러므로 잠언의 지혜는 적지 않게 유용성을 기반으로 미덕을 선포한다.[6]

---

5 K. Marti, Geschichte der Israelitischen Religion, [4]1903, 237.
6 위의 책, 238-239.

여기에 칸트(Kant) 윤리의 영향이 감지되면서도 저평가된 구약성서 지혜를 예언과 비교할 뿐 아니라 율법에서 관찰되는 야웨의 의지 선 포와 비교하는 것이 연구사의 몇몇 시기를 통찰하며 진행될 것이다.

3. 변두리에서 중심으로: 폰 라트(Gerhard von Rad)

역사 전승들로부터 구상된 구약성서신학에서 지혜문헌은 정경의 변두리에 자리 잡았다. 이것은 폰 라트의 『구약성서신학』(Theologie des Alten Testaments)에서 표면적으로 관찰된다. 여기에서 폰 라트는 "이스라엘 역사 전승의 신학"을 다루는 제1권 마지막 부분에서 "야웨 앞의 이스라엘(이스라엘의 응답)"이라는 단락의 세 장에서 이스라엘 지혜에 대해 다루었다.[7] 비교적 적은 영역에서 폰 라트는 인상 깊고 현저한 방법으로 구약성서의 지혜에 접근했으며, 그와 관련된 대부분의 서술들은 중요한 의미를 차지하게 되었다.

폰 라트는 오래된 경험적 지혜를 후대의 신학적 지혜와 구별하였다. 무엇보다 그는 **오래된 경험적 지혜**(Erfahrungsweisheit)를 잠언의 가장 오래된 부분(잠언 10-29장)의 근간으로 추론했다. 폰 라트에 따르면 경험적 지혜에서는 숨겨진 질서에 대한 인식을 다루고 있다. 상반되는 모습에도 불구하고 창조에 근간을 두고 있는 질서는 결국 "유익하며 올바른 것이다."[8] 경험적-격언적으로 이행된 잠언은 숨겨진 질

---

7   G. von Rad, Theologie des Alten Testaments. I: Die Theologie der geschichtlichen Überlieferungen Israels, 1957, [4]1962, 430-473; 그는 욥기를 위의 책 »이스라엘의 시련과 개인의 위로«(420-430)에서 다루고 있다.

8   위의 책, 434.

서를 드러냈고, 그러한 질서를 언어로 표현했으며, 그와 같은 방법으로 입장과 의미를 전달했다. 창조에 등장하는 혼돈으로부터 질서가 이루어졌다. 지혜는 "생명의 혼란을 통해 등장한 예술"이다.[9] 지혜는 창조적 존재에게서 당위성을 듣기 위해 귀를 기울인다. 동시에 지혜는 율법 계시와 근접하게 배치되었다.[10] 경험적 지혜 내부에는 기본적인 질서를 찾는 지혜에서 교육적 교양을 위한 지혜로 자연스럽게 넘어가는 것이 존재한다.[11]

따라서 이러한 의지는 "이성적으로 명확한 것이 되며 세상의 질서"[12]가 될 수 있을 것으로 각인되었고, 지혜는 "항상 개방되어 있으며 종결되지 않은 채로"[13] 존재한다. 물론 질서를 찾는 것은 우선적으로 "모든 세상의 과제"이지만, 이스라엘의 지혜는 이러한 질서 이면에서 야웨의 활동을 인식한다. 이와 같은 의미에서 이스라엘의 지혜는 결코 세속적이지 않으며, 오히려 신학적 근거(혹은 배경)에 의해서 지지된다.[14] 그럼에도 불구하고 지혜는 신앙과 제의에 대한 중심 내용을 담고 있는 것이 아니라, 오히려 "인간의 삶을 유지하고 사람들이 유념해야 할 내외적 질서를 검토하고 규정하는 것을 다루고 있다."[15]

포로기이후(nachexilisch) 시기에 지혜의 신학화가 중요하게 일어났다. "경험적 지혜"와 구분된 것으로 우리는 **계시적 지혜(Offenbarungsweisheit)**를 언급할 수 있을 것이다. 이 계시적 지혜는 신

---

9   위의 책.
10 위의 책, 446.
11 위의 책.
12 위의 책, 438.
13 위의 책, 435.
14 위의 책, 450.
15 위의 책, 448.

적 현상으로 이해되는 형태를 다룬다. "대저 나를 얻는 자는 생명을 얻고"라는 잠언 8:35에 대해서 폰 라트는 다음과 같이 진술한다.

> 오직 야웨만이 그렇게 이야기 할 수 있다.[16] 지혜는 이제부터 인간에 대한 신적 부름으로 이해된다. 이 지혜는 일반적 의미로는 민족들을 교육하는 위대한 자이며, 특별한 의미에서는 이스라엘을 교육하는 자로 등장한다. 계속해서 지혜는 창조할 때 세상에 주어진 신적 원칙으로 이해된다.[17]

관련된 본문들에서 지혜는 인격화된 모습으로 등장한다(잠언 1-9장; 욥 28장). 마지막으로 예수 시락서는 이러한 지혜를 토라와 동일시하였다(참조, 시락서 24장).[18]

그로 인해 폰 라트에 따르면 이스라엘 역사 전승과 **반대되는** (그러나 실제로는 나타나는 현상과 일치하는) **운동**이, 구약성서 지혜의 역사에서 등장했다. 계속해서 그에 따르면 제사장적 신학에 있는 구속사가 창조 신학에서도 제시되었고 또한 그것과 연결되었으며, 역으로 지혜의 신학적 사고를 통하여 발전되었다. 여기에서 창조를 통하여 구원사와의 연결이 제기되었다. 따라서 다음과 같은 주장이 등장한다.

> 창조를 바르게 이해하기 위해서 우리는 이스라엘과 이스라엘에게 주어진 의지적 계시에 대해 언급해야 한다.[19]

---

16 위의 책, 458.
17 위의 책, 454-455.
18 위의 책, 458.
19 위의 책, 464.

폰 라트에 따르면 이스라엘 신앙은 적어도 지혜신학적으로 관철됨으로써 완전히 형성되었다는 점을 몇몇 진술들이 상기시켜 준다. 그에 따르면 "그 시초와는 현저하게 역방향으로" 지혜는 "점점 더 순수하게 양식 자체가 되었고, 지혜를 통하여 후대 이스라엘의 모든 신학화가 이루어졌다."[20]

> 따라서 일반적으로 후기 유대적(spätjüdisch) 신학화는 다소간에 지혜적으로 진행되었다. 여하튼 지혜의 상위 개념에서 통일성과 모든 것을 포괄하는 요약이 관찰되는데, 이것은 이전에는 전혀 나타나지 않는다.[21]

그러므로 폰 라트는 자신의 생애 마지막에 다시 한 번 구약성서 지혜를 포괄적이면서도 꼼꼼하게 집중하는 "신학"의 역동성을 보여주었다. 『이스라엘의 지혜』(Weisheit in Israel)라는 단행본은 잘 알려진 것처럼 그의 "신학"의 세 번째 부분으로 평가된다. 내 생각에 시락서 24장에 대한 폰 라트의 해석은 중요하다.

> 지혜는 토라의 강력한 권위에 대한 그림자로 전락한 것이 아니라, 오히려 반대로 우리는 시락서가 지혜라는 이해의 지평을 바탕으로 토라를 합법화시키며 해석하는 것에 몰두하고 있음을 보게 된다.[22]

---

20 위의 책, 454.
21 위의 책, 455.
22 G. von Rad, Weisheit in Israel, 1970, ^{3}1985, 316.

성서적 지혜 신학에 대한 신학적 현상 그리고 성서신학에 형태를 부여하는 원칙으로서 지혜 신학을 강조하는 경향으로 인해 오래된 전통이 새롭게 효력을 얻게 되었다. 성서의 지혜를 다양하게 발견하는 과정에서 폰 라트는 핵심적인 역할을 수행했다.

하지만 이러한 발견은, 머피(Roland E. Murphy)가 환기시킨 것처럼, 실제로는 하나의 **재**발견(*Wieder*entdeckung)이다. 다음의 책들, 즉 잠언, 욥기, 전도서, 시락서, 지혜서 그리고 아가서는 새로운 시대의 신학자들에게 단지 평범하게 변두리로 취급되는 반면, 중세 신학자들에게 이 책들은 가장 대중적인 것이었다.[23]

4. 해석자의 역할

구약성서 지혜에 대한 폰 라트의 해석은 지혜문학의 정신을 탐구하는 시도로 이해된다. 언어 미학적으로 상당히 매력적인 형태라는 점에서 폰 라트는 처세술에 대한 기록으로 지혜문학을 이해했는데, 그것은 인본주의적 교육 전통에서 올바른 인간 존재에 대한 기준과 중심을 언어로 표현한 것이다. 여기에서 **질서**와 **교육**이라는 개념들은 핵심 역할

---

23 R. E. Murphy, The Tree of Life. An Exploration of Biblical Wisdom Literature, [2]1990, IX: "지난 몇 십 년 동안 성서 지혜문헌에 대한 '발견'은 실제로 재발견이다. 중세 기간에 이 책들(잠언, 욥기, 전도서, 집회서 그리고 솔로몬의 지혜서[몇몇은 아가서를 포함한다])의 인기는 Jean Leclerq와 Beryl Smalley의 연구에서 훌륭하게 조사되었다. 12세기에는 아가서의 분석에 대해서 30가지 이상의 연구가 실행됐다. 어떻게 읽을 것인가 하는 독서 취향에 대한 희미한 표시가 동요하고 있다. 현대적인 재각성은 뛰어난 독일 구약학자인 폰 라트(1901-71)의 인생으로 상징될 수 있다…특별히 von Rad 이후에 이스라엘의 지혜는 흥미진진한 연구 분야가 되었다."

을 한다.²⁴ 하나님의 창조에서 질서를 인식하는 것 그리고 이러한 질서를 삶을 형성하기 위한 의무에 대한 요구로 추정하는 것이구약성서 지혜의 관심사 이다. 폰 라트는 "인간의 교화"²⁵에 대해 언급한다.

이해(Verstehen)를 기반으로하는 이러한 해석(Auslegung)의 형태는 폰 라트가 그의 "신학" 제4판 서문에 암시했던 그리고 현재에는 모든 이들이 자명한 것으로 받아들이는 해석(Exegese)에 대한 이해와 상응한다. 가다머(Hans-Georg Gadamer)에 근거하여 폰 라트는 성서 본문의 영향사를 고려하지 않는 "무비판적 실증주의"(unkritischer Positivismus)를 거절했다. "이해자의 긴 행렬 이라는" 해석사의 마지막 부분에 위치하는 것은 "오늘의 해석자"이다. 표면적인 "역사적 객관주의"(historischer Objektivismus)로 인해 이러한 사실관계는 일반적으로 감추어져 있다.²⁶ 여기에서 폰 라트는 의식화되고 역사적으로 각인된 선이해에서 성서 본문을 이해할 것을 암시한다.

따라서 그는 냉담한 관찰자로서 이 본문들을 표면적인 실제 의미로 서술하는 것이 아니라, 오히려 숙고적, 문맥적 그리고 "역사적" 읽기라는 틀에서 본문의 의미를 추론한다. 동시에 폰 라트는 자신의 하이델베르그 동료인 가다머가 표현한 해석학 전통에 자신이 서 있음을 인식한다.²⁷

---

24 특히 von Rad, Weisheit in Israel, 102-130에 있는 "법적 사회적 행동을 위한 질서들의 의미" 단원을 참조하라. von Rad는 잠언과 관련되어 사용된 "교육"(Bildung)과 "훈계"(Zucht)라는 개념을 "육체적 그리고 정신적 변화됨의 개념"으로 이해되는 헬라어 *Paideia*[파이데이아]와 비교했으며 W. Jaeger를 환기시킨다. W. Jaeger, Paideia. Die Formung des griechischen Menschen, 1934-1947 (von Rad, Theologie, 444-445).

25 von Rad, Weisheit, 49.

26 위의 책, 12.

27 Gadamer와 von Rad, 두 인물이 1949년 이후부터 교수로 활동했던 하이델베르그

『진리와 방법』(Wahrheit und Methode; 이 책은 두 권으로 나눠서 번역되었다. 『진리와 방법 1』, 이길우 외 역; 『진리와 방법 2』, 임홍배 역으로 번역되어 있다-역주)이라는 자신의 기초 저서에서 가다머는 순수한 역사 이해에 대한 새시대의 방법론을 거부한다.

> 역사적인 것으로 이해되는 본문은 진실을 말하는 것이 공식적으로 요구된다. 이것은 역사적 견해로부터 전승을 관찰함으로써, 환언하면 역사적 상황에 대해 고려하고 역사 지평을 재구성하는 것을 시도함으로써, 이해될 수 있을 것이다. 실제로 사람들은 전승에서 스스로 유효한 그리고 이해될 수 있는 진실을 찾아야 한다는 요구를 근본적으로 포기한다.[28]

그와 달리 폰 라트는 이러한 요구를 포기하지 않는다. 그는 명백하게, 가다머의 의미에서 볼 때, 성서 본문에 대한 **이해**(Verstehen)를 다루고 있다. 이러한 방식으로 본문을 이해하는 것은 의사가 환자를 면담하는 진찰 혹은 조사하는 것처럼 이루어지지 않는다.

> 두 가지 경우를 볼 때 이해의 주체는 상호교감을 추구하지는 않는다. 따라서 상대방의 깊은 내면에까지 파고드는 것은 불가능하다.[29]

에서 만났을 가능성에 대해서 참조하라. M. Oeming, Gesamtbiblische Theologien der Gegenwart. Das Verhältnis von AT und NT in der hermeneutischen Diskussion seit Gerhard von Rad, ²1987,43-44.

28 H.-G. Gadamer, Wahrheit und Methode. Grundzüge einer philosophischen Hermeneutik, 1960, ⁶1990, 308-309.

29 Gadamer, Wahrheit und Methode, 308.

가다머에게 있어서 이해, 해석 그리고 적용을 원칙적으로 분리하는 것은 존재하지 않는다.[30] 폰 라트의 "구약성서신학"뿐 아니라 "이스라엘의 지혜"도 시종일관 이러한 해석학을 통하여 각인되었다.

가다머는 이것은 언어적 표현에서도 관찰된다고 한다. 이런 배경을 근거로 폰 라트가 종교사 방법을 유보하는 것과 역사비평 방법론을 상대화시키는 것은 이해될 수 있다. 폰 라트에 따르면 대규모 교육에 대한 문학의 일례로써 잠언 8장, 욥기 28장, 시락서 24장이 환기된다.

> "이러한 학문적 문헌은 거의 간과될 수 없다. 만약 이 문헌들을 조사한다면, 가장 중요한 수수께끼가 다음과 같은 질문에서 존재할 것으로 보인다. 인간에게도 지혜를 간청할 수 있다고 사고하는 실제적이면서도 상당히 진기한 집단의 종교사적 기원에 대한 질문, 곧 의심할 여지없이 중요한 이 질문에 대해 상당히 다양한 방법으로 대답이 제시되었다. 그러나 이 질문은 다른 질문, 즉 이러한 사고가 본문에 표현되도록 한 것은 무엇이며, 그것은 야웨 신앙이라는 틀에서 **본질적인 것으로 이해되었는가**라는 질문과 비교할 때 이차적인 것이다.[31]

그것은 역사적 질문이 배제되어야 한다는 것을 결코 의미하지는 않는다.

하지만 "역사 지평에 대한 구상은…이해의 전 과정에서 단지 하나의 단면일 뿐이다. 그러한 구상은 과거화된 인식을 의식적으로 멀리하는 것에 고착되지 않고, 현재에 대한 독자적인 이해의 지평을 통해

---

30 위의 책, 312-316.
31 von Rad, Weisheit, 189(L. Schwienhorst-Schönberger의 강조).

만회된다. 이해를 수행하는 과정에서 **역사 지평의 구상과 동시에 그것에 대한 극복**이 이루어짐으로써 실제적인 지평의 융합이 발생하게 된다. 그러한 지평 융합이 의식적으로 적절하게 실행되는 것을 우리는 영향사적 인식에 대한 자각이라고 표현할 수 있다."[32]

---

32 Gadamer, Wahrheit und Methode, 312(L. Schwienhorst-Schönberger의 강조). 사람들은 그것과 1962년 출간된, 즉 Gadamer의 『진리와 방법』(Wahrheit und Methode)이 출간되고 2년 후에 세상에 나온 von Rad의 『신학』(Theologie) 4판 서문에 있는 그의 진술을 비교할 수 있다. von Rad는 그의 "신학"에서 "역사에는 역사적 정당성이 주어지지 않았다"는 주제에 대해서 놀라울 정도로 반응하고 있다. von Rad의 답변의 핵심 문장은 다음과 같다. "Gadamer에 따르면 영향사 영역에서 다음이 첨가될 수 있을 것이다. 연구대상을 과거의 공간에 방치하는 역사적 연구가 아니라(L. Schwienhorst-Schönberger의 표현) 역사적 산물 또는 역사적 전통과 실제적 만남이 발생한다. 오늘날 해석자는 영향사의 영향을 고려할 때 해석자의 긴 계열에 대한 마지막 구성원으로 규정된다"(von Rad, Theologie, 12). 그것에 따르면 von Rad는 자신의 "신학"을 과거의 지평이 현재에 융합되어 있는 "만남"으로 이해했다(참조, Gadamer, Wahrheit und Methode, 311). von Rad의 "Theologie des Alten Testaments" 1권은 Gadamer의 "Wahrheit und Methode"보다 3년이 빠른 [1]1957년에 출간되었다. 수 많은 해석의 논쟁들, 마찬가지로 "이스라엘 종교사 혹은 구약성서신학"(Religionsgeschichte Israels oder Theologie des Alten Testaments)에 대한 논쟁에는(참조, Religionsgeschichte Israels oder Theologie des Alten Testamentes, JBTh 10, 1995) 여기에 언급된 철학적 전제들이 근간을 형성한다. 1971년에 간행된 『해석학적 요동』(1950-65)이 잠잠해진 이후에(같은 책, 23) 등장한 Wolfgang Richter의 논문 "Entwurf einer alttestamentlichen Literaturtheorie und Methodologie"(상위 표제어: Exegese als Literaturwissenschaft)은 실제로 Gadamer의 해석학이 주도한 해석에 대한 반론적 구상으로 이해될 수 있다. 그것은 검증 가능성과 "인식 주체의 변화"(같은 책, 9), "경험적-이성적 방법론"(같은 책, 12)을 다루고 있다. "검증되지 않는 행위, 평가 혹은 기대는 결코 구약성서에로 전용되어서는 안된다"(같은 책, 12). 인식을 유도하는 "선입견"과 "선이해"를 복귀시키려는 Gadamer에 대해 명백하게 반대하는 진술이다. 계속해서 우리는 Gadamer(Wahrheit und Methode, 306)와 비교할 수 있다. "역사적 객관주의는…물론 환심을 사기 위해 과거를 현실화하는 전횡과 자의성에 대해서 비평적 방법으로 그것의 토대를 제거한다. 하지만 동시에 역사적 객관주의는 자체로 선한 의식, 무의식적이며 자의적인 것이 아니라 오히려 역사 의식의 독자적 이해를 수행하는 모든 중요한 전제들을 부인하기 위해 전력을 쏟는다. 계속해서 그것은 우리의 이해가 모든 유한한 것에 도달할 수도 있다는 진리를 소홀히 하게 한다"(L. Schwienhorst-Schönberger의 강조). Gadamer의 해석학 그리고 von Rad의 신학의 비평적 토론에 대해서 참조하라. Oeming, Theologie, 45-80.

5. 중심에서 변두리로: H. D. Preuß

물론 폰 라트의 신학에는 구약의 지혜를 신학적으로 과소평가하도록 이끌 수도 있는 모티브들이 자리하고 있다. 이것은 프로이스(Horst Dietrich Preuß)의 『구약성서 지혜문학 입문』(*Einführung in die alttestamentliche Weisheitsliteratur*)을 통해 설명되었다. 프로이스에 따르면 구약성서의 지혜는 "본래적인 인간의 경건"[33]에 속한 것이지만, 그 경건은 결국에는 실패한 것으로 판단되었다.

> 행위-결과의 관련성(Tun-Ergehen-Zusammenhang)이라는 사고질서에 대한 낙천적 이해는 경험적으로나 야웨에 대한 판단 착오로 인해 좌초했다.[34]

"지혜의 실패"는 구약성서 내에서도 특히 욥기와 전도서에서 가시화되었다. 지혜는 "나머지 대부분의 구약 본문에서 관찰되는 야웨와 구별되는 '다른 야웨'에 대해서 진술한다."[35]

어떠한 구약학자도 성서의 지혜문학에 대해 프로이스처럼 비평적 시각으로 관찰하지 못했다. 변증법적 신학의 영향은 간과될 수 없다. 물론 그것에 대한 반대 의견들도 항상 있었지만, 구약성서의 지혜는 실제로 아주 많은 신학을 당혹스럽게 만들고 있다고 머피(Roland E.

---

33 H. D. Preuß, Einführung in die alttestamentliche Weisheitsliteratur, Stuttgart 1987, 189.
34 위의 책, 176.
35 위의 책.

Murphy)는 적절하게 지적하였다.[36] 마지막으로 성서 전통의 상이한 사고 형태들 그리고 연설 행태들을 어떻게 연관지을 수 있을까 하는 질문에 대한 것이다. 구약성서 지혜에 대해서 빈번하게 등장하는 극단적인 비평적 시각은 익숙하게 "정경 속에 정경"(Kanon im Kanon)이라는 모델로 추론되었다.

이러한 시각은 새로운 시대의 성서 학문에서 생성된 관점에 기인한다. 환언하면 구약성서 내에는 아주 상이한 전통과 신학 그리고 구별된 삶의 배경("삶의 자리"[Sitz im Leben]과 연결된 전통과 신학이 존재한다는 관점에 기인한다. 사람들은 이러한 신학들 중에 하나를 선별하여 다른 것을 판단하는 기준으로 삼았다. 특별한 경우에 그것은 자체적으로 모순되는 판단, 즉 몇몇 성서의 책들과 전통들에서 성서의 합법성이 부인된다는 판단으로 귀결될 수도 있다. 따라서 프로이스는 다음을 의심의 눈초리로 바라본다.

> 기독교 신앙 내부적으로 보았을 때 구약성서 지혜의 사상에게 완벽히 합법적인 위치를 부여할 수 있는가 그리고 그렇게 해야 하는가?[37]

6. 지혜에 대한 복합적 논의

수년 전에 널리 알려진 구약성서 지혜에 대한 이해는 최근 연구에서 거의 발견되지 않는다. 그러한 이해는 실제적인 면에서도 그리고

---

36   Murphy, Tree, 121.
37   Preuß, Weisheitsliteratur, 189.

정경을 반영한 신학의 배경에 있어서도 더 이상 견지될 수 없다. 다른 측면에서 하나의 성서 전통을 "언어로" 표현하는 것[38]은 이미 불필요한 것이 되었다. 그러한 "중간 연설"을 대신하여, 하버마스(Jürgen Habermas)와 연결하여, **지배가 부재한 담론**(herrschaftsfreier Diskurs)이 등장했다. "전망과 견해가 의도적으로 병행하는 것"은 "문학적 생산과 신학적 여론 형성을 지배하는 원칙"으로 보인다고 자우어(Markus Saur)는 서술한다.[39]

그는 구약성서 지혜문헌을 신학적 담론으로 이해하게 되었는데, 이러한 담론의 과정에서 다음과 같은 견해가 등장하게 되었다.

> 부정확하지만 "정통"(orthodox)으로 표현되는 지혜 신학의 **대세**적 견해들뿐 아니라, 마찬가지로 부정확하지만 "이단적"(häretisch)으로 특징되는 지혜 신학적 사고의 범위를 넘어서는 것이다.[40]

자우어의 『구약성서 지혜문학 입문』(Einführung in die alttestamentliche Weisheitsliteratur)은 어떻게 그 사이에서 기류가 변화하고 있는가를 보여주고 있다. 만약 자우어가 "지혜문학은…구약성서 혹은 성경 내에서 결코 이질적인 것이 아니다"라고 서술한다면, 그는 그러한 평가를 통해 독립된 이해를 하는 것은 아니다. 오히려 자우어는 고대 이스라엘뿐 아니라 동시대 신학의 발전에 있어서도 탁월한 의미를 갖고 있

---

38 서평에 대해서 참조하라. W. Groß zu Preuß, Weisheitsliteratur, in: ThQ 167 (1987), 305.

39 M. Saur, Sapientia discursiva. Die alttestamentliche Weisheitsliteratur als theologischer Diskurs, ZAW 123 (2011), 236-249, 248.

40 위의 책, 247-248.

으며 신학적으로 중요한 이해를 제시하는 것으로 보인다.[41] 몇몇 지혜서들에서 주제화되었던 회의(懷疑)는 더 이상 실패한 지혜 사상의 표상이 아니라, 오히려 경계에 대한 인식으로서 긍정적으로 규정될 수 있으며, 그것은 새로운 통찰에 대한 사료가 될 수도 있다. 자우어는 성서의 지혜를 어떤 의미로는 전형적인 "세상으로 나아가는 '이성적' 진입로"로 평가했다.[42]

그럼에도 불구하고 만약 그가 이 지혜를 "구원사적 단초에서 멀어진" 것으로 배열한다면, 이러한 배열을 볼 때 그는 성서의 지혜와는 상응하지 않는 이원론에 매여 있는 것은 아닌지 의문시된다. 적어도 머피(Roland E. Murphy)의 평가가 내용적 사실을 보다 적절하게 묘사하는 것은 아닌지 고려되어야 한다. 이스라엘은 "예언자를 통해 선포된 하나님을 '믿은 것'이 아니라, 그와 대조적으로 하나님의 창조를 통하여 그리고 창조를 경험함으로써 그를 '알았다.'"[43] 지혜 사상과 (구원)역사 사상이 하나의 동일한 노력에서 기원했을까?

머피는 이것을 지혜의 첫 번째 그리고 근본적인 특성으로 표현했다-**실제에 대한 이해.**[44]

---

41 M. Saur, Einführung in die alttestamentliche Weisheitsliteratur, 2012, 156.
42 위의 책.
43 Murphy, Tree, 114.
44 참조, 위의 책, 112-115.

7. 첫 번째 결론

20세기 성서학에서 구약성서 지혜에 대한 기초적인 이해에 관하여 두 가지 상반되는 경향이 확인된다. 이 경향들은 현대 해석학에서 발전된 통찰, 즉 구약성서 지혜문학을 **자체의 독특한**(sui generis) 것으로 관찰하려는 통찰로부터 각각 상이한 결론을 도출했다. 한편으로 우리는 성서의 지혜를 구약성서의 다른 책들과 함께 전체 성서신학의 틀에서 "고려하려는" 시도와 직면하게 된다. 그것에 대한 전형적인 예는 폰 라트의 해석이다.

그의 모델에서는 실제로 정경을 지향하는 것과 일치하는 해석을 다루고 있다. 차일즈(Brevard S. Childs)의 **정경적 접근**(canonical approach) 모델은 그러한 해석 전통에 서 있는데, 그는 폰 라트를 자신의 선생 중 한 명으로 설명한다.[45] 지혜문학과 비지혜문학들의 차이처럼 지혜문학들 내부의 차이는 인정되지만, 극복하기 어려운 것은 아니다. 그러한 차이점은 분리시키는 것이 아니라 연결시키는 경계선인 동시에, 해석자들이 성서 내의 경계를 넘나들며 사고하도록 자극하는 경계선이다.

실제로 이 모델은 머피가 환기시킨 것처럼 아주 오래된 전통에 서 있다. 전체 문서의 지평에서 성서와 성서 전통에 대한 해석. 이런 의미에서 구약성서 지혜에 대한 발견은 하나의 **재발견**(Wiederentdeckung)이다. 마지막 결론에서 이 모델은, 폰 라트의 후기 저술에서도 명확하게 확인되는 것처럼, 지혜(sapiential) 신학에 대한 구상으로 귀결된다. 그것은 토마스 아퀴나스(Thomas von Aquin)를 연상시키는데, 그에게

---

45   B. S. Childs, Introduction to the Old Testament as Scripture, 1979, ²1983,15.

있어서 **신학**(*sacra doctrina*)은 다른 어떤 인간의 지혜보다 뛰어난 고도의 **지혜**(*sapientia*)이다.[46] 성서 지혜의 독립성에 대한 인식에서 기원한 두 번째 방향은 지혜를 성서적 정경의 주변으로 내몰 것을 요구하는 것으로 보이며, 더 나아가 신학적으로 부적합한 것으로 입증되지는 않을지라도 신학적으로 문제가 있는 것으로 보고 있다. 이 방향은 그러한 평가의 기준을 순수한 성서 전통들로 이해되는 "비지혜적" 전통들, 즉 역사서와 예언서로부터 추론했다. 이러한 입장을 대변하는 자로 프로이스(H. D. Preuß)를 지목할 수 있다.

프로이스가 제시하는 모델은 물론 적절하며 학문적 영역에서 전체적인 영향을 보이고 있음에도 불구하고, 명백한 계승자를 찾고 있지 못하는 실정이다. 그러나 폰 라트가 수행한 종합적인 관점은 어떤 것도 감행하지 못했다. 현재 연구에서는 제3의 모델이 확립된 것처럼 보이는데, 그것은 물론 프로이스 보다는 폰 라트에 근접하여 안착되었다. 최근 해석의 주요 개념은 **지혜에 대한 복합적인 논의**를 해석하는 것이다. 이 논의에 따르면 다양하면서도 철두철미하게 상호 모순적인 목소리가 언어화되었고, 그러한 목소리 가운데 어떤 것도 다른 상대방을 침묵하게 만들지 않았다. 이러한 발전은 욥기에 대한 연구를 통하여 보다 명확하게 조사될 수 있다.

---

46 Thomas von Aquin, Summa Theologiae I, 1,6.

8. 욥기

욥기 연구에서는 책의 **기원**에 대한 문제가 지배적이다. 고려될 수 있는 거의 모든 입장들이 그 사이에 등장했다. 문학비평적 그리고 편집사적 연구에서는 근소한 일치만이 존재할 뿐이다. 그럼에도 불구하고 확실한 몇몇 경향들을 인식할 수 있다.

1) 엘리후의 말(32-37장)이 욥기 시문학의 기본층에 속하지 않는다는 점은 점점 더 확고한 위치를 차지하고 있는 것으로 보인다. 욥기를 **한** 저자의 작품으로 이해한 고디스(Robert Gordis)는 물론 엘리후의 말과 그 밖의 대화 부분 사이에서 나타나는 언어적 차이와 내용적 차이를 근거로 시인이 엘리후의 말을 후대의 시점에서 자신의 작품에 삽입했을 것이라는 추정을 피할 수 없다고 주장한다.[47] 그와 반대로 예나 지금이나 논쟁이 되는 것은 엘리후의 말이 자체적으로 통일성을 갖고 있는가[48] 아니면 오랜 기간 문학적 성장 과정의 결과인가에 대한 문제이다.[49]

2) 오랫동안 틀을 형성하는 이야기가 시기적으로 우선시 된다는 모델이 지배적이었다. 그러는 사이에 욥의 시문이 본래 독립적으로 존재했다고 추정하는 의견이 증가하였다.[50] 동시에 다른 이들은 서술식

---

47 R. Gordis, The Book of God and Man. A Study of Job, 1965, 104-116.
48 H.-M. Wahl, Der gerechte Schöpfer. Eine redaktionsgeschichtliche und theologiegeschichtliche Untersuchungen der Elihureden-Hiob 32-37, BZAW 207, 1993.
49 T. Mende, Durch Leiden zur Vollendung. Die Elihureden im Buch Ijob (Ijob 32-37), TThSt 49, 1990.
50 긴밀하게 서술되고 근거가 제시된 것으로 참조하라. J. van Oorschot, Die

도입부가 등장하지 않는 **바벨론 신정론**(*Babylonische Theodizee*)과 루드룰 벨 네메키(*Ludlul bēl nēmeqi*, "내가 지혜의 주를 찬양하리라"는 뜻의 메소포타미아 시로서 ANET 434-437[『고대 근동 문학 선집』 679-695, CLC, 2016]에 수록되었다-역주)를 환기시킨다.

최근에 헤클(Raik Heckl)은 포괄적인 연구의 틀에서 이 주제를 계속해서 발전시켰고, 그 근거를 제시했다. 그의 연구에 따르면 틀을 이루는 이야기는 시문을 고려하여 작성되었다.

> 만약 이스라엘이 고통을 통해 욥에게 전가된 자신들의 역할을 수용한다면, 욥기의 틀은 이스라엘의 종말론적 재건을 지향하고 있다…마지막으로 틀이 작성됨으로써 시문은 고통받는 이스라엘과 마지막에 비로소 이스라엘을 향하여 주의를 기울이는 하나님의 대화로 이해된다.[51]

슈미트(Konrad Schmid)는 본래 독립된 욥기 시문이 존재했을 가능성은 있지만, 개연성은 적다고 평가한다.[52]

3) 대화 부분은 일반적으로 세 단계의 대화로 나눠진다. 세 번째 단

Entstehung des Hiobbuches, in: T. Krüger/M. Oeming/K. Schmid/C. Uehlinger (Hg.), Das Buch Hiob und seine Interpretationen. Beiträge zum Hiob-Symposium auf dem Monte Verità vom 14.-19. August 2005, AThANT 88, 2007, 165-184.

51 R. Heckl, Hiob. Vom Gottesfürchtigen zum Repräsentanten Israels, FAT 70, 2010, 439-440.

52 K. Schmid, Hiob als biblisches und antikes Buch. Historische und intellektuelle Kontexte seiner Theologie, SBS 219, 2010, 14.

계(22-28장)는 결함이 발생했다는 인상을 준다. 소발은 발언을 하지 않으며, 빌닷의 연설은 비정상적으로 짧다. 욥은 먼저 나타난 자신의 연설과 모순되는 입장을 취한다. 통전적인 가르침에 따르면 이로써 시인은 (실패한) 대화의 마지막에 전반적으로 혼란이라는 인상을 전달하고자 했다. 친구들이 말을 시작했고, 만약 욥이 이제 친구들의 견해를 논평하지 않고 수용하고 있다면, 그는 반어적인 말을 하고 있는 것이다. 일반적으로 오래된 연구에서는 이 문제를 재배열을 통해서 해결하려 시도했는데, 사람들은 본문사(本文史)에서 사고가 있었을 것으로 추정한다.

특정한 시기 이후부터 그러한 연구 결과를 해석하기 위해 편집사적 모델을 이용하는 것이 증가하고 있다. 그것은 욥기 시문이 본래 두 개의 대화 과정으로 구성되었다는 점과 세 번째 대화는 적어도 보다 다양한 성장 과정을 통해서 첨가되었다고 추정한다.[53]

4) 욥기 생성에 관한 세부적인 논의를 여기에서 다룰 수는 없을 것이다. 이야기 틀을 통시적으로 단층화시키는 것에 대한 질문과 욥기 28장의 원시성이 논의되었고, 덧붙여서 (두 번의) 하나님의 말씀과 욥의 대답에 대한 질문이 논의 되었다.[54]

추가적으로 빈번하게 통시적으로 진행된 해석에 대한 대안으로 공시적 분석들이 제안되는데, 그것은 특별히 욥기의 내러티브적 방법

---

53 참조, M. Witte, Vom Leiden zur Lehre. Der dritte Redegang (Hiob 21-27) und die Redaktionsgeschichte des Hiobbuches, BZAW 230, 1994.

54 개별 논의에 대해서 참조하라. L. Schwienhorst-Schönberger, Das Buch Ijob, in: E. Zenger u. a., Einleitung, 419-423; M. Witte, Das Hiobbuch, in: J. C. Gertz (Hg.), Grundinformation Altes Testament, 2006, 422-434; M. Saur, Weisheitsliteratur, 77-83.

을 고려한 것이다. 그로 인해 문학비평가들이 확립한 모순과 갈등들은 뒤로 물러난다. 엥글예링어(Klaudia Engljähringer)는 이런 관점에서 "대화의 역동성"을 연구했으며, 겉으로 보았을 때 욥은 먼저는 "인내하는 자"(Dulder)로, 그리고 후에는 "반란자"(Rebell)에 근접해 있다.

> 욥기 42:6을 볼 때 욥의 모습은 대화부분에서 드러난 것처럼 틀을 이루는 이야기에서도 동일하게 등장한다. 그는 하나님 그리고 자신의 끔찍한 상황과 화해한다…연설 부분에서 관찰되는 욥의 모습은 "저항과 복종"이 어떻게 진행되는가를 보여준다.[55]

최신 연구들은 통시적(通時的: diachron) 그리고 공시적(共時的: synchron) 접근이 상호 배제되어서는 안 되며 오히려 보충한다는 것을 보여준다. 덧붙여서 히브리어 판본보다 대략 1/6정도가 짧은 욥기의 헬라어 판본은 대단히 오랜 기간을 거쳐서 이 책이 작성되었음을 보여준다.[56] 최근의 통시적 연구는 일반적으로 "오래된 문학비평의 틈새"에서 벗어나려고 시도하고 있다. 문학비평적 분석은 편집사적 연결뿐 아니라 신학사적이며 종교사적 명확성을 요구한다. 그와 같은 복잡한 주제 그리고 문학적으로 까다로운 서술을 다룬다면, 전제된 유대성은 지나치게 세밀하게 표현되어서는 안 된다.

"하부 편집," "왕정 편집," "정의 편집"처럼 자체로 응집력 있는 신학적 편집을 계속해서 구별하는 것이 앞으로의 연구에서도 관철될 수

---

55 K. Engljähringer, Theologie im Streitgespräch. Studien zur Dynamik der Dialoge des Buches Ijob, SBS 198, 2003, 195.

56 J. van Oorschot, Entstehung (위에 각주 50을 보라), 165.

있는가에 대해서는 신중을 기해야 한다.[57] 복잡한 단락은 아마도 욥기가 성서 내부와 다양하게 연결되어 있기 때문에 나타나는 현상이며, 그러한 복잡성은 후대에 생성된 구약성서 문서에서 종종 관찰된다.

슈미트(Konrad Schmid)는 이러한 흔적을 탐구하여, 욥기가 위치한 성서 내부적 논쟁관계를 규명하려 시도했다. 슈미트에 따르면 욥기는 "다양한 본문과 사고(思考)를 구약성서로부터 수용했으며, 그것을 일반적으로 단순하게 동의하거나 거부하지 않고, 오히려 구별되거나 혹은 변증적으로 비평적으로 논의했다."[58] 슈미트는 특히 토라, 예언 그리고 시편과의 연관성을 제시하며 논의했다. 흥미로운 것은 그가 어떠한 방법을 취하고 있으며, 그로 인해 어떠한 결과를 얻었느냐 하는 것이다.

위에 언급한 프로이스의 관점과 비교했을 때, 여기에서 본질적인 변화가 일어났다는 것이 확인된다. 슈미트의 방법은 몇 가지 사항에서 교부들의 문서해석을 연상시킨다. 교부들은 문서에서 차이와 신학적 긴장관계를 인지했지만, 근간이 되는 "고차원적" 통일성을 기반으로 차이와 긴장을 숙고하여 변증법적으로 중재하려는 입장을 취한다.[59]

슈미트에 따르면, 한편으로 "욥기에는 신명기사가적 신학이 근본적으로 비평되고 수정되었으며," 다른 한편으로 욥기서는 신명기사가적 지위를 "그럼에도 불구하고 상대적으로 정당한 것으로 배치시켰으며, 더 나아가 의로운 하나님에 대한 사고뿐 아니라 의로운 행위를 할 수

57　이 모델에 대해서 참조하라. Witte, Leiden. Modifikationen dazu bei van Oorschot, Entstehung, 182-183.

58　Schmid, Hiob, 33.

59　참조, L. Schwienhorst-Schönberger, Wiederentdeckung des geistigen Schriftverständnisses. Zur Bedeutung der Kirchenväterhermeneutik, ThGl 101 (2011), 402-425.

있는 인간과도 연관시켰다."⁶⁰ 슈미트는 다음과 같은 것을 결론으로 제시했다.

> 욥기는 변증법적인 문서 비평에 주력하고 있다. 욥기는 구약성서에서 중요한 신학적 입장을 파악하여 비평하고, 그것을 단순히 거부하는 것이 아니라, 오히려 보다 고차원적 의미에서 다시 유효화시키고 있다.⁶¹

기본적으로 슈미트는 욥기의 정경성을 통하여 현대 해석의 상이한 인식들을 중재하려고 시도했다. 하지만 그는 자신의 중재를 자신의 독립된 신학적 사고의 결과로 이해한 것이 아니라, 욥기 자체가 제시하는 역사적 실재로 이해했으며, 이 실재는 역사적으로 작업한 해석자를 통하여 강조되고 가시화되었다. 슈미트의 해석에 따르면 욥기는 "전통적인 동시에 전통 비평적이며, 정경적인 **동시에** 정경비평적이다."⁶²

최근 연구에서는 일반적으로 욥기를 구약성서의 맥락에서 그리고 "성서 내부의 논의"라는 틀에서 해석하려는 경향이 보인다. 종교사적 맥락에 대한 질문은 후퇴된다. 쾰모스(Melanie Köhlmoos)는 이러한 경향의 핵심을 다음과 같이 표현했다.

> 고대 근동의 맥락에서 욥기는 특별한 문학적 개체로 등장한다…고대 근동의 평행 본문과 비교하는 것은 전체적으로 보

---

60   Schmid, Hiob, 44.
61   Schmid, Hiob, 44.
62   K. Schmid, Innerbiblische Schriftdiskussion im Hiobbuch, in: Krüger/Oeming u. a. (Hg.), Hiob, 241-261, 261.

앉을 때 단지 일부에서만 성서 욥기를 이해하는데 기여할 뿐이다. 욥기의 주요한 맥락적 그리고 상호본문적 배경이 되는 것은 구약성서이다.[63]

그것과 반대되는 것을 윌링어(Christoph Uehlinger)는 명시적으로 지향했다. 그는 "고대 근동의 맥락에서 욥기"에 관한 최근 연구들을 조직적으로 수집하고 평가했다. 윌링어는 욥기를 성서 문서의 하위에 존재하는 "고대 근동"의 책으로 이해했다. 그에 따르면 욥기의 통시적-점진적 편집사는 다음과 같이 이해되어야 한다.

창조 질서, 예식 규정 그리고 사회질서의 관계에 대한 고대 근동적 논의를 특별히 고통과 불의라는 관점에서 **승계**한 것이다.[64]

통시적 그리고 공시적 단초들에 관한 논의와 유사하게 "고대 근동의 맥락에서 욥기" vs "구약성서의 맥락에서 욥기"에 대한 논쟁은 결국 배타적인 대안이 될 수 없다. 물론 그것은 욥기가 유대적 그리고 기독교 교육을 위해 "전달"되었다는 배경이 바로 구약 (정확히 표현하자면: TaNaK) 또는 구약과 신약에 대한 배경이 된다는 점을 상기시킨다. 그로 인해 우리는 곧 확인하겠지만, 아가서가 해석되는 과정에서 새

---

63 M. Köhlmoos, Das Auge Gottes. Textstrategie im Hiobbuch, FAT 25, Tübingen 1999, 15.

64 C. Uehlinger, Das Hiob-Buch im Kontext der altorientalischen Literatur- und Religionsgeschichte, in: Krüger/Oeming u. a. (Hg.), Hiob, 97-163, 159. 성서 문서의 하위에 존재하는 "고대 근동"의 책으로서 욥기에 대해서 참조하라. 같은 책, 99-101.

로운 방법으로 영향을 받았다는 주제에 직면하게 되었다.

현대 해석의 자기 이해에 따르면 문학 작품의 생성사를 아는 것은 그 작품에 대한 심화된 이해를 가져온다. 통시적인 것을 지향하는 연구의 시발점에서 그것은 당연한 것으로 간주되었다. 누가 그것을 반박하겠는가? 다른 한편으로 성서 책의 생성사에 대하여 상이한 관점에 도달한 저자들은 종종 (더 이상) 그 책이 다루고 있는 사실을 추론하려는 입장을 취하지 않는다는 것이 경험적으로 확인된다. 그것은 다른 이들에 의해서 상당히 빈번하게 논의된 질문, 환언하면 하나님의 연설은 "욥의 문제"를 해결했는가 아니면 그것은 논점에서 벗어난 말인가에 대한 질문에서 관찰된다. 만약 사실에 대해 전혀 접근할 수 없다면, 누가 그것을 판단할 수 있겠는가?

그러므로 자우어(Markus Saur)는 "이 점에서 문학비평적 논증뿐 아니라 경향비평적(tendenzkritisch) 논증은 그 능력의 한계에 도달했다"고 정당하게 지적했다.[65] 게다가 아이스펠트(Otto Eißfeldt)는 욥기에 대한 문학비평적 질문에 대해 다음과 같이 답변한다.

> "다른 어떤 책들 보다도 직관적으로 인지되는 욥기 해석에 대단히 의존하고 있으며, 따라서 주관적 느낌과 개인적 기호가 상당히 높게 작용하고 있다.[66]

그로 인해 아우구스티누스(Augustinus)가 자신의 성서 해석학과 방법론 교육에 대한 서문에서 이미 언급한 문제가 주목되었다. **"하나님의 선물"**(*divino munere*)로 주어진 거룩한 문서에 대한 이해는 "규정이

---

65   Saur, Weisheitsliteratur, 81.
66   O. Eißfeldt, Einleitung in das Alte Testament, [4]1976, 616.

없지만," 그것과 구별되게 방법론적으로 숙고된 문서해석의 형태는 **"명확한 규정대로"**(*praecepta*) 진행된다.[67]

위에서 폰 라트의 신학과 연관되어 거론된 가다머의 해석학은 동일한 방향을 지향한다. 이 해석학은 순수하게 방법론적 형태에 비판적인 것은 아니며, 오히려 "학문적 방법론으로 제어할 수 있는 영역을 뛰어넘는," "진리에 대한 경험"을 인지하도록 시도한다.[68] 욥기와 연결되어서 그것은 다음과 같다. 만약 적지 않은 해석자들이 욥기, 특별히 하나님의 말씀은 결국 욥기에서 공론화된 문제에 대해 어떠한 해결책도 제시하지 않는다고 주장한다면, 이 책의 중심 역할은 분명 다른 것으로 이해된다는 것을 암시한다. 욥은 그에게 주어진 하나님 계시에 대해 진술하며, 그로 인해 갈등이 종결되었음을 설명한다.

한 해석자가 이러한 해결책을 이해할 수 있는지 그리고 욥에게 주어진 문제 해결을 위한 시발점을 이해할 수 있는지는 전혀 다른 문제이다. 여하튼 욥기는 논리적 난항의 상태로 종결되었다.[69]

욥기에 대한 이해는 명백하게 경험과 전문지식을 전제하는데, 그것들은 순수한 해석학적 방법론 레퍼토리를 능가한다. 유익한 정보를 제공하는 이 책의 편집자는 다음과 같이 진술한다. "욥기와 그 해석자들"은 그러한 인식을 가지고 있었던 것으로 보인다.

성서학 분야로 분류될 수 있는지에 대해 고려되지 않은 세 주제들,

---

67 Augustinus, De doctrina christiana, prooem. 4 (Textausgabe: Sant'Agostino, L'istruzione cristiana [lat./ital.], a cura di Manlio Simonetti, Fondazione Lorenzo Valla 1994/2000). 덧붙여서 참조하라. L. Schwienhorst-Schönberger, Erleuchtungserfahrung und Schriftverständnis, in: P. Lengsfeld (Hg.), Mystik-Spiritualität der Zukunft. Erfahrung des Ewigen, 2005, 251-264.

68 Gadamer, Wahrheit und Methode, 1.

69 덧붙여서 참조하라. L. Schwienhorst-Schönberger, Ein Weg durch das Leid. Das Buch Ijob, 2007.

즉 "히브리어와 헬라어 욥기의 역사적 맥락," "성서 문학사적 맥락에서 욥기," "영향사와 수용사"라는 주제들 이외에도 네 번째 부분이 다음과 같은 표제로 등장한다. "신학, 종교학, 철학 그리고 심리학 분야에서 관찰되는 실제적 문제로서 욥기 주제"를 언급할 수 있는데, 여기에서는 비해석학자들도 의견을 피력한다. 마찬가지로 많은 다른 학문 연구에 개방적인 태도를 취하는 것은 성서 본문의 해석사와 영향사에서 고려되는 것처럼 성서학의 실상에 속한다.

9. 두 번째 결론

욥기 생성사에 대해서 결정적인 것은 아직 언급되지 않은 것처럼 보인다. 새로운 논문들은 신뢰되어왔던 모델들에 대해 문제를 제기하며, 전적으로 고려할 만한 대안에 도달했다. 최근 연구에서 욥기가 성서의 다른 문서들 그리고 전통들과 다양하게 관련되고 있음이 일반적으로 제시되었다.

성서의 지혜를 이해하기 위해 선호되고 있는 오늘날의 모델은 특별히 욥기와 연관성을 연구하기 위한 도움을 제공하는데, 왜냐하면 다양한 주장에 대한 논의가 욥기 자체에서 실현되고 있기 때문이다. 물론 욥기의 마지막에는 "우세한 의견이 없는" 논의를 종결시키는 음성이 등장한다. 욥은 드디어 인식하게 되었다("내가 알았다," 욥 42:2). 따라서 현재 논의에서 선호되고 있는 모델에 대해서도 문제가 제기되는데, 만약 "말이 모두 끝났다면"(참조, 욥 31:40), 여러 의견 중에서 **하나**는 진실된 것으로 선언되지 않았을까 하는 의문이 제기된다.

10. 아가서(Hohelied/Canticum)

흥미로운 발전이 아가서에 대한 가장 최근 연구에서 관찰된다. 아가서는 19세기와 20세기 구약성서신학에서 아무런 역할도 하지 못했다. 렌토르프(Rolf Rendtorff)가 제시한 구약성서신학의 "정경적 초안"은 물론 "아가서 본문에서 어떠한 직접적인 신학적 의미"도 얻을 수 없었다. 아가서는 "하나님에 대하여 혹은 하나님에 대한 인간의 행동에 대해서 서술하지도 않으며, 또한 간접적으로 언급하지도 암호화하지도 않았다. 아가서는 오히려 인간에 대해서, 특히 남자와 여자 그리고 그들 사이의 관계에 대해 진술한다."[70] 그러나 교부들의 해석과 중세의 해석은 전혀 다른 것으로 보인다. 아가서는 그들에게 가장 빈번하게 해석된 성서에 속한다.

완전히 다른 신학의 강조점은 근본적으로 상이한 이해에서 기인한다. 기독교 전통은 유대교와 마찬가지로 아가서를 영적-알레고리적 의미를 지닌 책으로 이해하며, 백성에 대한 하나님의 사랑을 보여주는 것으로 관찰했다. 이러한 해석은 기독교 전통에서 세 가지 주요한 흐름으로 전개되었다.

즉, 교회론적, 신비주의적 그리고 마리아 신학이 그것이다. 알레고리적 해석의 형태는 최근에 계속해서 와해되고 있는데 아가서뿐만 아니라 특히 구약성서와 관련되어서 전반적으로 나타나고 있다. 킬(Othmar Keel)에 따르면 아가서를 알레고리적으로 이해하는 것은 "본문을 세련된 형태로 경멸하는 것에 지나지 않는다. 그 본문은 마치 대단히 많은 짐을 나르고 있음에도 불구하고, 그 자신은 어떠한 의견이

---

70 R. Rendtorff, Theologie des Alten Testaments. Ein kanonischer Entwurf, Bd. 2, 2001, 246.

나 중요성도 전혀 갖지 못하는 당나귀와 같다."[71]

수년 전까지 이러한 이해가 해석학적 일치를 이루었다. 일례로 만약 뮐러(Hans-Peter Müller)가 다음과 같이 서술하고 있다면, 그것은 이러한 의견의 일치를 전제하는 것이다.

유대교와 기독교에서 몇 백 년 동안 지배해왔던 해석을 대신해서 특별히 개혁적 문서이해로 인해 아가서와 같은 개별 본문을 사랑에 대한 노래로 이해하는 문자적 혹은 본래적 해석이 관철되었고, 그 결과 이러한 해석의 정당성에 대한 것도 불필요하게 되었다.

뮐러는 "가공적 알레고리 해석의 전반적인 좌초"를 선언하며, 그것에 더 이상 어떠한 관심도 기울이지 않는다.[72]

최근 연구에서 근본적인 변화가 드러난다. 덧붙여서 이미 자코비치(Yair Zakovitch)의 주석서에서도 단초들이 확인된다.[73] 그는 아가서는 본래 의미로 볼 때 결코 알레고리가 아니며, 오히려 **전승된 성서 맥락에서** 볼 때 알레고리적 이해를 위한 다양한 연결점을 제시한다는 주장을 대변한다.

---

71 O. Keel, Das Hohelied, ZB AT 18, 1986, ²1992,40.

72 H.-P. Müller, Das Hohelied, ATD 16/2, 1992, 8.

73 Y. Zakovitch, Das Hohelied, HThK AT, 2004. 아가서에 대한 정신적-알레고리적 이해를 새롭게 평가하는 이전 시도들에 대해서 무엇보다 불어권 연구가 거론된다. A.-M. Pelletier, Lectures du Cantique des Cantiques. De l'énigme du sens aux figures du lecteur, AnBib 121, 1989; A.-M. Pelletier, Petit bilan herméneutique de l'histoire du Cantique des Cantiques, Graphé 8 (1999), 185-200. J.-P. Sonnet, »Figures (anciennes et nouvelles) du lecteur«. Du Cantique des Cantiques au Livre entier, NRT 113 (1991), 75-86; J.-P. Sonnet, Le Cantique, entre érotique et mystique: sanctuaire de la parole échangée, NRT 119 (1997), 481-502. J. de Ena, Sens et interprétation du Cantique des Cantiques, Sens textuel, sens directionnell et cadre du texte, LD 194, 2004. P. Beauchamp, L'un et l'autre testament. Vol II: Accomplir les Écritures, 1990.

> 아가서의 많은 노래들은 수수께끼 혹은 비유적 특징을 함유한다. 그러므로 독자는 다양한 의미를 고려해야 한다…성서 문헌은 알레고리에 생소하지 않다…예를 들어, 에스겔 예언들에는 알레고리적 요소들이 넘쳐난다…가시적으로 경험될 수 있는 것을 매개로 초월적인 어떤 것을 구현했다는 점에서 비유와 환상은 알레고리의 특성이다…아가서에서 신적 표현이 완전히 누락되었다는 점은 역설적으로 하나님과 이스라엘에 대한 표현으로 본문을 해석하는 것을 용이하게 만든다. 환언하면 만약 남성적 주연 인물(신랑, 목자, 왕)과 함께 곳곳에서 하나님이 언급된다면, 중요한 역할을 하는 남성 주인공은 더 이상 하나님과 동일시 될 수 없을 것이다. 이것은 오히려 하나님이 전혀 언급되지 않음으로써 가능하다…무엇보다 아가서를 알레고리적으로 해석하기를 요구하며 지지하는 것은 성서에서 하나님과 이스라엘 관계에 대한 표현이 동일한 용어와 비유, 즉 아가서에서 사랑받는 자와 그의 여자 친구 관계를 묘사하는 것과 동일한 용어와 비유로 서술되고 있다는 사실이다. 이사야 5:1-7의 포도원 노래는 아가 8:11-12의 포도원 노래를 사용하고 있으며…그것을 하나님과 이스라엘 관계를 나타내는 것으로 해석했다…이러한 예는 아가서가 문학적으로 고정되기 이전에 이미 사랑의 노래가 알레고리적으로 해석되었음을 명백하게 보여준다.[74]

킬(Othmar Keel)과 그 밖의 학자들이 아가서는 정경으로 수용된 이

---

74 Zakovitch, Hohelied, 94-95.

후에야 비로소 알레고리적으로 해석되었다는 것을 전제한다면, 그와 달리 자코비치는 정경으로 수용되기 위해 이미 알레고리적 해석이 선행되었음을 변론한다. 그와 동시에 그는 아가서가 최종편집되는 과정에서 알레고리적 해석이 이미 "도처에서 고려되었음"을 추정했다.[75]

아가서에 대한 최근 연구들 중에서는 한 단계 진일보 한 것도 관찰된다. 게르하르츠(Meik Gerhards)는 교수자격논문(Habilitationsschrift)에서 아가서가 작품의 미학적(produktionsästhetisch) 의미에서 상당히 개연성 있게 알레고리로 이해되어야 한다고 주장했다.[76] 그로 인해 최근 해석에서 보편적으로 인정된다고 평가되었던 것이 문제시되었다. 게르하르츠에 따르면 많은 연구들은 아가서를 알레고리적으로 이해하는 것은 이미 아가서의 저자를 통해 의도되었음을 보여준다.

알레고리적 해석이 확장되는 것을 거부하는 것은 물론 통상적으로는 역사비평이 이러한 질문과 관련하여 다른 어떠한 선택도 허락하지 않는다는 요구와 함께 등장한다. 실제로 역사비평은 헤르더(Herder)의 미학에 대한 그리고 독일 고전에서 정당화된 알레고리적 문학 작품에 대한 의구심과 결부되었을 것이다. 게다가 역사비평은 알레고리적 이해가 전적으로 임의적이며 본문의 애로틱한 특성을 승화시키거나 또는 무디게 만드는 것을 지향한다는 선입견에 영향을 받았을 것이다.[77]

게르하르츠의 주장은 다음과 같다.

> 아가서가 한 저자에 의해 종교적 알레고리로 작성되었다는

---

75   위의 책, 97.

76   M. Gerhards, Das Hohelied. Studien zu seiner literarischen Gestalt und theologischen Bedeutung, ABG 35, 2010.

77   위의 책, 531.

가정은…역사비평적관점에서 볼 때 가장 근거있는 가설로서 문학 작품에 대한 기본적인 이해를 위해서도 통용된다.[78]

게르하르츠는 통일성있게 구상된 이 작품을 셀류코스 시대(Seleukidenzeit-대략 주전 2세기 정도)의 종교-알레고리적 문학으로 이해했으며, 계속해서 그는 이 작품이 "교화와 위로의 책으로서 당대 사람들에게 희망을 주기 위해, 환언하면 결혼의 비유를 통해 약속되고 고대하는 이스라엘 재건을 하나님이 실행할 것이라는 희망을 위해 작성되었다"고 말한다.[79] 게르하르츠는 정신사적인 것으로 제한되기는 했지만, 알레고리적 해석에 대한 불확신과 선입견에 관심을 가졌다.[80] 동시에 고전 미술에 대한 이해가 중요한 역할을 하는 것으로 보인다. 초기 역사비평적성서학의 영역에 속한 독일 고전에서 보았을 때 알레고리는 상투적인 은유(Metaphern) 그리고 비유(Bildfelder)와 연결됨으로써 명백하게 평가절하 되었다. 게다가 게르하르츠는 두 선입견, 다시 말해 알레고리적 해석은 자의적이며 본문의 애로틱한 특성을 완화시키려는 것을 지향한다는 것을 거부한다.

마지막으로 그는 아가서에 대한 최근 해석을 비평적으로 시종일관 진행했고, 몇 가지 것에 대하여 근거가 없지 않은 의혹, 즉 "그것들은 현대적인 문제제기와 몇 가지 입장들을 아가서에 투영하였다"는 것을 표현하였다.[81]

---

78 위의 책, 532.
79 위의 책, 542. 주목할 만한 것은 최근에 R. Heckl이 제시한 것처럼, 유사한 욥의 인물에 대한 해석과 평행한다는 것이다(위에 언급한 "욥"에 대한 상론을 참조하라).
80 위의 책, 442-448.
81 위의 책, 462.

게르하르츠는 성(Sexualität)과 에로틱(Erotik)이 대단히 높은 수준의 독특한 문화로 각인되었다고 지적한 푸코(Michel Foucault)의 분석을 환기시킨다. 카(David Carr)와 니시넨(Marti Nissinen)은 종교적 영역과 에로틱-성적 영역을 분리하는 것이, 그러한 분리가 오늘날 사회집단에서 널리 퍼져 있는 것처럼, 고대 문화에서 절대적인 것으로 전제되어서는 안 된다는 점을 주지시켰다. 이러한 맥락에서 니시넨은 "신-인성은유(göttlich-menschliche Geschlechtsmetapher)를 통해 확고하게 된 정신세계를 언급하는 것"은 적절하다고 평가한다.[82]

그에 따르면 이러한 비유는 메소포타미아 본문들뿐 아니라, 아가서 그리고 그것의 해석사에서도 등장한다. "고대 근동은 '신-인성은유'를 알고 있었기 때문에, '현대적 서양 학자들'은 고대 근동적 사랑의 시문학이 종교적인 동시에 비종교적으로 이해될 수도 있다는 것을 유의해야만 한다."[83]

계속해서 니시넨은 다음과 같이 서술한다.

> 사랑의 시문학은 고대 근동에서 다양한 상황 가운데 노래되었고, 마찬가지로 그것은 각각의 필요에 따라 다양하게 해석되어 나타났다. 또한 아가서는 이미 초기에 종교적 의미로 해석되었으며, 엄밀히 말해 다른 방식의 해석에 대한 어떠한 명확한 증거도 우리에게는 주어져 있지 않은 실정이다.[84]

---

82 Gerhards, Hohelied, 473에서 인용되었다. M. Nissinen, Die Heilige Hochzeit und das Hohelied, in: lectio difficilior. Europäische elektronische Zeitschrift für Feministische Exegese, 9 (http://www.lectio.unibe.ch/06_1/nissinen_hochzeit.htm).
83 Gerhards, Hohelied, 473.
84 Nissinen, Heilige Hochzeit, 9.

문학 이론적 사고(思考)에서 유래한 바텔무스(Rüdiger Bartelmus)의 고찰은 유사한 방향성을 지향한다. 그는 아가서를 "알레고리적 vs 문자적"으로 대립시켜 해석하는 것을 곡해하는 것으로 평가했다. 바텔무스의 관점에 따르면 "고도의 시문학, 풍부한 비유적 용어로 각인된 노래를 엄격하게 문자적으로 읽는 것"은 전혀 불가능하다.

> 게다가, 아가서가 정경으로 수용되지 않았을 수도 있었다는 것을 피하기 어렵다. 명백하게 에로틱하게 사용된 신체와 결부된 용어를 신학적으로 이해하는 가능성, 환언하면 하나님과 결부된 것으로 이해할 수 있는 가능성은 증명될 수 없었을 것이다.[85]

게르하르츠는 이와 같은 유사한 고찰들을 수용하여 결국에는 알레고리적 해석에 대한 구약성서적 전제들에 열중했다. 그는 하나님과 백성의 관계를 부부관계라는 비유로 표현한 본문들을 제시했다. 호세아 1-3; 14:5-9; 이사야 54:4-8; 61:10-11; 62:1-12 등이다. 이 본문들에서는 특별히 하나님과 백성의 관계가 포로기이후에 새롭게 되는 것이 주제로 다루어졌다. 이런 맥락에서 시편 45편은 중요한 역할을 한다. 이 시편은 작품의 미학적 의미에서 볼 때 알레고리로 이해될 수

---

85 Gerhards, Hohelied, 473-474에서 인용되었다. R. Bartelmus, Von jungfräulichen Huris zu »pflückreifen Trauben« (C. Luxenberg) 혹은: Vom myrrhegetränkten Venushügel (Hld 4,6) zur Kirche als Braut Gottes. Überlegungen zur Möglichkeit einer theologischen Lesung des Hohenliedesausgehend vom Phänomen der Polyvalenz semitischer Lexeme, in: F. Hartenstein/M. Pietsch (Hg.), »Sieben Augen auf einem Stein« (Sach 3,9). Studien zur Literatur des Zweiten Tempels (Festschrift Willi-Plein), 2007, 21-41, 21.37.

있다. 이 본문은 포로기 재앙 이후에 새롭게 인식되며 기대되는 하나님과 백성의 사랑에 대한 관계를 다룬다.[86] 시편 45편과 아가서 본문 사이에는 모티브적 관련성뿐 아니라 용어 시리즈의 관련성도 존재한다.

게르하르츠는 이러한 모든 관찰들을 통해 다음과 같이 평가했다.

> 따라서 포로기와 이방 통치 이후의 예언 본문 시리즈에서 이스라엘의 부흥이 결혼 비유로 나타났고, 동시에 그것은 명백하게 각각 야웨와 이스라엘 또는 야웨와 예루살렘의 관계성을 다루고 있다. 그러므로 이 본문들은 고대 근동적인 신인(神人) 성은유의 독특성을 묘사하는 비유를 현실화시키고 있다. 특별한 분야에서 볼 때 이 의미는 이스라엘의 부흥에 상응하는 것으로서 결혼을 통해 하나님과 관계를 새롭게 하는 것이며, 동시에 이 결혼 의미는 비유적으로 등장한다.[87]

따라서 게르하르츠의 주장은 다음과 같다.

> 본문을 근거로 보았을 때, 어떤 것도…교회라는 틀에서 종교적-알레고리적 심지어는 기독론적으로 사용하는 것에 이의를 제기하지 않는다.[88]

최근 아가서 해석에서 흥미로운 발전이 관찰된다. 시종일관한 역

---

86 그것은 11-16절을 통해 확장된 것으로 보이며, 이러한 의미로 쳉어는 해석했다 E. Zenger, in: E. Zenger/F.-L. Hossfeld, Die Psalmen, NEB, 1993, 278-284.
87 Gerhards, Hohelied, 503.
88 위의 책, 543.

사비평적관점으로부터 오래된 해석사에 대한 시각이 새롭게 개진되었다. 그것은 이후 논의가 어떻게 진행될 것인지를 관망하며 정체된 상태이지만, 엄청난 반응이 예상된다.[89] 그 이면에는 중요한 방법론적 그리고 해석학적 변화가 존재한다. 장르 비판적(Gattungskritisch) 그리고 장르사(gattungsgeschichtlich)에 대한 질문은 감퇴되며, 본문의 상호 연관적-정경적(intertextuell-kanonisch) 읽기가 전면에 부각된다.

게다가 동일한 경향이 새로운 시편 해석에서도 인지된다.[90] 따라서 예언서들이 야웨와 이스라엘의 관계를 부부 간의 사랑이라는 은유로 표현한다는 관찰은 상반된 것으로 평가될 수 있다. 킬과 "문자적" 이해를 대변하는 자들에게 있어서 이러한 은유는 다음과 같다.

> 예언 문헌에서 전형적인 것이며, 엄격하게 예언 문헌에 제한적으로 사용되었다. 하지만 아가서는 항상 지혜 전승의 일부로 전해졌다.[91]

아가서를 문서의 맥락, 다시 말해 "정경적"으로 이해하는 사람에게 예언자의 부부 은유는 아가서 이해를 정립하는 맥락에 속한 것으로 평가된다.[92] 주목할 만한 것은 해석학적으로 독특한 신앙적 한계들이

---

89 참조, 이미 T. Staubli, Altorientalische Bildquellen als Schlüssel zur erotischen Metaphorik des Hohenliedes, in: U. Jung-Kaiser (Hg.), Das Hohelied. Liebeslyrik als Kultur(en) erschließendes Medium?, 2007, 27-42, 그리고 그것에 대한 대응으로 Gerhards, Hohelied, 25.

90 연구사에 대한 조망으로 참조하라. E. Zenger, Psalmenexegese und Psalterexegese. Eine Forschungsskizze, in: E. Zenger (Hg.), The Composition of the Book of Psalms, BETL 238, 2010, 17-65.

91 Keel, Hohelied, 15-16.

92 참조, L. Schwienhorst-Schönberger, Das Hohelied und die Kontextualität des

어떻게 해결되는가이다. 로스톡(Rostock) 대학의 한 개신교 구약학자는 아가서의 알레고리 해석을 복권시켰고, 로마에 소재한 교황성서연구소의 한 가톨릭 해석학자는 "자연스러운" 이해를 옹호했다.

바비에로(Gianni Barbiero)는 알레고리적 해석을 복원시키기 위하여 새로운 시도를 했지만, 그는 예나 지금이나 알레고리적 이해를 본질적인 것이 아니라고 평가했다.

> 내 의견에는 알레고리적 독법이 훌륭하기는 하지만, 그것은 본문의 **영향사**(*Wirkungsgeschichte*)에 속한 것이지 본문 자체에 속한 것은 아니다.[93]

바비에로는 아가서에 대한 "정신적" 그리고 "언어적" 해석을 예리하게 구분하는 것을 상대화시키려했다. 결국 그는 중간적인 입장을 취했다.

> 단일한 실재 안에서 병존하는 두 측면으로서 두 가지 의미를 재구성할 필요는 있다. 아가서는 알레고리가 아니라, 고차원적인 것을 보여주는 은유이고 상징이다…따라서 신학적 차원은 알레고리적 해석을 기반으로 아가서에 첨가된 것이 아니

Verstehens, in: D. J. A. Clines/H. Lichtenberger/H.-P. Müller (Hg.), Weisheit in Israel. Beiträge des Symposiums »Das Alte Testament und die Kultur der Moderne« anlässlich des 100. Geburtstags Gerhard von Rads (1901-1971), 2003, 81-91.

93 G. Barbiero, Song of Songs. A Close Reading, SVT 144, 2011, 39. 이것은 개정판이며 본래 이탈리아어로 출판된 서적을 영어로 번역한 것이다. Cantico dei cantici, I Libri Biblici, Primo Testamento 24, 2004. 2010년에 출간된 게르하르츠의 교수 학위 논문에 대해서 그는 아직 관심을 기울이지 않았다.

> 라, 오히려 문자 자체에서 나타나는 고유한 특징이다. 그것은
> 신학적 지평을 함유하는 아가서 노래의 문자적 의미이다.[94]

바비에로는 아가서의 신학적 지평을 추론하기 위해 구약성서의 다른 책들과의 상호연관성을 핵심적인 것으로 다룬다. 우리는 고찰된 해석학적 방법론의 본질적 요소로 관철될 수도 있는 최근 해석의 경향에 새롭게 직면하게 된다. 정경적 **상호연관성**(*Intertextualität*).

> 아가서의 신학적 지평을 회복하는 가장 확실한 방법은 그것
> 을 통전적 성서, 특별히 구약성서의 배경에서 읽는 것인데,
> 그것은 현대 연구에서 무시되어 왔던 접근법이다.[95]

만약 킬이 다음과 같이 서술했다면, 동의될 수도 있을 것이다. "아가서를 성서의 맥락에서 벗어난 다른 관계에서 관찰하려 하는 자는 망설이지 말고 사랑의 노래 모음집을 볼 필요가 있다." 물론 뒤이어서 나타나는 관계문장("그것은 본래부터 소책자 이었다")에 동의될 수 있는지는 의문시된다.[96]

여하튼 유대교와 기독교는 아가서를 임의적인 맥락이 아니라, 오히려 성서의 맥락에서 이해했다는 점이 고려되어야 한다. **이러한** 관계를

---

94 위의 책, 41-42. Stefan Fischer도 이런 의미로 해석하였다. Stefan Fischer, Das Hohelied Salomos zwischen Poesie und Erzählung. Erzähltextanalyse eines poetischen Textes, FAT 72, 2010, 244-245.

95 Barbiero, Song, 42. 그는 (애굽을 포함하는) 고대 근동과 헬레니즘적 사랑의 시를 배경으로 이해될 수 있는 "본질적 의미"와 구약성서 책들과 상호연관성으로 인해 주어지는 신학적 의미를 구별한다. 참조, 위의 책, 44: "동시에 구약성서의 다른 책들과 상호연관성은 신학적이며 정경적인 지평을 우리에게 허락한다."

96 Keel, Hohelied, 9.

통하여 아가서는 개별 본문으로서, 혹은 다른 맥락에서는 관찰되지 않는 것을 발전시켰다는 점에서 중요한 의미를 갖게 되었다. 그로 인해 우리는 새롭게 문서로서 정경에 직면하게 된다. 엄격하게 역사비평적으로 진행된 해석은 구약성서의 지혜문헌이 맥락을 통해 전승되었다는 통찰로부터 벗어날 수 없다.

요약

본래 "삶의 자리"(Sitz im Leben)에 대한 질문에서 "문헌의 자리"(Sitz in der Literatur)에 대한 질문으로 넘어가는 구약성서에서 일반적으로 인지되는 경향이 구약성서의 지혜문학에 대한 연구에서도 관찰된다. 상호본문성으로 정렬된 그리고 "성서 내부적 해석" 모델을 지향하는 연구들을 통해서 통상적으로 지혜문학으로 관찰되는 책들과 서술적, 시문학적, 제의적, 예언적 그리고 법적 전승들 사이의 연결이 강하게 부각되었다. 현대 초기 해석에서 **"문서의 통일성"**(unitas scripturae)으로 사용된 것이 이후에 본래에는 장르사(gattungsgeschichtlich)적으로 실행된 해석이 우세하게 되면서 효력을 상실하였고, 현재에 변화하는 방법론적 그리고 해석학적 전제들로 인해 **다중적 담론의 범주**(polyphoner Diskursraum)로 이해되는 것이 새롭게 등장하고 있다.

이전역사에서 이후역사로:
문서-상호본문성-수용에 나타난 문서해석

이름트라우트 피셔(I. Fischer)
그라츠대학교 교수

    역사비평 방법론은 성서 본문의 **이전**역사(*Vorgeschhte*)에 대해 관심을 갖고 있다. 그러한 방식으로 역사비평 방법론은 지난 수세기 동안 적어도 개신교의 상황에서 볼 때 해석학 학문을 지배해왔다.
    제2차 바티칸공의회(Das II. Vatikanische Konzil: 1962-1965년까지 열린 로마 가톨릭 공의회-역주) 이후에 가톨릭 성서 해석에도 공식적으로 수용되어 거의 완벽하던 이와 같은 지배적 방법론은 최근 30년 동안에 파기되었다. 특히 문헌학을 기반으로 하는 수많은 새로운 단초들이 해석 방법과 관련하여 합법적인 정경으로 나아가는 접근법으로 수용되었기 때문이다.
    최근 20년 동안에 대부분의 영역에서 지금까지 거의 연구되지 않았던 본문의 **이후**역사(*Nachgeschichte*)로 관심이 전환되었다는 특징이 관찰된다. 성서 본문과 주제를 해석하는 고전적인 역사 연구는 내부적으로 "연구사"(Forschungsgeschichte)라는 표현보다, 오히려 그때까지만 해도 "영향사"(Wirkungsgeschichte)라는 표현으로 귀속되었다. 영향사로 이해되는 고전적 역사 연구는 사람들이 충격을 받을 수도 있음에도 불구하고[1] 성서가 명백하게 영향들을 드러내고 있다는 현상을 규명하는 것이다. 이러한 영향들은 아주 분명하게 성서 본문의 의미와 상충될 수도 있다.

이러한 딜레마에서 수용미학적인(rezeptionsästhetisch) 단초들은 관점의 전환으로 귀결되었다. 왜냐하면 이러한 단초들은 본문을 수용하는 자들의 출발점이 되었으며, 따라서 그들은 역사적 해석을 "옳은" 혹은 "잘못된" 해석으로 판단한 것이 아니라, 오히려 그러한 본문 해석이 나타나게 된 상황, 즉 "수용"을 유발할 수 있었던 사회문화적 그리고 역사적 상황에 대해 질문하며, 그 상황을 신학사적 그리고 사상사적 맥락에서 이해하려 시도했다. 제한된 지면에서 관련된 연구사[2]를 충분히 서술하는 것은 불가능하게 때문에, 본 논고는 수용사의 현상에 대해 단지 짤막한 조망만을 할 수 있을 것이다. 최근에 심도 있게 진행된 논의를 고찰하여 본 논고는 해석의 전반적인 과정을 주석서와 같은 서적을 통해서뿐만 아니라 그 밖에도 그림, 음악 그리고 다른 신학적 맥락을 통해서 수용사적으로 파악하려 시도할 것이다.

---

1 참조, 덧붙여서 창 6:1-4 해석은 대략 일천의 사람, 특히 여성에게 사형을 선고하는 영향을 끼쳤는데, 이 선고문은 초기 시대(중세 시대-역주)의 마녀 재판에서 꿈에 나타나는 처녀 귀신(Sukkubus) 이론과 마녀와 정을 통하는 악마(Inkubus)에 대한 이론으로 사용되었다. D. Corsi, Le donne, la Bibbia e la demonologia del Quattrocento, in: A. Valerio/K. E. Børresen (Hg.), Donne e Bibbia nel Medioevo (sec. XII-XV), Bibbia e donne 6.1, 2012, 109-129; 또는 시편 109편이 죽음을 위한 기도에 사용되었다. E. Zenger, Psalm 109, in: F.-L. Hossfeld/E. Zenger, Psalmen 101-150, HThK, 2008, 176-195, 195.

2 "상호본문성"(Intertextualität)이라는 용어의 기원 그리고 그것이 해석학으로 전용과 수용되는 것을 파악하는 데 도움이 되는 조망을 C. Rakel의 박사 학위 논문이 제공해준다. C. Rakel, Judit-Über Schönheit, Macht und Widerstand im Krieg. Eine feministisch-intertextuelle Lektüre, BZAW 334, 2003, 8-40. 상호본문성 개념과 수용 개념을 유대적 문서해석이라는 전통과 연결시키는 것에 대해서 보라. M. Grohmann, Aneignung der Schrift. Wege einer christlichen Rezeption jüdischer Hermeneutik, 2000, 1-129.

그 결과 해석사에서부터 성서학적 문제제기까지가 연구사에서 언급될 수 있으며, 이 주제와 관련된 이외의 모든 논의들은 수용사보다도 훨씬 더 잘 파악될 수 있을 것이다. 이러한 개념으로 보아 성서 내부의 문서해석(Schriftauslegung)이라는 현상은 특별케이스로 취급되어야 할 것이 아니라, 오히려 (정경)본문의 해석이라는 긴 역사의 시작으로 이해될 수 있다. 이러한 성서 내부의 문서해석이 특별한 위엄[3]을 얻게 되는 순간부터, 이 문서해석은 더 이상 개정되지 않고 오히려 해석되었다.

세 번째 정경 부분인 케투빔(Ketubim-성문서를 말한다-역주)에서 발견되는 실례들을 보았을 때 본문, 주제, 모티브 혹은 상투적 문구들이 성서 내부적으로 수용되었을 뿐 아니라 성서 이후의 수용사에 대한 몇몇 소수의 관점들이 제시된다.

1. 이전역사에서 이후역사로: 현재 연구의 패러다임들

1.1 역사비평 패러다임의 편재

역사비평이라는 명칭이 부여된[4] 출판물이 가톨릭교회에 의해 금서

---

3 오랜 수용사 기간에는 정경적, 다시 말해 더 이상 변화되지 않는 본문이 받아들여졌다(거룩한 문서[heilige Texte]의 다양한 단계에 대해서 보라. J. Assmann, Das kulturelle Gedächtnis. Schrift, Erinnerung und politische Identität in frühen Hochkulturen, C. H. Beck Kulturwissenschaft, 1992, 87-129). 이미 신 4:2와 13:1[12:32-한글 성서-역주]에 등장하는 정경 공식이 그것을 알려준다. 이 공식에 따르면 첨가와 삭제가 금지되지만, 동시에 주석을 장려한다.

4 R. Simon, Histoire critique du Vieux Testament, 1678; 이 시기의 연구사에 대해서 보라. H.-J. Kraus, Geschichte der historisch-kritischen Erforschung des Alten Testaments, [2]1969, 65-70.

목록에 포함된 이후에, 이미 유대적 중세 시대에 밀려들었던 그리고 인본주의를 통해서 지속되었던 성서를 역사적으로 연구하려는 시도는 개혁을 경험한 교회의 연구 분야에서 한결같이 실행되었다. 가톨릭교회는 시간이 갈수록 점점 더 역사비평해석학이라는 패러다임을 거부할 뿐 아니라, 결과적으로 문서해석의 역사비평방법을 꽃피우는 결과를 가져왔던 계몽(Aufklärung)도 거부했다.

지난 20세기 중반이 되어서 제2차 바티칸공의회의 공문서를 통하여 비로소 가톨릭교회는 역사적 연구가 당대에 가장 정교하게 발달된 도구라는 것을 공식적으로 인정했다.[5] 연구 방법이 발달된 후대에도 이러한 방향으로 학문 연구를 수행하는 것이 학습서적과 목회자 기준 방침에까지 나타난다는 점은 아이러니하다.

역사비평방법은 "제왕적 기준"(Königsdisziplin)을 통해, 즉 문학비평을 통해 성서 본문의 형성에 대한 재구성을 심도 있게 다루었다. 그러나 항상 납득될 수는 없었던 문학비평의 결론이 상이하다는 점을 이유로 역사비평방법이 비판에 직면하게 되었을 때, 가톨릭은 처음에는 이러한 방법론에 어떠한 반대 조치도 취하지 않았다.[6]

---

[5] 반면에 교의적 규정인 "하나님의 말씀"은 가톨릭교회에서는 역사 연구에 대해 개방된 가장 탁월한 문서가 아니라(참조, 1943년 백과사전 "Divino afflante Spiritu"), 오히려 덧붙여서 첫 번째로 세계적으로 보편타당성을 주장할 수 있는 가장 높은 서열에 있는 직책이다. 덧붙여서 상당한 정보를 제공해 주는 것으로 보라. J. Marböck, Von der Dynamik des Wortes. Stationen, Erfahrungen und Begegnungen in einer »Expedition Bibel«, Bibelwerk Linz, 10 Jahre Bibelausstellung (Puchberg 21.10.2011).

[6] 일례로 나의 선생인 Erich Zenger의 박사 학위 논문에는 문학비평이 과도하게 수행되었다고 볼 수 있다. E. Zenger, Israel am Sinai. Analyse und Interpretationen zu Ex 17-34, 1982. 마찬가지로 Neue Echter Bibel처럼 목회자를 고려한 주석서 시리즈들은 본문의 형성에 관한 문학비평적 재구성을 바티칸공의회 이후 시기에 최우선적인 것으로 제시하였다. 하나의 예로 참조하라. R. Kilian, Jesaja 1-12, NEB, 1986.

본문의 시대가 결코 질적 기준(Qualitätskriterium)이 될 수 없다는 점이 문학비평 방법에서 항상 지적되었음에도 불구하고, 본래의 말, 가장 오래된 본문, 게다가 부분적으로 구두적인 전(前)단계를 재구성하는 것에 관심이 집중되었다. 따라서 문학비평적 발전 속에서 역사비평적연구는 편집과 구성에 대해 경멸하게 되었다. 왜냐하면 편집과 구성은 해명될 수 없는 과정이며, 새로운 것을 생산함으로써 오히려 혼란을 야기시킬 수 있기 때문이었다.

최종 본문은 추가적 생산물로 평가되었다. 최종 본문과 관련해서 볼 때 연구되어야 할 본문 발전의 최종 단계로 이해되는 정경화된 본문에는 대부분 의도된 만큼의 관심이 주어지지 않았다.

그것과 평행하게 신학 전반적인 것에 치명적인 영향을 끼치는 해석학과 성서신학이 와해되기 시작했다. 성서신학은 단지 몇몇 소수의 재능 있는 신학자들을 통해서만 이해될 수 있었고,[7] 그들은 아주 제한적이긴 하지만 전체 신학적인 관점에서 충실하게 이행된 해석을 그 밖에 다른 분야들과도 연결할 수 있었다.[8]

1.2 20세기말부터 나타난 연구사적 전환

역사비평적 연구의 확신에 대한 의문들[9]이 현저하게 증가하기 시

---

7 von Rad의 연구, 특히 그의 성서신학이 여기에서 강조되어야 한다. Gerhard von Rad, Theologie des Alten Testaments, Bd. I., [7]1978, Bd.II., [6]1975.

8 I. Fischer와 B. Janowski가 발행한 Jahrbuchs für biblische Theologie의 기념논문집이 'Wie biblisch ist die Theologie?'라는 제목으로 2011년 출판되었다. 이 논문집이 위의 문제를 집중적으로 다루고 있다. I. Fischer/B. Janowski, Wie biblisch ist die Theologie? JBTh 25 (2010).

9 야위스트 초기 연대 설정을 거부함으로 인해 "기반이 흔들리는 상황"에 대해서 보라. F. V. Winnet, Reexamining the Foundations, JBL 84 (1965), 1-19; J. van

작한 이후에 나타난 발전이 전혀 논쟁 없이 진행된 것은 아니다. 한편으로 19세기 동안에 그리고 20세기 초반에 역사비평방법을 고수하려는 입장과 다른 한편으로 본문의 기원에 대한 각각의 질문들을 완전히 거부[10]하려는 양극단의 입장은 역사적으로 보았을 때 비판과 갈등이 끊이지 않았고, 때때로 교차점이 확인되지 않음에도 불구하고,[11] 그 사이에 상당히 희박하게 관찰된다.

회고해 보면 다음과 같은 것이 논쟁의 긍정적 결과로 확인된다. 개별 성서 문서의 배경으로서 정경 그리고 정경이 되는 과정에서 최종 본문은, 불확실하게 재구성된 최종 본문의 이전 단계를 대신하여, 강하게 시야로 들어오게 되었다. 계속해서 역사비평적 방법으로 잘 완성된 서적들에서 최종 본문은 물론 역사적 질문에 대한 출발점으로 수용되었다. 편집들은 대단히 중요하게 인식되었는데, 그것은 책의 경계를 넘어서는 신학적 노선을 제시할 뿐 아니라, 사회문화처럼 시기적으로 다양한 기원을 가진 본문을 결합시키고 있기 때문이다.

Seters, Abraham in History and Tradition, 1975; H. H. Schmid, Der sogenannte Jahwist. Beobachtungen und Fragen zur Pentateuchforschung, 1976. 오경 연구에서 확신이 무너진 충격은 곧바로 닥쳐왔다. 참조, E. Zenger, Auf der Suche nach einem Weg aus der Pentateuchkrise, ThRv 78 (1982), 353-362. 가톨릭 해석에 나타난 새로운 경향을 조망하는 것으로 Ch. Dohmen, Vielfältig wie die Bibel selbst. Aktuelle Tendenzen in der alttestamentlichen Wissenschaft, HK Spezial (2008), 21-25.

10 극단적인 예로 여기에 언급될 수 있는 것은 해석학적 방법론으로 시작부터 시종일관 연구를 수행한 Ch. Spaller의 박사 학위 논문이다. Ch. Spaller, "Die Geschichte des Buches ist die Geschichte seiner Auslöschung…." Die Lektüre von Koh 1,3-11 in vier ausgewählten Kommentaren. EXUZ 7, 2001. 그녀의 논문은 본문의 사회사적 자리와 저자에 대해서 전혀 질문하지 않으며, 하물며 성서 본문의 생성 배경에 대해서도 관심을 갖지 않고 있다.

11 몇 가지 명확한 것에 대해서 참조하라. L. Schwienhorst-Schönberger, Einheit statt Eindeutigkeit. Paradigmenwechsel in der Bibelwissenschaft, HK 57 (2003), 412-417.

구성적 초안들은 개별 이야기들과 모음들을 뛰어넘는 연결을 제시하고 있다는 점에서 주목을 끈다.[12] 수준 높은 출판 서적들에서는 또한 해석학과 성서신학이 대단히 근접해 있다. 왜냐하면 본문 형성, 문법 서술을 재구성하는 과정 그리고 모티브, 주제들과 전통들을 설명하는 과정에서 무언가가 유지되는 것이 아니라, 오히려 책들의 관계, 정경의 일부, 전체 히브리 성서의 전후 관계 그리고 전체 성서를 두 권으로 나눈 기독교 해석의 관점에서 최종 본문이 갖는 의미가 추구되었기 때문이다.[13] 그 와중에 텍스트학 방법들은(Textwissenschaftliche Methoden) 항상 보다 더 중요한 기능을 하게 되었다.

1.3 본문의 이후역사(Nachgeschichte)에 대한 관심

만약 우리가 역사비평패러다임을 출발점으로 삼는다면, 상호 연관된 본문이 시간적으로 병존하는 것은 문학적 의존성으로 설명된다.

---

12 여기에서는 본문을 철저하게 분석한 연구물로 Erhard Blum의 오경 연구를 언급될 수 있다. E. Blum, Die Komposition der Vätergeschichte, WMANT 57, 1984; E. Blum, Studien zur Komposition des Pentateuch, BZAW 189, 1990, 또한 정경 형성 과정의 마지막에 토라, 예언서, 지혜서를 연결하려는 시도가 있었다(덧붙여서 그것에 대해서 보라. O. Kaiser, Der Gott des Alten Testaments II. Jahwe, der Gott Israels, Schöpfer der Welt und der Menschen, UTB 2024, 1998, 18-22; 마찬가지로 I. Fischer, Gotteslehrerinnen. Weise Frauen und Frau Weisheit im Alten Testament, 2006, 204-214).

13 은혜 공식(Gnadenformel)에 관한 연구로 보라 R. Scoralick, Gottes Güte und Gottes Zorn. Die Gottesprädikationen in Exodus 34,6f und ihre intertextuellen Beziehungen zum Zwölfprophetenbuch, HBS 33, 2002.

전통,[14] 주제[15] 혹은 문학적 소재[16]를 추적하는 것은 서로의 관계성을 제시함으로써 그리고 그것들의 역사를 보여줌으로써 서술될 수 있다. 본문들이 성서에서 다시 수용되고 계속해서 다른 맥락으로 개정되어 삽입되는 이러한 현상은 "문서에 나타나는 문서해석"(Schriftauslegung in der Schrift)의 관점으로 이해될 수 있으며 유대주의에서는 이미 오래된 전통이다.[17]

최근 20년 동안에 사람들은 텍스트의 관계를 대부분 전혀 다른 해석학적 맥락에서 기원한 개념 즉, 상호본문성(Intertextualität)이라는 개념으로 해석했다.[18] 시대적 현상을 대변하는 개념이 된 이 용어가 실제로 성서 (혹은 성서 외부) 문헌과 관련성을 제시하는 것에 적합한지에 대한 논의가 심도있게 진행되었었다.[19] 상호본문성이라는 개념

---

14 예를 들어서, 새로운 상황에 적용될 수 있는 출애굽 전통: 애굽에서-포로에서 이끌어냄 (참조, K. Kiesow, Exodustexte im Jesajabuch. Literarkritische und motivgeschichtliche Analysen, OBO 24, 1979).

15 과거에 여자 조상이 출산할 수 없었다는 것은 사라, 라헬, 마노아의 아내, 한나 그리고 신약에서 엘리사벳이 아들을 출산하는 독특한 이야기의 전제가 된다. 덧붙여서 참조하라. I. Fischer, Déjà.-vu zum Erweis der Heilsrelevanz. Genderrelevante Rezeption der Hebräischen Bibel in den erzählenden Schriften des Neuen Testaments, in: M. Perroni/M. Navarro Puerto (Hg.), Evangelien, Bibel und Frauen 2.1, 2011, 74-98.

16 전쟁에서 폭정을 행하는 군주의 머리를 베는 것은 무기로 무장한 사람들을 통해 이루어지지 않았다. 그와 같은 것은 야엘, 다윗 그리고 유딧을 통해 이루어졌다(자세한 것으로 참조하라. Rakel, Judit, 228-265).

17 덧붙여서 참조하라. Grohmann, Aneignung, 164. 이 논문에서 그는 "수용에 관심을 둔 상호본문성(Intertextualität)을 유대교와 기독교 해석학 사이의 중재 모델 (Vermittlungsmodell)"로 이해한다.

18 Julia Kristeva가 이 표현을 사용하기 시작했다. 성서학에 나타난 것을 수용하는 것에 관심을 둔 해석학에서 상호본문성 이라는 개념이 중요하다는 점을 참조하라. Rakel, Judit, 8-40.

19 Th. R. Hatina, Intertextuality and historical criticism in New Testament studies. Is there a relationship? BI 7 (1999), 28-43.

에 대한 신학적-해석학적 배경을 묻고, 이 개념의 광의적 혹은 협의적 이해[20]에 대해 질문함으로써 다음과 같은 것이 명확해진다. 본문의 관련성은 더 이상 "평행 본문"으로만 취급될 수는 없다. 문서해석(Schriftauslegung)은 이미 본문의 정경화 이전에도 입증된다. 정경이 된 본문들에서 문서해석은 추가적인 특성을 갖는다. 왜냐하면 적어도 거룩한 문서가 두 번째 통독되는 과정에서 하나의 본문은 다른 하나의 본문을 해석했기 때문에, 그 본문이 성서의 어디에 있는지 그리고 이 본문이 언제 생성되었는지는 전혀 문제가 되지 않았다.

토라에는 순서가 존재하지 않는다(KohRabba 1:12)[21]는 유대 원칙은 이러한 사실을 항상 고려했다. 성서 본문의 관련성을 밝히는 것에 도움이 되는 상호본문성(Intertextualität)이라는 개념을 비평적으로 대함에도 불구하고, 그렇게 설명될 수 있는 현상은 문서해석을 위한 관심과 결코 무관하지 않으며, 본문의 관계를 신학적 노선에서 인식할 수 있는 정경적 해석학을 통해 장려된다.

원칙적으로 성서 내에서의 문서해석은 수용 현상으로 표현될 수 있다. 왜냐하면 본문, 주제, 모티브 그리고 인물상은 각각의 본문에서 더 이상 본래의 모습과 동일한 형태로 해석되지 않았기 때문이다. 오히려 그러한 본문, 주제, 모티브 그리고 인물상을 새로운 본문에서 창조적으로 사용하기 위해 개별 과정 그리고 개별 본문 단락이 수용되었다. 이러한 것은 만약 에스더상(像)이 새로운 요셉으로 구성되었다

---

20 G. Steins, Die "Bindung Isaaks" im Kanon (Gen 22). Grundlagen und Programm einer kanonisch-intertextuellen Lektüre, HBS 20, 1999, Steins는 상호본문성이라는 개념이 전적으로 (후대) 정경에 제한되어 사용된다는 이해를 대표한다.

21 보다 자세한 것으로 보라. Ch. Dohmen/G. Stemberger, Hermeneutik der Jüdischen Bibel und des Alten Testaments, KStTh 1.2, 1996, 101.

면 종종 후대에 전형적으로 언급된 문서해석의 방식으로 나타난다. 성서 본문에서는 이따금씩 상반되는 역사(Gegengeschichte)가 서술되었는데, 모르드개와 하만이 그들의 조상인 사울과 아각의 갈등(참조, 삼상 15장과 에스더)[22]을 다시 한 번 새로운 결론으로 마무리해야 했을 경우, 혹은 죄악에 빠짐으로 인해 불화가 일어난 가족 관계에 대해 아가서에서 상반된 역사가 서술되어야 했을 경우[23]에 이와 같은 역사 기록이 등장한다.

아주 소수이긴 하지만 문서에 나타난 이와 같은 문서해석은 성서 전통을 대단히 부각시키는 것으로 이해됐다. 그리고 이러한 문서해석은 특별히 역대기 서문(역대상 1-9장은 창세기에 기록된 족보를 새롭게 서술한다), 혹은 시락서에 기록된 조상(祖上)에 대한 찬양에서 강조되었는데, 이 시락서는 성서 이야기들에서 차용하여 개별 인물의 생애를 압축적으로 걸러내었다(시락서 44-50장).[24] 성서에 시작된 것이 성서 밖에서도 (몇 가지 실례가 히브리 정경 밖에서도 관찰된다) 이음새 없이 계속된다. 따라서 "재기록된 성서"(rewritten Bible)[25]라는 표현을 수용하는

---

22 덧붙여서 보라. K. Butting, Die Buchstaben werden sich noch wundern. Innerbiblische Kritik als Wegweisung feministischer Hermeneutik, Alektor-Hochschulschriften, 1994, 78-84.

23 창 3:16에서 관찰되는 여자가 남자를 원하는 것이 아 7:11에서는 반대로 나타난다. 덧붙여서 보라. F. Landy, Paradoxes of Paradise. Identity and Difference in the Song of Songs, 1983, 183-265, 특별히 248-251, 마찬가지로 H.-J. Heinevetter, »Komm nun, mein Liebster, dein Garten ruft dich!« Das Hohelied als programmatische Komposition, BBB 69, 1988, 179-187. "실패로 끝난 낙원의 사랑 이야기"로 아가서를 해석하는 것에 대해서 Ph. Trible, Gott und Sexualität im Alten Testament, GTB 539, 1993, 169-189 (1978에 영어로 이미 출간되었다).

24 참조, J. Marböck, Gottes Weisheit unter uns. Zur Theologie des Buches Sirach, HBS 6, 1995, 151-156.

25 특히 쿰란 본문과 관련하여 언급되는 "재(再)기록된 성서"(rewritten Bible)의 현상

것이 성서 이후의(nachbiblisch) 현상으로 이해될 수는 없으며, 그것은 이미 성서 내에서도 관찰된다. 이것은 정경이 특별히 후대에 문서를 제한하거나 혹은 제외시키는 것에 영향을 끼쳤다는 점에서 성서 내의 문서해석과 대조를 이룬다.

그와 같이 성서 자료를 새롭게 개정하는 것은 변화하는 신학적 문제제기에 순응하는 것과 결부되어 있다. 이러한 신학적 문제제기는 어떠한 방법으로 개진되고, 무엇이 생략되고, 어떠한 방향으로 인물상이 드러나며 그리고 어떤 인물이 전혀 수용될 수 없는가를 규정한다.

성서 영향사의 중요성은 성서가 새롭게 문화로 기호(Code)화되었다는 것에서 확인된다. 그것은 모든 세대가 성서를 습득하기에 적합하도록 하기 위함이었다. 성서를 자유롭게 수용함으로써 비로소 성서 전통이 형성되었고, 그것은 성서 교육을 가능하게 했다. 유럽 문화사에서 성서는 고전적인 고대 신화의 사료와 유사하게[26] 이와 같은 방법으로 정신적 유산이 되었다. 성서문헌은 문학, 예술사 그리고 건축

에 대해서 보라. 이 개념의 경계에 대해서 참조하라. G. J. Brooke, The Rewritten Law, Prophets and Psalms. Issues for Understanding the Text of the Bible, in: E. D. Herbert/E. Tov (Hg.), The Bible as Book. The Hebrew Bible and the Judean Desert Discoveries, 2002, 31-40, 31-33, 마찬가지로 P. Heger, Qumran Exegesis. »Rewritten Torah« or Interpretation? in: RdQ 85 (2005), 61-87, 77. 그는 쿰란에서 문서해석과 랍비의 문서해석의 관계 그리고 "재(再)기록된 토라"(rewritten Torah)를 통해서 토라가 대치되는 것을 연구했다. A. Klostergaard Petersen, Rewritten Bible as Borderline Phenomenon. Genre, Textual Strategy, or Canonical Anachronism? in: A. Hilhorst/É. Puech/E. Tigchelaar (Hg.), Flores Florentino. Dead Sea Scrolls and Other Early Jewish Studies in Honour of Florentino García Martínez, 2007, 285-306, 294-297. 그는 "재(再)기록된 성서"가 문학적 장르로 간주될 수 있는지에 대해서 질문한다; D. D. Swanson, How Scriptural is Re-Written Bible? RdQ 83 (2004), 407-427, 그는 문서에서 주석으로 넘어가는 문제를 조사한다.

26 덧붙여서 보라. I. Fischer (Hg.), Bibel- und Antikenrezeption, EXUZ, 2013 (곧 출간될 예정이다).

사에서 다양하게 수용되었고, 음악, 극장과 영화에도 영향을 끼쳤다. 게다가 신학과 관련된 실천분야를 포함하여 모든 신학 분야에서 다양하게 수용되었다는 것은 성서의 이후역사(Nachgeschichte)로서 그 자체로 대단히 흥미로우며, 특히 이와 같은 수용은 오늘날까지 학문적으로 연구되지 못하고 무책임하게 방치되었었다. 오늘날 성서학 수용에 있어서, 해석학적 기준이 모든 수용에 절대적인 것으로 적용될 수는 없지만, 해석학적 기준이 유지되어야 한다는 것은 분명하다.[27]

2. 성문서(Ketubim)에 나타난 문서해석

"문서"를 담고 있는 히브리 정경의 마지막 부분은 다양한 본문 위치에서 관찰되는 책 모음이다. 오늘날 주어진 형태에서 볼 때 성문서의 대부분은 포로기이후(nachexilisch)에 기원한 것이다. 적지 않은 문서들이 적어도 오경과 예언서가 이미 정경의 권위를 획득하고 난 이후에 생성된 것이다. 이처럼 후대에 생성되었다는 것이 여기에서 논의될 문제제기에 있어서 중심적 의미는 아니다.

하지만 역사비평적관점에서 보았을 때 의존관계가 사전에 설명되었다는 이점이 있다(그러나 이러한 의존관계는 성문서를 제외한 두 정경[오경, 예언서-역주]의 본문에서 본질적으로 입증되기가 어렵다).

---

27 이것은 성서를 배우는 개인을 중요하게 평가하며 성서 자체를 핵심적인 것으로 이해하지는 않는 성서적 목회 작업에도 적용된다.

2.1 문서를 해석하는 "할라카"(halachisch) 문헌으로서 룻기

필자는 『룻기 주석서』에서[28] 다음과 같이 증명했다. 짧게 표현됐으며, 한결같이 긍정적으로 서술된 등장인물로 진행되는 일방적인 줄거리를 가진, 그리고 대단히 인상적이지만 표면적으로 낭독할 때에는 아주 간결해 보이는 룻기[29]가 외형적으로 대단히 세밀하게 구성되었으며,[30] 당시의 핵심적인 문제에 대해 비평적으로 몰두하고 있다.

룻기는 이미 그것이 생성되기 이전 시대에 주어진 그리고 후대에 정경이 된 본문과 다방면에서 연결되어 있기 때문에, 문서를 해석하는 문헌(Schrift auslegende Literatur)으로 간주될 수 있다. 이것은 계속되는 페르시아 시대에 유다 지방에서 퍼져있던 "이방인이 유대 공동체에 귀속되는 것"에 대한 질문을 보여주며, 그 결과로 등장하는 "잡혼(雜婚 Mischehe)을 허락할 것인가"에 대한 문제를 제시한다.

그로 인해 룻기는 그것을 반대하는 자들이 근거로 제시했던 것과 동일한 본문, 다시 말해 소위 모압 단락인 신명기 23:4-9[3-8]로 소급된다. 느헤미야 13:1-3은 모세 규정인 신명기적 총회법으로부터 이러한 지시를 인용했다. 사람들은 이 규정을 따라야 했다.

그리고 솔로몬이 이방 출신 아내를 많이 둠으로써 이방 여인과 혼인하는 것의 위험성을 분명하게 보여주는 일례로 제시되고 있기 때문

---

28 I. Fischer, Rut, HThK, ²2005.
29 Goethe는 룻기를 "서사적이며 목가적으로 전승된…가장 사랑받는 소책자"로 특징지었는데, 이 특징은 그 이후로 해석학을 통해서 두루 퍼졌다(J. W. Goethe, Noten und Abhandlungen zu besserem Verständnis des west-östlichen Divans, in: H.-J. Weitz [Hg.], Westöstlicher Diwan, 1986, 129).
30 여기에서는 각각의 단어가 그 장을 해석하는 핵심적 용어가 된다는 의도된 표제어 기법 그리고 거울을 보는 것처럼 판박이이며 섬세하게 조직된 구조라는 것만 언급될 수 있다. 전체에 대한 조망으로 보라. Fischer, Rut, 48.

에 이와 같은 규정은 특별히 이방 여인에게 적용된다(느 13:23-30, 특별히 26절). 문제가 될 수도 있는 나오미와 엘리멜렉 아들들의 혼인에 대한 진술 가운데 어디에서도 그와 같은 규정이 사용되고 있지 않은 점을 보았을 때, 물론 룻기가 이와 같은 규정을 연상시키기는 하지만, 룻기는 결코 그 규정을 인용하듯이 언급하지 않는다(נשׂא אשׁה "아내로 맞이하다." 룻 1:4; 참조, 스 9:2, 12; 10:44; 느 13:23).[31]

룻기가 신명기 23:5[4]의 근거를 반박한다는 점에서, 모압 사람을 공동체에 수용하는 것을 엄격하게 금지하는 규정은 룻기를 극단적인 **내러티브**로 만들었다. 만약 이스라엘이 약속의 땅으로 가는 도중에 모압에서 물과 빵을 대접받지 못했다면, 룻기에 나오는 모압은 기근으로 인해 베들레헴에서 피난 온 가족을 아무런 문제없이 받아들일 수는 없었다. 오히려 모압 여인은 바로 유대에서 이삭을 주워서 나오미를 위해 날마다 곡물을 가져감으로써 유대 여인을 부양할 수 있다.

그로 인해 모압 평야는 베들레헴 평야와 대조되었으며, 모압에서 부양하는 것보다 오히려 유대에서 부양하는 것은 문제가 되었다. 율법의 근거가 잊혀짐과 동시에, 룻기 내러티브는 명백하게 율법이 더 이상 견지될 수 없다는 근거로 자리잡았다.[32] 모압 여인이 자신의 백성, 땅 그리고 하나님을 떠나기로 결정했음에도 불구하고(룻 1:16-17), 룻기 4:13에서 보아스와 혼인하기 전까지 그녀는 눈에 거슬리게 모압 여인이라고 표현되고 있다(1:4, 22; 2:2, 6, 21; 4:3, 5, 10). 자신의 결정으로 인해 그녀는 베들레헴에 수용될 수 있었고, 그녀는 베들레헴의 모

---

31 덧붙여서 보라. Fischer, Rut, 127.
32 그와 같은 이해로 G. Braulik, Das Deuteronomium und die Bücher Ijob, Sprichwörter, Rut, in: E. Zenger (Hg.), Die Tora als Kanon für Juden und Christen, HBS 10, 1996, 116.

든 사람들보다도 야웨의 자비를 더 잘 실현시켰다.[33] 고령자를 대접해야 하는 사회집단에서 룻기는 느헤미야서에서 예증으로 제시된 솔로몬의 아버지를 거론하며 사무엘상 22:3-4의 기록을 이용한다.

그것에 따르면 다윗은 자신의 부모를 사울로부터 모압으로 피신시켰고 그들은 나오미의 가족과 마찬가지로 모압에서 받아들여졌다. 룻은 결국 그녀의 아들과 함께 일곱 형제들보다 훌륭한 다윗의 족보에 들어가게 되었다(룻 4:15; 참조, 삼상 16장). 그것에 따르면 "잡혼" (Mischehe)은 서술되고 있는 이스라엘 역사, 즉 성전이 건축되지 않았던 시기에 이미 있었던 것으로 등장한다.

본문을 수용함으로 인해 특히 오경에서(창 2:24 룻 1:14; 2:11으로; 창 24:27 룻 2:20으로; 창 29:31-30:24; 38:6-30 룻 4:11-12으로; 창 19:30-38 룻 3:2-9으로; 출 16장 룻 2장으로; 신 23:5 룻 2:12으로 등;[34] 신 25:5-10[35] 룻 1:12-13; 3:12-13; 4:3-10으로), 그리고 문서 이전 예언에서(참조, 삼상 16장의 반향이 룻 4:15에서 관찰된다) 룻기는 수혼제(嫂婚制 Leviratsregelung)와 정해자(正解者 Löserregelung) 규정에 대한 새로운 해석을 제시하는 것처럼 보인다. 남자들이 아니라 오히려 주변으로 내몰린 여성들이 권리를 가진 주체로 나타난다. 동시에 서술 대상인 모압 여인은 이스라엘 세계관 형성에[36] 핵심 역할을 하는 다양한 성서 본문을 자신에게

---

33 참조, E. Zenger, Das Buch Ruth, ZBK.AT 8, 1986, 18-19.

34 J. Ebach, Fremde in Moab-Fremde aus Moab. Das Buch Ruth als politische Literatur, in: J. Ebach./R. Faber (Hg.), Bibel und Literatur, 1995, 277-304. 그는 룻기를 신명기적 공동체법(Gemeindegesetz)과 상반되는 이야기로 이해한다.

35 아래 4 단원과 신 25:5 이하를 보라. 대조하여 나열한 것과 근거에 대해서 참조하라. Braulik, Deuteronomium, 121-125.

36 덧붙여서 보라. I. Fischer, Die Bibel als Welt erzeugende Erzählung, in: A. Strohmaier (Hg.), Kultur-Wissen-Narration. Perspektiven transdisziplinärer Erzählforschung für die Kulturwissenschaften, 2013, 381-397.

적용하고 있으며, 다양한 분야에서 상대적 세계관을 창조하기 위해 시도한다. 모압 사람들은 더 이상 배제되는 것이 아니라, 오히려 고려해야 할 대상이다(신 23:4-9; 참조, 룻 4장); 원초적인 생존을 위한 상호관계는 남자와 여자 사이에서 관찰되는 것이 아니라, 오히려 두 명의 여자 사이에서 관찰된다(창 2:24; 참조, 룻 1:15; 2:11; 4:14).

이스라엘은 더 이상 부계(父系) 족보를 통해서뿐만 아니라(룻 1:1-2; 4:18-22), 동시에 생존의 흐름에서 배제되어서는 안 되는 여성들을 통해서 견고히 세워진다(룻 4:11-12, 14-17).

2.2 신명기적 교육지침을 실행하는 것으로서 잠언의 틀

잠언 격언 모음집의 틀[37]이 잠언 1-9장과 31장으로 구분되는 것이 아니라, 오히려 그 것에 잠언 30장도 포함되어야 한다는 점은 이미 충분히 논증되었다.[38] 잠언의 틀은 의심할 여지없이 개별 격언 혹은 모음집으로서 후대 시대에 생성된 것이다. 이 틀은 포로기이후의 지혜를 담고 있는데, 그것은 잠언 10-29장에 수집되었고 (부유층의) 일상

---

37 잠언의 강령을 표현하는 것으로 이해되는 잠 1-9장과 31장의 다양한 관련성을 캠프(C. Camp)는 처음으로 제시했다. C. Camp, Wisdom and the Feminine in the Book of Proverbs, BiLiSe 11, 1985, 179-200, 마찬가지로 보라. F. van Dijk-Hemmes, Traces of Women's Texts in the Hebrew Bible, in: A. Brenner/dies. (Hg.), On Gendering Texts. Female and Male Voices in the Hebrew Bible, BIS 1, 1993, 17-109; 48-62, und A. Brenner, Proverbs 1-9. An F Voice? in: A. Brenner/F. van Dijk-Hemmes (Hg.), Gendering Texts, 113-130.

38 참조, I. Fischer, Über die Integration des »kanonisch« gewordenen Dialogs zwischen Gott und Mensch in die Weitergabe menschlicher Weisheit, in: M. Witte (Hg.), Gott und Mensch im Dialog (Festschrift Kaiser), BZAW 345/II, 2004, 787-804; 물론 잠 30장에 수집된 모든 숫자 잠언이 적용될 수는 없다는 것을 고려해야 한다.

생활을 위한 삶의 지혜에 신학적 강령을 부여하는 지혜이다.

이와 같이 고대 지혜를 신학화하는 것은 한편으로 하나님 경외가 지혜의 시작으로 선언되고 있다는 점에서 증명된다. 먼저 주어진 틀을 포괄하는 것으로 등장하는 "모토"(잠 1:7; 9:10; 마찬가지로 참조하라. 잠 31:30)를 통해 전체 잠언을 낭독하는 방법이 제시되었다. 다른 한편으로 틀 모음을 각인시키는 부모의 가르침은 토라 해석과 율법 해석, 그리고 율법의 현실화와 결부되었다(잠 1:8; 6:20).

퓌시밴(Michael Fishbane), 마이어(Christl Maier) 그리고 브라울릭(Georg Braulik)은 잠언 1-7장에 기록된 부모 가르침이 유대교의 주요 계명, 즉 **쉐마**(*Šema' Israel*)를 곳곳에서 배열했을 뿐 아니라(잠 3:1-3, 22-24; 6:22-23), 특히 잠언 6:20-32에서 십계명을 따라 "교육"되었다는 것을 보여주었다.[39] 자식에게 간음 행하는 것을 경고하는 부모의 가르침은 내용적으로 신명기적 교육지침에 대한 변화를 보여준다.[40] 신명기 6:7, 20절에 따르면 신앙 유산은 학교와 성전에서 전수되는 것이 아니라, 오히려 부모를 통해서 자녀에게 전달된다. 그로 인해 가족은 전통의 주요 담지자가 된다.

만약 틀의 앞부분에서 십계명의 "사회법"이 수용됐다면, 뒷부분에 있는 아굴의 말에서는 서문을 포함하여 십계명이 거의 수용되었고,[41]

---

[39] M. Fishbane, Torah and Tradition, in: D. A. Knight (Hg.), Tradition and Theology in the Old Testament, 1977, 275-300. 십계명 그리고 쉐마(*Šema'*)와 잠 6:20-35의 관련성을 대조하여 배열한 것으로 위의 책, 284; Ch. Maier, Die »fremde Frau« in Proverbien 1-9, OBO 144, 1995, 153-166, und Braulik, Deuteronomium, 61-138.

[40] 이것을 다양한 측면에서 처음으로 부각시킨 사람은 Braulik이다. Braulik, Deuteronomium, 90-105.

[41] 신명기서에 기록된 십계명과 잠 6:20-32와 잠 30장에서 십계명을 암시하는 것을 나란히 세워놓은 대조표를 제공하는 것으로 참조하라. Fischer, Integration, 791-792. 히브리어 대조표에 코멘트를 가미한 것으로 Braulik, Deuteronomium, 93-102.

또한 잠언 31:1-9에서는 신명기적 공직자법이 받아들여졌다. 마인홀드(Arndt Meinhold)는 이미 자신의 주석서에서 이와 같은 관련성 가운데 몇 가지를 잠언 30장과 연결하여 제시했고, 그러한 관련성을 철저하게 역사비평적연구 전통의 의미에서-"평행 본문"으로 해석했다. 그는 이 본문이 『신학대전』(theologisches Summarium)[42]을 보여주고 있다고 강하게 주장했다.

만약 잠언 6:22-32과 30장에서 전체 오경의 주요 본문 가운데 하나가 받아들여졌다면, 구성적 손길이 이면에 존재한다고 추정할 수 있다. 백성의 종교 전통을 보았을 때 이 손길은 교육에 대한 신학적 배경을 초기 지혜에 부여했다. 덧붙여서 르무엘 왕의 어머니의 가르침에서는 신명기적 왕법(신 17:14-20)이 해석되었기 때문에, 만약 그녀가 르무엘에게 하렘(Harembildung: 한 남편이 많은 여인을 두는 행위-역주)을 경고한다면,[43] 그로 인해 틀의 후반부는 율법 그리고 율법 현실화를 다양한 맥락에서 한 세대에서 다음 세대로 알리는 신명기 학습 문화와 결부되었다.

---

42 A. Meinhold, Sprüche, ZBK.AT 16.2, 1991, 495-496.

43 어머니의 말은 대체적으로 "장모 신드롬"(Schwiegermuttersyndrom)이라는 표현으로 평가되었었다. 하지만 어머니는 자식의 주변이 있는 모든 여성을 거부하는 것이 아니라, 오히려 여성이 많은 것을 비판하고 있다. 따라서 신 17장에서 확인되는 왕의 법(Königsgesetz)에 기록된 금기와 일치한다. 보다 자세한 것에 대해서 보라. I. Fischer, Gotteslehrerinnen. Weise Frauen und Frau Weisheit im Alten Testament, 2006, 143-146, 마찬가지로 F. Crüsemann, »…für Salomo«? in: F.-L. Hossfeld/L. Schwienhorst-Schönberger (Hg.), Das Manna fällt auch heute noch (Festschrift Zenger), HBS 44, 2004, 141-157; 149.

3. 전통의 학습으로서 수용

전통에 대한 학습과 그리고 신앙 유산의 학습은 그에 상응하는 내용적 지식에 도달하기 위한 교육으로만 이루어지는 것은 아니다. 전통을 전수하는 과정은 변화하는 생활 조건과 새로운 문제제기에 직면하는 것을 필요로 한다. 이것은 신성한 본문(sakrosankte Texte)에 해당할 뿐 아니라, 특별한 방법으로 해석과 현실화가 요구되는 정경 본문(kanonische Texte)에도 적용된다.

왜냐하면 정경 본문은 자체로 불변한 것이기 때문이다. 이러한 과정은 정경 본문이 형성되는 환경 혹은 문화에서 관찰된다. 그것은 본문 주석의 형태와 문화의 제반 영역에서 등장하는데, 법, 음악, 생활 문화와 관습, 가시적 문화와 문학 작품 등에서 나타나며, 발달된 문화와 일상적 습관에서도 입증된다.

3.1 룻기 중심 주제로 본 룻기의 수용: 용례들

룻기에서 중심적으로 다뤄지는 주제, 즉 이방 출신 사람을 이스라엘 백성으로 수용하는 문제에 상응하게 이 주제는 룻기 수용과 관련하여 동일선상에서 지속되고 있다. 교부의 해석에서 모압 여인인 룻은 결코 율법 아래 거하지 않은 자로서 율법에서 자유로운 "이방인으로 이뤄진 교회"의 전형이 되었다(암브로시우스[Ambrosius], 누가복음 주석).[44] 그와 유사하게 크리소스톰(Chrysostomus)은 마태복음 주석[45]에

---

44 참조, Ambrosius von Mailand, Lukaskommentar III, 33, Ausgabe Niederhuber, BKV 21, 1915, 142.

45 물론 Chrysostomus의 유형론적 해석은 분명히 반유대적인 흐름을 보여준다. 그

서 인물로서 룻을 해석했지만, 그는 동시에 보아스의 전형적 해석에 집중했다. 왜냐하면 보아스는 예수 그리스도처럼 이방인을 수용했기 때문이다. 시리아의 에브라임(Ephraim der Syrer)[46]은 잉태하지 못하는 그러나 결국에는 구원에 있어서 중요한 역할을 하는 아들의 어머니가 된 여자 조상을 따라서 룻의 모습을 해석했다. 그리고 그는 룻을 라합, 다말과 함께 배열했는데, 그에 따르면 그녀들의 성적 욕구가 없었다면 예수의 탄생은 없었을 것이다.

유대 전통에서 룻기의 중심 주제는 개종한 자를 수용하기 위한 율법적 관습으로 수용되었다. 오늘날까지도 유대교로 전향하기 원하는 사람들은 룻처럼 세 번 거절된다. 누군가가 모압 여성의 인내력을 시험한 이후에야 비로소 받아들여졌다. 미드라쉬(Midrasch)[47]에서는 덧붙여서 룻과 시어머니 사이의 대화가 광범위하게 확장되었는데, 그것에 따르면 룻은 나오미의 질문과 가르침에 맹세로 대답한다.

서양 예술[48]에서 룻은 이방인으로 구성된 교회의 원형으로 등장하며, 게다가 룻기는 추수하는 모습[49]으로 인해 소위 사계절 혹은 계절

에 따르면 룻을 받아들였다는 것은 이방인-그리스도인을 수용하는 것과 마찬가지로 유대 백성에게는 수치스러운 것이 되기 때문이다(Johannes Chrysostomus, Matthäuskommentar, 3. Homilie 4, Ausgabe Baur, BKV 23, 1915, 140-141).

46 자세한 것에 대해서 보라. J. Richardson Jensen, Ruth According to Ephrem the Syrian, in: A. Brenner (Hg.), A Feminist Companion to Ruth, FCB I/3, 1993, 170-176, 172-175.

47 덧붙여서 보라. A. Wünsche, Midrasch, 1967, 24, sowie J. Neusner, Ruth Rabbah, 1989, 81.

48 Chagall(Bilder zur Bibel)과 같은 오직 소수의 예술가만이 이 이야기를 일련의 연작(連作) 작품으로 화폭에 담았다. 룻 이야기는 필사본에서도 발견된다(13세기에 생성된 성서 Moralisée, Codex Vindobonensis 2554, fol. 34v). 덧붙여서 룻 이야기의 수용을 다룬 것으로 Große Frauen der Bibel in Bild und Text, 1993, 148-157. 그것은 가장 중요한 장면을 그리고 있다(참조, 같은 책, 각주 50).

49 추수 장면을 근거로 본다면 룻기는 분명히 칠칠절(Schawuot)에 축제를 위한 두루

의 그림으로 나타난다. 동시에 룻은 대부분 보아스와 함께 한 장면, 즉 두 사람이 들판에서 처음으로 만나는 모습 혹은 타작 마당에서 어두운 장면으로 묘사되는데, 각각의 장면은 풍요를 나타내는 상징인 이삭과 볏단으로 둘러싸여 있다.[50] 고전적인 풍경회화[51]는 이와 같은 주제를 가지고 수확으로 가득한 장엄한 여름 경관을 표현했으며, 이것은 오늘날까지도 묘사력(描寫力)을 과시하고 있다.

성서의 표상적 주제들은 자체적으로 밀접한 관련성을 가지고 있기 때문에 첨가물처럼 인식되었다는 것이 거의 명확하기는 하지만, 웅장한 그림들은 성서 (그리고 고대) 사료가 당대에 수용될 수 있도록 매력적이라는 점을 보여주었다. 주제에 맞게 구성되어 첨가된 인물은 명백하게 화폭에 담기는 당대의, 다시 말해 성서와 성서에 등장하는 인물들이 편재했고 엘리트 문화 코드에 속했던 시대의 풍경회화적 의미와 가치 그리고 흥미를 부각시켰다.

마리로 받아들여지고 사용되었을 것이다.

50 벤젤 성서(Wenzelsbibel), 빈도보넨시스 코덱스 2760, II/31 판(Codex Vindobonensis 2760, Tafel II/31)(http://www.dioezeselinz.at/redsys/data/4411_admin/Ruth_-_Wenzelsbibel.jpg) 또는 미국 뉴욕주에 소재한 모건 도서관(Morgan Library [fol. 17v])에 있는 채색된 성서 필사본에서 참조하라.

51 여기에서는 특별히 Nicolas Poussin("여름"은 룻기 2장의 오전 장면을 2점의 그림으로 표현했다)과 Claude Lorrain이 언급될 수 있을 것이다. 그들은 수많은 고대 주제 이외에도 많은 여성의 모습을 담고 있는 성서 장면을 풍경화로 묘사했다; 보라. N. Schneider, Geschichte der Landschaftsmalerei. Vom Spätmittelalter bis zur Romantik, ²2009, 123-136(127그림).

3.2 잠언 31장: 능력 있는 여성에 대한 만화경(萬華鏡)에서 미덕 있는 주부에 대한 찬사

잠언 31:10 이하에 등장하는 능력 있는 여인에 대한 개괄은 경제적 활동에서 성공했으며 사회집단에서 비상하게 존중된 여인을 보여주며, 그전부터 "여성을 반영"하는 것으로 사용됐다. 물론 히브리 본문에서는 등장하는 여인의 독립성이 강조되지 않고, 오히려 남편을 위한 그녀의 행위가 부각되었다. 루터에게서 나타나는 "주부"가 전체 집안에 책임을 맡은(참조, 잠 31:27) 여인을 의미했다면, 19-20세기 주부는 직장에서 임금을 받고 노동을 하는 여성 그리고 어머니라는 대조되는 모습으로 변화되었다.

이 주부는 남편, 아이들 그리고 경우에 따라서 가정에서 함께 살고 있는 나이 든 부모를 위해 한결같이 곁에 있어야 했다. 오늘날 주부는 하인의 일을 살피는 것이 아니라, 오히려 발생하는 모든 일을 도움 없이 스스로 해결한다. 따라서 주부는 고대 가정에서 일어났던 모든 일을 살피는 여주인(Hausherrin)을 의미하는 것에서 최근 200년 동안에는 수많은 것을 재생산하는 노동력을 가진 여성으로 이해되었다.

잠언 31장을 수용하는 것에서 고상한 중산층의[52] 여성상이 변화

---

[52] 귀족 여성, 노예 계층, 그리고 생존을 위해 임금 노동을 해야만 하는 모든 하층민들은 다음과 같은 이상적인 모습, 즉 그들은 모두 시민 사회집단의 후예이며 그 사회집단을 위해 계속해서 전승된 자들로 평가되지 않는다. A. Siquans, Israel braucht starke Männer und Frauen. Rut als Antwort auf Spr 31,10-31, BZ 56 (2012), 20-38. 그는 본문 관계성이 밀접함을 근거로 룻기에는 잠 31:10 이하 본문이 논쟁적으로 수용된 것으로 해석한다(참조, 위의 논문, 21). 부유한 여성뿐 아니라 "능력 있는 여성," 그리고 마찬가지로 가난한 이방 여성도 할 수 있다(참조, 위의 논문, 37). 긍정적으로 표현된 룻의 모습으로 인해 잠 1-9장에 나타난 이방 여성상(像)이 수정되었다(참조, 위의 논문, 36).

하고 있다는 것을 감지할 수 있다. 구약학자이면서 이후에 추기경이 된 파울하버(Michael Faulhaber)의 1912년과 1935년 사이에 6회 발행된 책 "성서적 여성관에 대한 특징적 모습들"(Charakterbilder der biblischen Frauenwelt)은 이 본문을 "여성의 삶에 있어서 영원한 기본 가치"를 전수[53]하는 것으로 평가하며 시작한다. 19세기 인물상 묘사에서 이 본문은 여성을 재현하는데 결정적인 역할을 한다. 덕망 있고, 서민적인 주부는 빈둥거리는 자가 아니기 때문에(잠 31:15, 18), 어머니는 틈나는 대로 가족의 생활 공간에서 스스로 뜨개질감과 자수 용구를 손에 들어야 한다.[54] 여성을 그린 그림에서 눈에 띄는 것은 우아한 여성은 튼튼한 팔을 가진 자로 그려졌다는 점이며, 그로 인해 여성의 능력은 잠언 31:17을 의지하며 표현되었다고 볼 수 있다.

만약 이상적인 여성상이 변화된다면, 그와 같은 유형으로 수용되는 것은 얼마나 신속하게 취소될 수 있었는가에 대해서도 관찰되는데, 알파벳 형식으로 된 운문이 여성신학(feministische Theologie)의 첫 부분에서 누락되었다는 것이 그것을 반증한다.[55]

요더(Christine Roy Yoder)[56]는 사회사적 연구를 수행했으며, 페르시

---

53 M. v. Faulhaber, Charakterbilder der biblischen Frauenwelt, [7]1938,1-16,1.

54 1995/6년 겨울에 Münster에서 개최된 "여성이 온화하고 천사 같을 때"(Als die Frauen noch sanft und engelsgleich waren)라는 전시회는 여러 초상화를 보여주고 있는데, 이 초상화는 의심할 여지 없이 "현숙한 여인에 대한 찬양"(잠 31:10)에서 나온 전형적인 이미지를 수용한 것이다. H. Westhoff-Krummacher, Als die Frauen noch sanft und engelsgleich waren. Die Sicht der Frau in der Zeit der Aufklärung und des Biedermeier, 1995, 107-181.

55 1990년대 중반까지 대부분의 개론서에서 이 본문은 누락되어 있다(참조, 일례로 E. R. Schmidt [Hg.], Feministisch gelesen, Bd. 1, [2]1989, Bd. 2, 1989; A. Brenner, The Feminist Companion to Wisdom Literature, FCB 9, 1995).

56 Ch. Yoder, Wisdom as a Woman of Substance. A Socioeconomic Reading of Proverbs 1-9 and 31:10-31, BZAW 304, 2001; 마찬가지로 브록묄러(K. Brockmöller)의 박사 학위 논문을 보라. K. Brockmöller, »Eine Frau der Stärke-

아 시대로 추정되는 고고학적 발굴과 고대 문서를 근거로 능력 있는 여성의 독립성을 강조했다. 그녀에 따르면 여기에서 근본적인 변화가 있었다. 그 이후로 이 본문은 독립적인 여성상을 선전하려는 사람들과 그와 같은 여성상의 근거를 성서에서 찾으려는 사람들이 사랑하는 본문 가운데 하나가 됐다.

4. 수용사-무한한 연구 영역

위에서 아주 간결하게 제시한 두 가지 예는 성서의 주제와 본문을 특별한 방법으로 수용하는 것이 때로는 성서 본문 자체보다 더 중요한 것으로 각인되고 있음을 관찰하게 한다. 문화 코드로 수용됨으로써 세상을 해석하는 이야기가 된 성서는 그와 같은 방법으로 세속적인 사회집단에도 "영향"을 끼쳐왔다. 그러한 사실은 생산품을 보다 효과적으로 판매하기 위해 대안을 찾으려는 광고 전문가가 항상 성서의 주제를 이용하는 것에서도 인지된다.[57]

이러한 수용은 신학적 분야에서만 관찰되는 것이 아니라, 철저한 연구를 요구하지 않는 대부분 영역에서도 광범위하게 나타난다. 따라서 최근 20-30년간 국제적인 대규모 프로젝트들, 즉 인물 혹은 주

---

wer findet sie?« Exegetische Analysen und intertextuelle Lektüren zu Spr 31,10-31, BBB 147, 2004, 마찬가지로 I. Fischer, Gotteslehrerin. Ein Streifzug durch Spr 31,10-31 auf den Pfaden unterschiedlicher Methodik, BZ 49 (2005), 237-253.

57 가장 먼저 여기에서는 창 2-3장이 유혹의 이야기로 거론될 수 있으며, 또한 사치스러움의 본거지로 이해되는 "사바"로 명명하는 것도 마찬가지이다. 스트레스를 받고 집으로 귀가하는 남편을 위해 따스한 차를 식탁에 준비하며 돌보는 아내 혹은 어머니는 항상 잠 31:10 이하를 현실화하는 모습으로 등장한다.

제 혹은 시대별 성서 해석에 대한 전체적인 조망이라는 관점에서, 연구의 균열을 인식하고 다양한 방법으로 그 간격을 메우고자 하는 시도들이 시작됐다는 점은 그리 놀라운 일이 아니다.[58] 어쨌든 **이전**역사(*Vorgeschichte*)에서 **이후**역사(*Nach*geschichte)로 연구의 변화는 수용된 것들에서 인상 깊게 표현되었다.

요약

본 논문은 수용에 대해 다양한 관점으로 바라보았다. 해석학을 역사비평적으로 접근하는 것은 오랫동안 본문의 이전역사에 대해 심도 있게 다루었으며, 동시에 늘 그런 것은 아니지만 최종 본문에도 필요에 따라서 주의를 기울였다. 최근 20년간 본문의 이후역사에 집중하려는 변화가 감지되었다. 이 소논문은 먼저는 연구사적 문제점을 조망하고, 성문서 부분에서 확인되는 성서내부의 문서해석 현상을 특별히 룻기와 잠언의 틀에서 모범적으로 제시했으며, 마지막으로 해석학에서 관찰되는 것뿐 아니라, 이와 같은 방향을 다양한 수용사에 접목시켰다.

---

58 여기에서는 단지 몇몇 국제적인 대규모 프로젝트만이 언급될 수 있다. 이미 종료된 것은 다음과 같다. G. Barbaglio (Hg.), La Bibbia nella Storia, 21 Bde., 1985-2006; P. Riché/G. Lobrichon (Hg.), Bible de tous les Temps, 8 Bde., 1984-1989; 현재 진행되는 것은 다음과 같다. D. Gunn u. a. (Hg.), Blackwell Bible Commentaries. Through the Centuries, 2003이하; H.-J. Klauck u. a. (Hg.), The Encyclopedia of the Bible and its Reception, 2009이하; I. Fischer/Ch. De Groot/M. Navarro-Puerto/J. Økland/A. Valerio (Hg.), Die Bibel und die Frauen. Eine exegetisch-kulturgeschichtliche Enzyklopädie, 2009이하. 이와 같은 것들은 독일어, 이탈리아어, 영어 그리고 스페인어로 출판되었다. 덧붙여서 뻬쉐(Mauro Pesce)가 창설하여 1984년부터 발행된 학술지인 Annali di storia dell'esegesi가 거론될 수 있다.

고대 이스라엘 종교사에 대한 비교 관점

그래함 데이비스(G. Davies)
전 케임브리지대학교 구약학 교수

19세기 후반 이후부터 발견된 것으로 고대 근동의 이스라엘과 구약성서의 광범위한 배경과 관련된 텍스트(texts)와 유물(artefacts)은 성서본문의 기원과 그 의미를 새롭게 평가하기 위한 중요한 자료로 간주되고 있다. 이러한 텍스트와 유물은 이전에 이미 자체적으로 확립된 구약성서의 문학적 분석과 역사적 연구에 대한 해석을 비교하는데 있어서 중요하다. 그러한 비교 연구와 그 연구를 성서 종교의 역사 그리고 문헌의 역사에 연관시키는 것은 초창기에는 주로 독일 학자들의 관심사였다. 그러나 제1차 세계대전 기간 동안과 그 이후에는 스칸디나비아와 영국, 미국이 그 주도적인 역할을 하게 되었다. 반면에 독일에서는 자신들만의 용어로 구약성서의 기원과 신학을 연구하는 새로운 방법론에 주력을 쏟았다.[1]

지난 30년 사이에-그리고 더 초기에 대해서는 아래를 보라-구약성서의 기원과 신학에 대한 연구에서 주목할 만한 부흥이 독일에서

---

1   W. Zwickel, Religionsgeschichte Israels. Einführung in den gegenwärtigen Forschungsstand in den deutschsprachigen Ländern, in: B. Janowski/ M.Köckert (eds.), Religionsgeschichte Israels. Formale und materiale Aspekte, 1999, 9-56, 특별히 9-11.

일어났다. 동시에 이 분야의 중요한 연구가 특별히 미국에서 속행되었는데, 그것은 구약성서의 기원과 신학을 관찰하는데 적합한 방법론과 결부된 중요한 일부 연구를 포함하고 있다. 그러나 유럽 다른 곳에서는 뒤이어 나타나는 논평이 필연적으로 강한 국제적 양상을 띠게 되었다. 이러한 연구를 위한 자료들은 이제 메소포타미아뿐만 아니라 고대 우가릿에서 발굴된 것을 통해 폭넓게 확보되었다(이집트의 평행물은 상대적으로 미미하게 다뤄졌다).

그러나 최근에는 이스라엘과 상당히 근접해 있는 페니키아, 시리아, 트랜스요르단의 (아직은 방대하지 않은) 텍스트 증거와 고고학적 발굴을 통해 확보된 다른 증거에 지대한 관심이 쏠리고 있다. 이 분야의 연구 범위는 너무 광범위하기에 여기에서는 단지 그것에 대해서 개괄적이고 선별된 전개들의 개요만을 제시할 것이다.

1. 새로운 발굴, 텍스트 편집물, 번역물, 참고물

최근 히브리어로 출판된 비문 가운데 가장 중요한 종교적 가치를 갖는 것은 키르벳 엘-콤(Khirbet el-Qôm)과 쿤틸렛 아즈룻(Kuntillet 'Ajrud), 예루살렘의 은부적들(silver amulets)과 일부 아랏 도판들(Arad ostraca)에서 나타난 "아세라"(Asherah) 본문이다.[2] 아람 선견자 발람에

---

2 보라 J. Renz/ W. Rollig, Handbuch der althebräischen Epigraphik l-Ⅲ, 1995-2003; A. Lemaire, Hebrew and West Semitic Inscriptions and Pre-Exilic Israel, in: J. Day(ed.), In Search of Pre-Exilic Israel, JSOTS 406, 2004, 366-385; F. W. Dobbs-Allsop/ J. J. M. Roberts, C. L. Seow/ R. E. Whitaker, Hebrew Inscriptions: Texts from the Biblical Period of the Monarchy with Concordance, 2005.

대한 언급을 담고 있는 아람어로 된 데이르 알라(Deir 'Alla) 석고 본문들 그리고 텔 페케르에(Tell Fekherye), 텔 단(Tel Dan), 부칸(Bukan)과 진치를리(Zincirli)에서 발견된 새로운 것들은 하산 베일리(Hassan Beyli), 아다나(Adana) 인근의 Çineköy와 인치를리(Incirli)에서 출토된 페니키아 비문들 그리고 텔 미크네/에크론(Tel Miqne/Ekron)에서 출토된 팔레스틴 비문들과 함께 이스라엘 이웃 나라들의 종교에 대한 인식을 확장시켰다.³ 서부 셈족 비문과 우가릿 본문에 대한 표준적인 모음집의 새롭고 확장된 판이 나왔고, 깁슨(John Gibson)은 그것을 한 세트의 교과서로 완성했다.⁴ 독일어와 영어로 번역된 광범위한 모음집

3　J. Hoftijzer/ G. van der Kooij, Aramaic Texts from Deir 'Alla, DMOA 19, 1976; A. Abou-Assaf/ P. Bordreuil/ A. R. Millard, La statue de Tell Fekherye et son inscription bilingue assyro-araméenne, 1982; A. Biran/ J. Naveh, An Aramaic Stele Fragment from Tel Dan, IEJ 43(1993), 81-98; A. Biran/ J. Naveh, The Tel Dan Inscription: A New Fragment, IEJ 45(1995), 3-18; Lemaire, Une inscription araméenne du VIIIe S. av. J.-C. trouvée à Bukân (Azerbaïjan iranien), StIr 27(1998), 15-30; D. Pardee, A New Aramaic Inscription from Zincirli, BASOR 356(2009), 51-71; Lemaire, L'inscription phénicienne de Hassan · Beyli reconsidérée, RSF 11(1983), 9-19 (republication = KAI 23); R. Tekoğlu/ A. Lemaire, La bilingue royale louvito-phénicienne de Çineköy, CRAIBL 2000, 961-1007; S. A. Kaufman, The Phoenician Inscription of the Incirli Trilingual: A Tentative Reconstruction and Translation, Maarav 14/2(2007), 7-26; S. Gitin, Seventh Century B.C.E. Cultic Elements at Ekron, in: A. Biran/ J. Aviram(ed.), Biblical Archaeology Today 1990, 1993, 248-258; S. Gitin/ T. Dothan/ J. Naveh, A Royal Dedicatory Inscription from Ekron, IEJ 47(1997), 1-16.

4　B. Porten/ A. Yardeni, Textbook of Aramaic Documents from Ancient Egypt I-IV, 1986-1999; H. Donner/ W. Röllig, Kanaanäische und Aramäische Inschriften, ⁵2002; M. Dietrich/ /O. Loretz/ J. Sanmartin, The Cuneiform Alphabetic Texts from Ugarit, Ras Ibn Hani and other places, ALAPM 8, ²1995; J. C. L. Gibson, Textbook of Syrian Semitic Inscriptions. 3: Phoenician Inscriptions, including inscriptions in the mixed dialect of Arslan Tash, 1982; J. F. Healey, Aramaic Inscriptions and Documents of the Roman Period (Textbook of Syrian Semitic Inscriptions 4), 2009.

들은 수많은 종교적 문헌의 해석과 연구에 관한 최신 안내서로 제공되었다.[5] 다량의 유용한 참고문헌들이 등장했는데, 그것들은 고대 근동의 종교와 필수적인 언어에 큰 도움을 주는 것이었다(도장, 판본 그리고 부적의 출판에 대해서는 아래를 보라).[6] 우가릿 연구에 대한 스미스(Mark S. Smith)의 설명은 많은 정보를 포함하며, 비교 연구 분야에서 기존의 이론과 전제들이 변화하는 것을 잘 보여주고 있다.[7]

2. 비교 관점에서 본 야웨주의(Yahwism)의 역사

아이스펠트(Otto Eißfeldt)의 방대한 연구는 비교 관점에 대한 독일 학자들의 관심이 강하게 일어났던 초기 시대와 후기 시대를 연결하는 교량 역할을 했다.[8] 꽤 이른 시기에 작성된 논문(1914)에서 아이스펠트는 "야웨와 바알의 끊이지 않는 전쟁"(ununterbrochenen Kampf

---

5 O. Kaiser et al. (ed.), Texte aus der Umwelt des Alten Testaments, 1982-2001, Neue Folge 2004ff.; W. W. Hallo/K. L. Younger, The Context of Scripture: Canonical Compositions, Monumental Inscriptions, and Archival Documents from the Biblical World, 1997-2002(보다 후대 연구물은 비교 연구의 방식에 대한 유용한 논문을 함유하고 있다).

6 G. del Olmo Lete/J. Sanmartin, A Dictionary of the Ugaritic Language in the Alphabetic Tradition, [2]2004; J. Hoftijzer/K. Jongeling, Dictionary of the North-West Semitic Inscriptions, 1995; E. Lipiński, Dieux et déesses de l'univers phénicien et punique, StPh 15 (OLA64), 1995; K. van der Toorn/B. Becking/ P. W. van der Horst, Dictionary of Deities and Demons in the Bible [=DDD], 1995, [2]1999; H. Niehr, Religionen in Israels Umwelt, NEB EB 5, 1998; J. Day, Yahweh and the Gods and Goddesses of Canaan,2000.

7 M. S. Smith, Untold Stories: The Bible and Ugaritic Studies in the Twentieth Century, 2001, 196-200.211 f.221-225.

8 Eißfeldt에 대해서 보라. R. Smend, Otto Eißfeldt 1887-1973, in: A. G. Auld (ed.), Understanding Poets and Prophets (Festschrift Anderson), 1993, 318-335.

zwischen Jahve und Baal)에 대한 역사를 개괄했다. 여기에 따르면 야웨는 본래 폭풍의 신으로서, "자연의 신과 뇌우의 신을 뛰어넘는다."[9]

이스라엘의 가을 신년 축제를 재구성하는 모빙켈(Sigmund Mowinckel)에 대해 일반적으로 부정적인 시각을 가졌던 독일학자들을 일찍부터 해방시킨 것은 바로 아이스펠트였다.[10] 동시에 그는 고대 이스라엘 종교 연구를 위해서는 우가릿 문헌이 중요함을 처음으로 알아차린 인물 중에 하나였다. 또한 아이스펠트는 페니키아와 이미 잘 알려진 고대 자료들 이외에도 우가릿 문헌들을 가나안 역사와 이스라엘 종교사에 대한 자신의 수많은 연구에서 포괄적으로 사용했다.

독일에서 고대 이스라엘 종교의 보다 광범위한 배경에 대해 새로운 관심이 커지고 있을 때에 그의 **소논문들**(Kleine Schriften)이 재발행되었다는 것은 우연의 일치가 아닐 것이다. 이러한 경향은 이스라엘이 가나안 종교를 의존했다는 유산의 증거를 예루살렘 제의 전통에서 찾으려는 시도 그리고 특별히 예루살렘에서 먼저 살았던 여부스 주민에게서 찾으려는 시도와 같은 다양한 형태로 나타났다.[11]

---

9   O. Eißfeldt, Jahve und Baal, Kleine Schriften (이후에는 KS로 표현되었다) 1, 1962, 1-12 (1-2에서 인용되었다).

10 Eißfeldt, Jahwe als König, ZAW 46 (1928), 81-105 = KS 1, 172-193.

11 G. von Rad, Die Stadt auf dem Berge, EvTh 8 (1948-9), 439-447, 440; id., Theologie des Alten Testaments, 1, 1957, 51-55; H. Schmid, Jahwe und die Kulttraditionen von Jerusalem, ZAW 67 (1955), 168-197; H.-J. Kraus, Psalmen, 1, BKAT 15,1, 1958, 197-205; O. Kaiser, Die mythische Bedeutung des Meeres in Ägypten, Ugarit und Israel, BZAW 78, 1959; W. H. Schmidt, Königtum Gottes in Ugarit und Israel: Zur Herkunft der Königsprädikation Jahwes, BZAW 80, 1961, ^{2}1966; J. Jeremias, Theophanie. Die Geschichte einer alttestamentlichen Gattung, WMANT 10, 1965; R. Rendtorff, El, Ba'al und Jahwe, ZAW 78 (1966), 277-292; F. Stolz, Strukturen und Figuren im Kult von Jerusalem, BZAW 118, 1970; in Britain R. E. Clements, God and Temple, 1965, 68-76. 예레미아스의 훨씬 후대 작품(Das Königtum Gottes in

독일 이외 지역에서 고대 이스라엘 종교사의 비교 연구 분야를 이끈 집단은 하버드의 크로스(F. M. Cross)와 그의 제자들 그리고 그의 추종자들이었다.[12] 크로스는 올브라이트(W. F. Albright)와 연구하기 위해 1946년에 존스홉킨스대학으로 갔다. 그리고 그는 올브라이트의 영향을 받아 이스라엘과 이스라엘의 종교는 고대 근동 문화의 대단한 부분을 형성했다는 것을 확신했으며, 이것을 강조하는 연구가 필요하다는 확신을 얻게 되었다.

하지만 크로스에게 있어서 이와 같은 확신은 올브라이트의 유명한 주장, 즉 초기 역사에 대한 이스라엘 전통의 신뢰성을 증명하기 위해 "외부 증거"(external evidence)를 사용하는 것을 의미하지는 않는다. 또한 이것은 주로 대조를 보여주고자 하는 비교를 의미하지도 않는다. 크로스는 "신화적인 것과 역사적인 것 사이의 지속적이고 팽팽한 긴장"이 유지되면서 이스라엘만의 고유한 종교가 통합되는 것으로 간주했다. 그리고 그는 초기 시대(early period)를 표현함에 있어서 "역사"(history)보다는 "서사"(epic)라는 용어를 선호했다.[13]

크로스는 특정한 역사적 사건들이 시작점에서 (그리고 그 후에도) 결정적인 중요성을 갖기는 하지만, 그 사건들은 단지 그 사건이 당면한 광의적 관념으로 볼 때 "신화적" 관점을 통해서만 본래 의미를 갖는다고 확신했다. 그와 같은 출발점을 주장하는 크로스의 확신은 그가 (주로 모세오경 안에 있는) 대단히 오래된 고대 시문 시리즈에 관심을 두었

---

    den Psalmen, FRLANT 141, 1987)은 그와 같은 개념을 수용하기 위해 (특별히) 북이스라엘 전통에 주어진 환경에 흥미를 갖고 있다.

12 Scandinavia에서 영향력 있는 학자로 우리는 링그렌과 그의 두 권의 책 Israelitische Religion, 1963 (ET 1965); Främre Orientens Religioner i Gammal Tid, 1967 (ET 1973) 그리고 그 밖의 다른 연구들을 언급할 수 있다.

13 F. M. Cross, Canaanite Myth and Hebrew Epic, 1973, viii.

던 것으로부터 비롯되었는데, 그러한 시문들은 그가 1940년대에 올브라이트 밑에서 (프리드맨[D. N. Freedman]과 함께) 작업했던 박사 논문의 중심 내용이기도 했다.[14] 그의 주요 작품인 『가나안 신화와 히브리 서사』(Canaanite Myth and Hebrew Epic, 1973)에서 가장 중요한 근간을 이루는 것들은 1960년대에 출판된 논문들에 담겨있다.[15]

크로스와 그에 동조하는 자들은 가나안의 종교적 사상이 이스라엘에 영향을 끼친 처음 시점을 다른 많은 학자들보다 더 이른 시기로 본다.

> 여부스인들의 엘 엘리욘('Ēl 'Elyōn) 제의에서 왕권과 창조 모티브의 자료를 발견하려는 반복적인 시도는 사람들을 놀라게 했다. 우리가 관찰한 것처럼 실제로 왕인 엘에 대한 제의(ilu milku)는 후기 청동기 시대에 편재해 있었으며, 왕자인 하두(Haddu)에 대한 제의 역시 잘 알려져 있었다. 예루살렘은 엘('Ēl)의 수많은 제단 가운데 한 곳일 뿐이다.[16]

크로스는 출발점에서부터 이와 같은 영향이 있었을 것으로 이해한다. 보다 최근의 일부 저자들과 달리, 이것은 본질적으로 바알로 예

---

14 가장 이해하기 쉬운 것으로 F. M. Cross, Studies in Ancient Yahwistic Poetry, SBLDS 21, 1975.

15 이것들에 관한 자세한 것과 크로스의 다른 출판물에 대해서는 그의 기념 논문집에 목록을 보라. P. D. Miller/ P. D. Hanson/ S. D. McBride, Ancient Israelite Religion, 1987, 645-656. 그의 가르치던 초기 박사과정 학생들은 동일한 주제들을 연구했다. R. J. Clifford, The Cosmic Mountain in Canaan and the Old Testament, HSM 4, 1972; P. D. Miller, The Divine Warrior in Early Israel, HSM 5, 1973; P. D. Hanson, The Dawn of Apocalyptic, 1975; W. R. Millar, Isaiah 24-27 and the Origin of Apocalyptic, HSM 11, 1976.

16 Cross, Canaanite Myth, 99. 각주 30. 야웨주의(Yahwism) 역사에 대한 크로스의 요약에 대해서 참조하라. 89-90. 143-144. 163. 169. 211.

증되는 폭풍의 신 패턴을 의미하는 것이 아니라, 크로스가 이미 1962년에 주장한 것처럼,[17] 오히려 창세기에 족장들의 종교뿐만 아니라 자신의 이름인 야웨 종교의 기반이 되는 엘의 표상을 의미한다.

다른 학자들과 마찬가지로 크로스는 "조상들의 신들"이 본래 익명이었으며 고정된 예배 장소와는 무관하다는 알트(Albrecht Alt)의 의견에 이의를 제기했다.[18] 오히려 카파도키아(Cappadocia)의 고대 앗수르 문헌들이 제시하는 것처럼, 가족 신들이 어디서나 유명한 이름있는 신들과 동일시된 것은 일반적 현상이었다.[19]

창세기에서 등장하는 엘이라는 이름은 이러한 일반적 현상과 정확히 일치하며, 게다가 주전 3천 년과 2천 년 그리고 더 후대에 신의 이름인 엘의 탁월성을 보여주는 광범위한 증거들과도 완벽하게 부합된다.[20] 이것에 대한 (그리고 족장, 전사 그리고 아마도 아마누스[Amanus] 산일 가능성이 있는 그의 산과 같은 엘의 특성에 대한) 가장 확실한 증거는 우가릿 문헌에서 나왔을지라도, 크로스는 엘이 시리아 내륙에 위치한 반유목적인 아모리인들에게도 숭배되었음을 몇 번이고 언급했다.[21]

보다 대담하게 크로스는 야웨라는 이름을 분석함으로써, 즉 출애굽기 3:15에 나타난 야웨의 이름 해석과 아모리인들의 이름을 분석함으로써 "야웨"는 본래 엘 주 야위 짜바오트('ēl zū yahwī ṣaba'ôt[크로스의 모음부호]) "(천상의) 군대를 창조하신 엘"이라는 제의 양식

---

17   F. M. Cross, Yahweh and the God of the Patriarchs, HTR 55 (1962), 225-259, "야웨와 엘"(*Yahweh* and *'Ēl*) 부분의 기초적인 것에 대해서 Cross, Canaanite Myth, 44-75.

18   A. Alt, Der Gott der Väter, BWANT 3/12, 1929.

19   Cross, Canaanite Myth, 7-11.

20   Cross, Canaanite Myth, 14.48.

21   Cross, Canaanite Myth, 11-43.46-60.

(formula)에서 유래한 명언의 이름일 가능성이 높고, 후에 이것이 잘 알려진 야웨 짜바트(yhwh ṣbʾt)로 짧아졌고, 마침내는 야웨(yhwh)로 단순해진 것이라고 주장했다. 이러한 관점에서 본다면 야웨는 "본래 엘의 제의적 이름이며, 아마도 남부 미디안 동맹의 보호 신으로서의 엘의 별명"이었다.[22] 초기 야웨주의의 수많은 특징은 그와 같은 기원과 잘 들어맞는다.

이후에 크로스는 특별히 출애굽기 15:1-18; 신명기 33:2-3; 사사기 5:4-5; 하박국 3:3-6 그리고 시편 68:18[17]에서 확인되는 "제의적 정복"에 대한 본문들이 일괄적으로 주로 가나안 엘 전통에서 나온 신화적 요소들을 포함하고 있으며, 사사시대 길갈에서 행해진 봄 축제로부터 유래한 것이라고 피력한다. 그러므로 천상회의, 신적 전사(Divine Warrior) 그리고 창조와 같은 특징은 이 단계에서 이미 고대 이스라엘 종교에 도입되었으며, 동시에 이러한 특징은 이스라엘 초기 역사를 형성하는 사건을 회상하는 것에 "신화적 '깊이'"를 더해 주었다.

바알 신화에서 비롯된 특징들은 페니키아의 원조와 지도로 솔로몬이 예루살렘 성전을 완성한 이후 시기에 적용되었다. 크로스는 그 시작이 이미 출애굽기 15:1-18에서 완성되었지만, 그러나 상당히 제한된 방식으로 이루어졌다고 간주한다. 신과 바다 사이에 어떠한 전쟁도 없으며, 다른 곳에서 나타나는 "바다를 가르는" 모티프도 전혀 나타나지 않는다. 다만 갈등, 성소 건설, 왕권사상 표명에 대한 외적인 패턴만이 바알-싸이클(Baal-cycle)과 매우 밀접할 뿐이다.[23]

---

22 Cross, Canaanite Myth, 70-71.75. 각주에서 Cross는-동일한 기반을 제시하지 않았음에도 불구하고-Encyclopaedia Britannica의 "Israel"에 대한 글에서 벨하우젠과 유사한 견해를 보여주었다. "야웨는 단지 엘의 특별한 이름일 뿐이다…"(재인쇄된 Prolegomena to the History of Israel, 1885, 433 각주 1에서 인용됐다).

23 Cross, Canaanite Myth, 141-142.

반면에 시편 18; 29; 46편; 89:6-19[5-18]; 93; 97편과 같은 왕국시대의 시들은 폭풍 가운데 바알의 현현, 바다 또는 바다 괴물과 바알의 전투 그리고 바알의 왕 즉위와 같은 우주적 신화 관념을 대거 수용했다.[24] 더 나아가 이러한 신화적 요소의 흡수에 따르는 영향은 욥기 그리고 이사야서와 에스겔서 일부에서 등장하는 "원-묵시적"(proto-apocalyptic) 시와 같은 포로기 및 포로기 이후의 문학에서 나타난다. 그러나 이스라엘에 바알 숭배가 실제적으로 깊이 침투해 있음을 고발했던 초기 예언은 바알의 현현과 관련된 용어를 제거했다(참조, 왕상 19:11-12).

초기 예언은 오히려 엘 전통으로부터 바알 사상을 끌어왔으며, 천상회의의 명령 혹은 말로 나타나는 엘의 계시 개념도 함께 차용되었다(참조, 왕상 22장; 사 6장; 시 82편). 이러한 전통들은 유다뿐만 아니라 북왕국에서도 분명히 보존되었다. 크로스는 벧엘이라는 명칭은 그 이름 자체에 담겨있는 뜻을 의미하며, 동시에 본래에는 "엘 제단"과 관련되어 있다는 사실을 확신한다.[25]

결론적으로 신화적 전통이 이스라엘 종교사에 계속해서 사용되어 왔다는 크로스의 관찰이 중요한 것처럼, 그에 따르면 이스라엘 종교사를 실제로 이끌어가는 힘이 어느 곳에나 존재했다는 점은 강조되어야 한다. 크로스의 주장은 이스라엘 종교의 출발점과 역사적 사건들의 중심점으로부터 초기 축제 제의와 서사 전통에 이르기까지 그러한 종교의 언약적 기초에 대한 강한 집착에서 분명히 드러난다. 게다가, 비록『가나안 신화와 히브리 서사』(Canaanite Myth and Hebrew Epic)가 이스라엘 종교 전통에 대한 완전한 설명으로 이해될 수는 없지만(예를 들어, 고전 예언은 거의 언급되지 않았다),『가나안 신화와 히브리 서사』는

---

24   Cross, Canaanite Myth, 151-163.
25   Cross, Canaanite Myth, 177-94; cf. 73-75.

혹여 나타났더라도 도외시되었을 법한 신화적 주제를 담고 있는 장들 (chapters)을 분명히 포함하고 있다. 제사장 계열, 왕정 이데올로기 그리고 신명기사가적 역사. 유사한 범위는 크로스의 박사과정 학생들의 연구에서 관찰된다.

20세기 후반과 그 이후의 시기에 크로스의 비교연구에 관한 주제를 다른 방법들로 추진하는 것에 적극적이었던 사람들은 크로스의 박사 과정 학생들이 아닌 바로 두 명의 학자, 무어(J. C. de Moor)와 스미스(Mark S. Smith)였다. 무어의 『야웨주의 출현』(*The Rise of Yahwism*)[26]은 크로스처럼 초기 이스라엘의 시, 우가릿 문서 그리고 성서의 해석인 다른 비성서적 문서들에 대해 지대한 관심을 갖고 있다.[27] 또한 무어는 히브리 족장들이 엘의 숭배자들이었고 이 신이 족장들에게 야웨로 알려져 있었다고 확신한다. 언약은 이스라엘의 기원에 있어 중요한 위치를 차지하고 있다고 주장한다.[28]

그러나 초기 이스라엘 역사와 종교에 대한 무어의 복원은 크로스가 폭넓게 따르던 성서적 내러티브와는 매우 다르다. 심지어 크로스는 사건들의 실제 순서에도 관심을 갖고 있었다. 무어는 시편 68편(적어도 2-25[1-24]절)과 하박국 3:3-15을 출애굽 이전 시기의 것으로 추정하는데, 출애굽에 대해 어떤 언급도 하지 않기 때문이다. 그리고 그는 이 두 본문이 아마르나(Amarna) 시대에 남부 사막에서 바산까지 이르렀던 초기 야웨주의자들의 정벌 행렬을 재현하는 것으로 이해한다.

---

26 J. C. de Moor, The Rise of Yahwism: The roots of Israelite monotheism, 1990, 2판은 1995. 여기서 언급된 페이지는 첫 번째 판이다.

27 그의 초기 연구에 대해서는 참조하라. J. C. de Moor, The Seasonal Pattern in the Ugaritic Myth of Baʻlu, according to the version of Ilimilku, 1971; J. C. de Moor, New Year with Canaanites and Israelites, 1972.

28 De Moor, Rise, 1990, 176-182. 255-259.

또한 이유를 명확하게 제시하지 않은 채 무어는 신명기 32장을 일반적인 것보다 훨씬 초기인 모세시대로 연대를 설정한다. 반대로 무어는 출애굽기 15:1-18의 시를 크로스가 추정한 것보다 더 후대인 주전 10세기의 것으로 추정하는데, 이것은 이 시의 마지막 절들을 예루살렘과 연관하여 보다 명확하게 이해할 수 있게 해준다. 무어의 사변적인 역사 복원을 우리가 여기에서 관여할 필요는 없다. 가장 흥미로운 것은 야웨의 기원에 대한 그의 매우 독특한 이론인데, 그는 야웨의 기원에 대해 논하면서 우가릿 문헌을 활용했다는 것이다.[29]

무어는 야웨 신명(어근인 hwy의 yqtl 형태로 분석되는 것으로서, 아마도 간단한 칼(Qal) 형태)에서부터 Iawi-DINGIR(Ⅱ)를 포함하는 많은 아모리인의 개인적 이름의 첫 부분에 이르기까지 유사성을 자기 이론의 출발점으로 삼고 있다.[30]

그러나 인간의 이러한 개인적 이름이 신명의 기초가 되는 것이 과연 가능한가? 낱말의 첫머리로 요약된 언어적 요소를 포함하여 동일한 형태의 이름들이 사실상 마리와 우가릿에서 출토된 본문들에서 신들의 이름으로 입증된다는 사실을 관찰함으로써 무어는 자신의 이론을 시작한다.[31] 무어가 제시하는 것이 가능한가에 대한 질문은 우가릿의 왕들이 아마도 살아있을 동안에는 "일루의 아들들"[sons of Ilu]로 간주되었다가, 죽음 이후에 신격화(rp'um로)되었다는 (지금은 일반적으로 인정되는) 사실로부터 명백해진다. 무어의 견해에 의하면 야웨-엘은 원래 하급신에 불과했으며, 아마도 원시 이스라엘 부족들 가운데 한

---

29   De Moor, Rise, 1990, 176-182. 255-259.
30   De Moor, Rise, 1990, 237-260.
31   비교하라. H. B. Huffmon, Amorite Personal Names in the Mari Texts, 1965, 71-73.159-160.

조상이 신격화된 것이다. 그리고 무어는 그와 같은 것이 엘의 한 부분이라고 추측한다.[32]

무어가 초기에 바알 숭배자들과 종교적 갈등을 연관시킨 지점에서, 야웨-엘은 엘과 동일시되지 않고 독자적인 권리를 가진 하나의 신이 되었다.[33] 이 이론은 같은 언어 형태인 (엘) 요소만 남아있는 상실이 고대 근동의 용어체계와 일치된다는 가정을 했다는 점에서 야웨의 명칭에 대한 크로스의 설명을 능가하는 장점을 가지고 있다. 그리고 이 이론은 초기 야웨 숭배 부족의 활동을 구체적으로 복원하려는 무어의 작업과는 별도로 그 정당성이 입증될 수 있을 것이다. 그러나 이 이론은 그 자체로 심각한 문제를 가지고 있는데, 무어가 247-252쪽에서 제시하고 있음에도 불구하고, 고대 이스라엘 전통에서 조상 숭배에 대한 실제적 증거가 부족하며, 야웨, 출애굽 그리고 시내산 사이에 매우 강한 연관성이 있기 때문이다.

스미스(Mark S. Smith) 역시 우가릿 전문가[34]로서 고대 이스라엘 종교의 비교연구에 대한 세 권의 두꺼운 책을 집필했다.[35] 그 가운데 첫 번째 것은 이미 크로스에 의해 이미 다뤄진 주제들에 초점을 두고 있는데, 특히 야웨, 엘과 바알의 관계 그리고 이 셋에 대한 각각의 문헌을 다루었다. 그러나 스미스의 접근법은 적어도 세 가지 방식에

---

32 De Moor, Rise, 1990, 240-241.244-245.
33 계속해서 보라. de Moor, Rise, 1990, 252-255; KTU 1,1 iv.13에서 yw가 나타나는 것은 아마도 "야웨에 대한 신중한 묘사"일 것이다(위의 책, 113-118).
34 특별히 그가 편집한 서적과 주석을 보라. M. S. Smith, The Ugaritic Baal Cycle, 1, 1994; 2 (Wayne T. Pitard과 함께), 2009.
35 M. S. Smith, The Early History of God, 1990, ^{2}2002 (여기에서는 첫 번째 판본을 말한다); M. S. Smith, The Origins of Biblical Monotheism: Israel's Polytheistic Background and the Ugaritic Texts, 2001; M. S. Smith, God in Translation: Deities in Cross-cultural Discourse in the Biblical World, FAT 57, 2008.

서 크로스와 차이점을 보인다. 학술적 관점에 있어서 스미스는 중대한 변화를 가져왔는데, 그는 고대 이스라엘의 문화와 종교를 가나안 문화와 종교와 많이 비슷할 뿐 아니라 그것에서 파생된 것으로 인식했다.[36] 크로스, 무어와 비교했을 때, 스미스는 초기 시를 포함하여 이스라엘의 최초 역사에 대한 전통과 궁극적 기원에 관한 논쟁에 훨씬 적은 관심을 가지고 있다.[37]

아세라(Asherah), 태양 그리고 몰렉(Molech)을 다룬 후반부 장들에서 확인되듯이, 결과적으로 스미스의 주안점은 무엇보다 특정 신들의 특성과 상호 관계에 있다. "이스라엘의 본래 신은 엘이었다"(적잖이 그 명칭을 보았을 때) 그리고 "야웨와 엘은 초기 단계에서 동일시되었다"는 사고에는 여러 이유들이 있다. 이미 사사시대에 "야웨는 주도권을 가지고 있었다." 하지만 종교적 시각이라는 다른 방식으로 본다면, 천상회의와 같은 특징을 연상해볼 때 엘, 바알 그리고 아세라를 위한 공간이 제공된다.[38] 야웨가 어디서 왔는지 설명하려는 시도는 없었다. 다만 야웨의 다른 이름들과 결부된 "남쪽 성소"에 대한 "오래된 전통"과 "이스라엘의 출애굽 초기 전통"만이 간략하게 언급되어 있다.[39]

왕국시대를 다루면서 스미스의 주요 관심은 야웨 숭배와 바알 숭배의 관계에 있었는데, 각각 설명이 요구되는 용어로서 (아이스펠트가 앞서 제안했었던 바와 같이, 주전 9세기 북왕국 오므리 왕조의 치하에서 바알-샤멤[Baal-shamem]의 형태일 가능성이 큰) 관용과 두 가지 개념에 기초를

---

36 Smith, The Early History, xxii-xxiii, 1-7.
37 사실상 Smith는 삿 5장을 제외한 모든 시의 저작시기를 왕조시대로 요구할 것을 제안한다. Smith, Early History, 74 n. 94.
38 Smith, Early History, 7-8.26.
39 Smith, Early History, 3.

두고 있다. 이러한 두 개념을 스미스는 "종교혼합주의"(syncretism)라는 오래된 표현 대신에 적절하게 사용하였다. 수렴(convergence)과 분리(differentiation). 전자는(수렴-역주) 고대 이스라엘의 시에서 야웨를 표현하기 위해 종종 정치적 모티프와 함께 바알의 (그리고 엘의) 이미지가 광범위하게 적용되는 것에서 관찰된다. 후자는(분리-역주) 엘리야, 예후 그리고 호세아 같은 인물들로 인해 바알 숭배에 대한 저항에서 등장한다.[40]

궁극적인 기원에 대한 "상실"된 이해는 사실상 스미스의 두 번째 책에서 발견할 수 있다. 청동기시대와 철기시대의 엘 숭배에 대한 증거를 재검토하고 엘이 이스라엘의 본래 신이었다는 자신의 견해를 재확인한 이후에, 스미스는 이제 야웨가 엘과 동일시되었을 것으로 추정되는 단계들과 야웨의 본래 "단면도"는 무엇이었는가에 주의를 기울이고 있다.[41]

일부 단락들은 엘과 야웨가 여전히 상이한 신들이었던 시기가 있었음을 보여준다(시 82편; 스미스의 이해에 따르면 창 49:18-25과 민 23-24장). 그리고 70인역(LXX)에 기록된 신명기 32:8-9은 더욱 명확하게 엘을 (정확히 말하자면 "지극히 높은 자," *Elyon*) 야웨가 구성원 가운데 하나로 속해있는 만신전의 우두머리로 제시한다. 야웨는 마치 엘의 아들들 가운데 하나인 것처럼 보인다(참조, 시 82:6). 따라서 야웨와 엘을 동등하게 여기는 것은 "아마도 야웨 제의가 이스라엘의 고지대로 더욱 확장될 때…엘의 제의 장소에 침투하고 그들의 엘 신학을 수용함으로써" 발생했을 것이다. 스미스는 같은 장의 앞부분에서 이러한 "침

---

40 Smith, Early History, 49-64 그리고 45-49 각각을 보라. Cross를 포함하여 같은 차이점을 다른 방법으로 강조한 초기의 학자들에 대해서는 xxxiii 각주 12를 보라.

41 Smith, Origins, 7장, 특별히 143-148.

투"가 발생했을 만한 특정 장소들로 실로와 세겜을 제시해왔다.[42]

그러면 야웨 제의는 가나안의 고지대들에서 맨 처음으로 어떻게 확립되었을까? 스미스는 이제 야웨 제의가 아마도 아말렉족(Amalekites), 겐족(Kenites) 또는 미디안족(Midianites)과 같은 남부인들에 의해 전달되었을 것이라고 제안하는데, 왜냐하면 이 남부인들이 실재했었다는 일부 증거가 가나안에 존재하기 때문이다. 그리고 그는 상업적 거래로 인한 접촉이 그것들을 (그리고 야웨 제의를) 거기에 가져왔던 것은 아닌지를 추정한다. 일부 학자들이 선호하는 전통적인 설명에 따르면 출애굽 한 "고대 이스라엘" 집단은 야웨를 그들의 신으로 여겼다고 스미스는 관찰한다. 그는 그러한 집단이 있었는지에 대해서는 논쟁하지 않는다.

하지만 스미스는 일부 다른 학자들과 마찬가지로 출애굽의 본래 하나님은 야웨가 아니라 엘이었다는 사실을 고집한다. 이러한 주장을 하는 주요한 근거는 발람 신탁에 나타난 두 절이(민 23:22; 24:8) 그것을 확증하고 있으며, 이 신탁에서는 엘에 대한 언급이 야웨에 대한 언급보다 빈번하게 등장한다는 점이다. 창세기의 족장 종교를 통해 규정될 더 거대한 연속체는 이러한 견해를 어느 정도 뒷받침해준다.[43]

그렇다면 야웨의 고유한 본질은 무엇이었을까? 스미스는 일부 다른 학자들과 함께 다음과 같은 개념을 발견했다. 즉, 야웨는 "엘의 명칭"의 시작부터 야웨의 남부 지방 기원 그리고 폭풍/전쟁과 야웨의 연결성과는 모순된다. 하지만 그는 사막의 신이 바알과 같은 "해안 폭풍의 신"의 형태일 개연성은 없는지 의심한다. 아마도 가장 근접하게 일치하는 것은 우가릿의 앗타르(Athtar)일 것이다. 그러나 결론 부분에서

---

42 Smith, Origins, 144; 참조, 140.
43 Smith, Origins, 145-148.

그는 우가릿에서 발굴된 다량의 자료가 학자들에게 그리 큰 영향을 끼치지 못했다는 사실에 대해 의문을 갖는 것 같다.

> 우가릿 본문들이 제공하는 중요한 증거는 야웨의 고유한 본질을 찾기 위해서 방향을 엘과 바알에 대한 연구로 나아갔는지도 모른다. 이러한 방향은 부분적으로는 잘못된 것일 수도 있다.[44]

야웨의 고유한 단면의 일부는 상실되었다는 것이 보다 정확할 것이다. 물론 이 복원과 관련하여 일부 미해결된 문제들이 있다. 발람 신탁에서 중요한 증거는 다르게 해석될 수도 있다. 히브리어 엘('*el*)은 칭호(title) 이상으로서 부가적인 것이 더 이상 필요없는 가장 적절한 명칭이며, 여기에서는 그 밖의 다른 본문들보다 적절하다. 그리고 엘('*el*)과 출애굽의 연관성을 다루는 두 본문보다 야웨의 출현을 다루는 두 본문이 근소하게 선행한다(민 23:21; 24:6). 게다가 상인들이 그 나라에 소개한 어떤 신에 의해 엘이 그의 제의 중심의 최상위 자리로부터 밀려났다는 스미스의 가설은 다음 가설보다 설득력이 떨어진다.

다시 말해, 여전히 강력한 왕국인 애굽으로부터 그들을 해방시킨 이 신의 전지전능한 행위에 대한 이야기와 그 신이 그들을 가나안에 정착할 수 있도록 (혹은 이미 정착하게 한) 도왔다는 확실한 희망을 가져온 한 집단이 출현함으로써 엘이 최상위 자리에서 물러나게 되었다는 가설보다 개연성이 없다.

마지막으로 독일학자에게로 돌아가보자. 알베르츠가 등장하기 이

---

44 Smith, Origins, 146.

전의 60년 동안 오직 한 명의 독일 학자(포러[G. Fohrer, 1969])만이 이스라엘 종교사라는 범위로 책을 출판한 이후에, 의심할 여지없이 지난 20년간 **종교사**에 대한 강력한 집중 현상은 알베르츠(Rainer Albertz)의 종합적인 두 권의 책의 출현과 알베르츠가 의도적으로 저술한 도발적 에세이에 자극 받은 논쟁의 발생 덕분이다.[45] 이스라엘 종교사라는 주제에 대한 이전의 이론들과 비교해서 알베르츠의 이론은 신선하면서 진정으로 납득이 갈 정도로 획기적이다.

왜냐하면 이 이론은 수많은 개별 논의들에 대하여 다른 측면들뿐만 아니라 구약 시대 전체를 통틀어 종교 발달에 대하여 사회적이고 정치적인 정황을 수용하기 때문이다. 독일어권 나라들에서는 종교사 주제에 대한 다른 요소들과 더 많은 공헌들이 츠비클(W. Zwickel)의 중요한 연구사에서 예리하게 검토되었는데, 여기에는 또한 적절한 방법론적 원리에 대하여 몇가지 자신만의 제안이 관찰된다.[46] 여기에서는 공간이 제한적이므로, 혁신적이지만 색다른 방식들을 취하고 있는 두 학자의 작품에만 관심을 기울일 것이다.

이스라엘 종교사에 대해서 최근에 매우 탁월하다고 인정받고 있는 새로운 접근법이 등장하였는데, 그것은 신들의 도해(圖解), 시각적 묘사들 그리고 상징물들을 활용하는 것이다. 이 접근법은 종합적으로 논문의 양적 측면[47]뿐 아니라 특정 주제에 대한 단행본을 보았을 때

---

45 R. Albertz, Religionsgeschichte Israels in alttestamentlicher Zeit, ATD/E 8, 1992 (ET 1994); R. Albertz, Religionsgeschichte Israels statt Theologie des Alten Testaments! Ein Plädoyer für eine forschungsgeschichtliche Umorientierung, JBTh 10 (1995), 3–24 (비교하라. 177–187).

46 Zwickel, Religionsgeschichte (위에, 각주 1).

47 O. Keel, Die Welt der altorientalischen Bildsymbolik und das Alte Testament. Am Beispiel der Psalmen, 1972 (ET 1978); O. Keel/C. Uehlinger, Göttinnen, Götter und Gottessymbole. Neue Erkenntnisse zur Religionsgeschichte Kanaans

특별히 킬(Othmar Keel)과 그의 제자들에 의해 촉진되었다. 스위스 프리부륵(Fribourg)대학교 킬의 지도하에 이루어지던 그림 인장들과 그 인장의 인쇄물을 수집, 목록화하는 프로젝트는 이 연구에 큰 도움이 되었다.[48] 자료를 새롭게 종합하고 통합된 자료를 신중하면서 조건부로 해석하는 것은 학문 영역에 매우 가치 있는 공헌을 가져왔다. 여기서는 그것들 가운데 일부만을 다루도록 할 것이다.

아마도 가장 중요한 것은 특별히 주전 8세기 고대 이스라엘 조각 예술 안에서 나타나는 태양 이미지일 것이다. 그것은 처음에는 북왕국에서 그리고 이후에는 유다에서 발견됐는데, 킬과 윌링어(Uehlinger)는 이 태양 이미지를 야웨의 위엄과 우주적 권능을 나타내기 위한 것으로 간주했다.[49] 태양 이미지의 중요성은 구약에서 빈번하게 논의된 본문 증거들과 나란히 신중히 고려될 필요가 있다.[50] 하지만 도상학(圖像學)적 패턴들이 변화하는 이유에 대한 추론들은 흥미롭다.

초기 철기 시대에 "벌거벗은 여신"상은 점차적으로 사라졌는데, (아

---

und Israels aufgrund bislang unerschlossener ikonographischer Quellen, 1992 (ET 1998).

48 비교하라. O. Keel, Corpus der Stempelsiegel-Amulette aus Palästina-Israel. Von den Anfängen bis zur Perserzeit (OBO SA), 1995 이하; J. Eggler/O. Keel, Corpus der Siegel-Amulette aus Jordanien (OBO SA 25), 2006. 새겨진 도장들의 폭넓은 배열에 대해서 보라. N. Avigad/B. Sass, Corpus of West Semitic Stamp Seals, 1997.

49 Keel/Uehlinger, Göttinnen, 282-298.302-321.

50 그것에 대해서 참조하라. Smith, Early History, 115-124; J. G. Taylor, Yahweh and the Sun: Biblical and Archaeological Evidence for Sun Worship in Ancient Israel, JSOTS 111, 1993; B. Janowski, JHWH und der Sonnengott. Aspekte der Solarisierung JHWHs in vorexilischer Zeit (1995), in: B. Janowski, Die Rettende Gerechtigkeit. Beiträge zur Theologie des Alten Testaments 2, 1999, 192-219; Day, Yahweh (위에 각주 7), 151-163; 이전 문헌과 논의에 대해서 참조하라. E. Lipiński in DDD, art. Shemesh (1995), 1445-1452.

마도) 아세라(Asherah)를 상징하기 위해서 나무와 동물이 주로 사용되었기 때문일 것이다. 후에 이것의 "초자연적인 힘"은 왕권과 연합을 이루었다. 그것은 이후에 (주로) 주전 7세기의 "기둥 조각상"에 새겨진 신인동형동성론적(anthropomorphic) 묘사를 통해서 다시 유행하게 되었다.[51] 신들의 상징물은 점차적으로 인간과 같은 형상으로 표현되는 경향이 나타난다. 게다가 인장들에 나타난 후기 유다 왕정의 회화적 장식들은 종교적 의미를 함축하지 않거나 혹은 전혀 부재한 경향이 있다.[52]

주전 8-7세기에 바알과 엘 이미지의 주요한 변화는 여기에서 제시한 바와 같이 앗수르와 아람에서 유래한 달의 상징과 엘의 관련성을 볼 때 더욱 심도 있는 연구의 도움을 받을 것이다.[53] 이 단행본에 모아진 방대한 양의 실증적 자료는 해석을 요구하는 관습의 변화를 규정하는 데에 훌륭한 기초를 제공한다. 여기서 제공된 해석들은 그와 같은 분석을 위해서는 아주 좋은 출발점이 되지만, 저자가 인식하는 바와 같이 계속해서 평가와 해석이 요구된다.[54]

지금까지 설명된 것들과는 상당히 구별되는 접근 방법이 1990년에 출판된 니어(Herbert Niehr)의 논문, **가장 높은 신**(Der höchste Gott)에서 나타났다.[55] 부제, **주전 천 년에 시리아-가나안의 종교 맥락에서 본**

---

51 Keel/Uehlinger, Göttinnen, 146.164.173.264-266.370-385.
52 Keel/Uehlinger, Göttinnen, 164.406-414.
53 Keel/Uehlinger, Göttinnen, 354-361.
54 그 책의 일부 수정에 대해서 보라. H. Weippert, Zu einer neuen ikonographischen Religionsgeschichte Kanaans und Israels, BZ N.F. 38 (1994), 1-28. Zwickel은 다음과 같은 것을 중요하게 지적했다. 저자들이 철기 I기를 다루면서 지역적 차이에 대해서 충분한 관심을 갖지 못했으며, 초기 이스라엘이 정착한 산지-국가에서 발생했다는 인상적인 사실에 부주의했다. 따라서 당시의 생생한 자료는 거의 결여된 상태이다(Zwickel, Religionsgeschichte, 36-39).
55 H. Niehr, Der höchste Gott, BZAW 190, 1990.

구약의 야웨 신앙이 명확히 제시하는 바와 같이, 이 접근 방법에서 성서 이외의 자료가 중요한 역할을 한다. 특히 이러한 경우에는 동시대뿐만 아니라 후대의 비문과 도해 자료에서 나타나는 페니키아와 아람 종교에 대한 증거들이 중요한 역할을 한다.

니어는 야웨가 "최고 신"으로 발전하는 것이 야웨를 엘과 동일시하는 것에서 비롯되었다는 것을 거부한다. 왜냐하면 엘은 주전 천 년경에 초승달 지역(Levantine) 신들의 목록에서 실질적으로 사라졌기 때문이다. 이스라엘의 "예루살렘 제의 전통"조차도 포로기이후 시대의 산물이다. 왕국시대의 이스라엘 주변국들의 문헌에 따르면 다른 신들, 특히 바알-샤멤(*Baal-shamem*, 하늘의 주(主)-역주)은 주도적 역할을 한다. 이 신의 속성은 엘레판틴 문헌과 구약의 후대 책에 등장하는 "하늘의 신"이라는 직함과의 연관성을 암시한다.

대부분 초기의 학자들과 달리 니어는 포로기이후 시대를 그가 바알-샤멤의 모습과 연관시키려 노력했던 신화적 모티프가 처음으로 구약성서문헌에 유입되어 존속하게 되는 시기로 이해하며, 게다가 신명기와 제2이사야의 초기 유일신론을 지지하기 위해 고안된 프로그램의 한 부분으로서 야웨가 비로소 "최고 신"으로 나타나기 시작했다는 것을 견지한다. 다른 문맥에서처럼 "이교사상"은 단지 문학일 뿐이므로 잠재적인 믿음에 영향을 끼치는 것을 의미하지는 않는다. 포로기 이전에 물론 소수 엘리트에게 야웨는 땅과 왕조의 신으로 숭배되었지만, 이스라엘 종교의 일반적인 특징은 철저하게 다신교적이었고, 그때까지만 해도 "최고 신"은 존재하지 않았다.

니어의 제안에 대해서 소수의 학자들은 수용하고,[56] 일부 학자들은

---

56 예를 들어 P. R. Davies, N. P. Lemche 그리고 T. L. Thompson, 또한 B. A. Mastin, Yahweh's Asherah. Inclusive Monotheism and the Question of Dating,

반신반의 하며[57] 나머지 학자들은 노골적으로 거부[58]하는 등 다양하게 반응해왔다.

보다 최근의 연구에서 니어는 지금까지 고수해오던 이스라엘의 종교에 대한 자신의 일반적인 접근법을 바알-샤멤에 대한 이해로부터 약간 분리시켰다. 후자는 전자에서 더 이상 그와 같은 중심 역할을 하지 않으며, 그는 바알-샤멤에 대한 그의 견해들 중 일부를 수정했다. 그는 바알-샤멤이 주전 천 년에 초승달 지역에서 "최고 신"이었다고 더 이상 주장하지 않는다.[59]

그는 우가릿 종교 그리고 시리아, 페니키아, 팔레스타인의 후기 종교들은 한 연속체의 일부임을 인정한다. 많은 본문에 대한 수정된 해석은 자쿠르(Zakkur) 비문을 바알 샤멤이 주전 천 년 초반에 최고의 신이었음을 보여주는 유일하고 확실한 증거로 남겨두었다.

계속해서 니어는 아람 지역에서는 이것이 예외적이라는 것을 인정하는데, 왜냐하면 초기 아람의 증거들은 대부분 하닷(Hadad)을 우두

---

in: Day (ed.), Search, 326-351, 340.

57 예를 들어 Keel/Uehlinger, Göttinnen, 296-297; 마찬가지로 보라. 235-237.277-278.354-360. 예루살렘 제의 전통과 그것의 원시-이스라엘 뿌리에 대해 보라. Keel, Fern von Jerusalem. Frühe Jerusalemer Kulttraditionen und ihre Träger und Trägerinnen, in: F. Hahn et al. (ed.), Zion, Ort der Begegnung, BBB 90, 1993, 439-502, 440-441.

58 K. Engelken, BA'AL-ŠAMEM. Eine Auseinandersetzung mit der Monographie von H. Niehr, ZAW 108 (1996), I., 233-248, II., 391-407; Day, Yahweh, 14-15. 그리고 각주 11; I. Kottsieper, El-ferner oder naher Gott? Zur Bedeutung einer semitischen Gottheit in verschiedenen sozialen Kontexten im 1. Jtsd. v. Chr., in: R. Albertz (ed.), Religion und Gesellschaft. Studien zu ihrer Wechselbeziehung in den Kulturen des Antiken Vorderen Orients, AOAT 248, 1997, 25-74, 41.

59 H. Niehr, Ba'al-Šamem. Studien zu Herkunft, Geschichte und Rezeptionsgeschichte eines phönizischen Gottes, StPh 17 (OLA 123), 182.

머리 신으로 가리키기 때문이다.[60] 그럼에도 불구하고, 니어가 적어도 바알-샤멤이라는 이름이 야웨에게 사용된 "하늘의 신"이라는 타이틀에 기여하게된 경로를 열왕기하 17:24-25, 29-31절에서 입증되는 아람인들의 북이스라엘로의 이주를 통해 밝혀내는 것은 (보다 초기의 포로기에 있었던 페니키아의 "침투"[penetration][61]라기보다는) 아람 자료를 통해서이다. 그러나 이러한 관점은 자체적으로 결함을 갖고 있다.[62]

이스라엘 종교 연구 방법론에 대한 니어의 보다 새롭고도 명백한 주장은 이스라엘 주변 종교에 관한 저서들을 독자적으로 연구하려는 배경에서 서술되었다.[63] 그의 견해에 따르면 이스라엘 종교 연구는 바로 이것에서 시작되어야 한다. "외부 관점"(Außenperspektive)은 중립적이고 독립적인 출발점을 확보하기 위한 유일한 방법이다.[64] 그가 염두에 둔 것은 "초승달" 지역의 종교들은 유사한 기후 환경을 고려할 때, 이집트와 메소포타미아의 거대한 강 문명과는 구별된다.

하지만 이스라엘 종교는 팔레스틴 종교의 일부일 뿐만 아니라, "가나안 종교의 일부분"으로 취급되어야 한다.[65] 이스라엘의 종교 연구는 주전 9세기 오므리 왕조에서 시작해야만 한다. 왜냐하면 성서 이야기

---

60 Niehr, Ba'al-Šamem, 89. 이것에 대한 증거는 유일하게 위에 각주 3에서 언급된 새로운 발견을 통해 강화된다.

61 Niehr, Höchste Gott, 195-197.

62 Niehr, Ba'al-Šamem, 98-101.198-199.211-212.

63 Niehr, Religionen (위에 각주 6), 237-240; Niehr, Auf dem Weg zu einer Religionsgeschichte Israels und Judas. Annäherungen an einen Problemkreis, in: Janowski/Köckert (ed.), Religionsgeschichte, 57-78. 동일한 일반적인 접근법은 이미 Niehr, Höchste Gott, 181-192에서 관찰된다.

64 Niehr, Auf dem Weg, 74.

65 Niehr, Auf dem Weg, 70. 이 구절은 M. D. Coogan, Canaanite Origins and Lineage: Reflections on the Religion of Ancient Israel, in: Miller/Hanson/McBride, Ancient Israelite Religion (위에 각주 15), 115-124, 115에서 인용되었다.

에 등장하는 보다 이른 시기에 대한 모든 것들은 시간적 제약을 받는 주제이거나 비역사적으로 재구성된 것들이므로, 그것으로부터 유용한 어떤 것도 기대되기 어렵기 때문이다. 유다와 유다 종교의 출발점은 "어둠 속으로 사라졌다." 게다가 이스라엘과 가나안의 대립은 비현실적이다. 왜냐하면 현재 입증된 것을 수용한다면, 고대 이스라엘인들은 "다시 전통적인 부족 생활로 돌아간"(retribalised) 자들로서 본래에는 가나안 사람이었기 때문이다.

정경의 검열이 예루살렘 중심적 관점에서 이루어졌다는 것은 성서 문헌이 실제 모습을 왜곡하여 제시하고 있음을 의미하며, 또한 오직 고고학과 금석학(金石學)적 증거만이 안전하게 믿을 만한 것임을 의미한다. 그러나 니어는 이스라엘과 이스라엘 주변 국가들에 대하여 적용되는 그와 같은 증거가 매우 빈약함을 인정하며, 동시에 이스라엘에 대해서는 구약성서가 제공하는 혹은 그것에서 인용된 전후 관계가 활용되어야만 한다는 것을 인정한다.

그럼에도 불구하고 니어에 따르면 이스라엘 종교 연구는 주변 종교들에서 식별된 패턴을 따라 진행되어야 한다. 계속해서 그는 주변 종교를 만신전의 우두머리인 폭풍 신과 배우자인 어머니-여신, 최고 신의 아들인 지상의 왕, 신전과 연결된 신상, 제사 의식 그리고 사제, 산당을 중심으로 이뤄진 점술, 사자(死者) 숭배, 천문학 그리고 신화와 같은 용어로 요약한다.

이스라엘과 유다는 "남부 팔레스타인의 폭풍-신인 야웨" 숭배를 공유하고 있음에도 불구하고, 이 두 왕국의 종교는 동일한 것으로 추정되지 않는다.[66] 두 왕국에 등장하는 예언자들에게서 관찰되는 차이점들

---

66 Niehr, Auf dem Weg, 68; 참조, Niher, Religionen, 237.

은 이스라엘과 유다의 종교가 동일하다는 이해를 불가능하게 만든다.

이것은 언뜻 보기에도 이스라엘 종교 연구에 대한 과학적이고 엄밀한 방법으로 보인다. 그리고 마지막 요점은 포로기 이전 시기에 북왕국과 남왕국의 주요한 차이점들을 인식해야 할 필요성인데, 이것은 그전보다 더 많은 관심을 받을만한 충분한 가치가 있다. 정경의 "예루살렘 편향성"에도 불구하고 북이스라엘 종교의 특징에 대한 적지 않은 증거들이 정경에 보존되었는데, 그러한 특징들은 후대 수집가들과 편집자들로부터 분명하게 인정받은 것들이다.

반복적으로 제기되는 한 가지 주제는 출애굽의 하나님으로서의 야웨 숭배이다. 시편 77; 80; 81편과 같은 북이스라엘 시편, 북왕국에서 활동한 예언 증거(아모스, 호세아) 그리고 비평적 이슈에 대해 충분한 관심을 끄는 신명기와 신명기 역사서의 특징들, 이 모든 것들은 과거 일부 학자들이 주목했던 것처럼 북이스라엘 종교를 생생하게 묘사한다.[67]

이와 같은 증거는 니어의 방법론적 원칙들 가운데 일부가 적절한가에 대해서 중요한 의문을 제기한다. 이것에 따르면, 왕조의 역사만이 아니라 백성의 역사에 나타난 신의 행위라는 범주를 니어의 도식에 추가해야 할 필요성이 확인된다.[68] 그러나 이것은 니어의 접근법이 근본적으로 빈약함을 보여준다. 주전 천 년 초반의 팔레스타인 종교들의 차이점을 다루는데 있어서 그것은 무기력하다.

이것은 불일치하는 특징들을 "잘라버리거나" 무시하고 혹은 정당한 이유 없이 역사의 후기 단계로 귀속시켜버리는 "프로크루스테스의 침대"(Bed of Procrustes)가 될 만한 심각한 위험을 갖고 있다. 오므리 왕조로부터 시작할 것을 주장하는 것도 마찬가지로 처음부터 방법을

---

67   전통적인 설명으로는 H. L. Ginsberg, The Israelian Heritage of Judaism, 1982.
68   메사(Mesha) 비문은 여하튼 그런 범주에 포함될 수 있을 것이다.

왜곡시킨다. 외부 개입의 증거가 너무도 명백한 시대에 특권을 부여하는 것은 이상하기 짝이 없다. 왕정 이전 시대에도 존재했던 이스라엘 생활을 경시하는 것은 왕정시대 그리고 왕정시대의 공식종교 이면에서 얻을 수 있는 백성들의 오래된 뿌리를 통찰할 수 있는 가능성을 제거하는 것이다. 그러한 백성들의 오래된 뿌리는 후대의 발달을 이해하기 위한 추가적인 관점을 적절히 제공할 것으로 보인다.

니어의 도식은 아마도 그것을 제외한 것보다 그것을 포함한다는 점에서 더욱 유용할 것이다. 니어의 도식은 종종 암암리에 행해진 점성술과 사자(死者) 숭배와 같은 것을 일부 포함시켜서 주변 백성들과 공유하고 있는 이스라엘 종교의 특징을 상기시킨다.

3. 이스라엘에서 숭배된 다른 남신과 여신들

논평이 이루어지는 기간 동안 여신 아세라와 그녀의 상징(신성한 기둥 또는 나무)이 의심할 여지없이 논쟁을 주도해왔다. 이와 같은 현상의 주요 근거는 1970년대부터 아세라 여신과 혹은 그 상징에 대한 서술이 출판되었다는 것과 또한 동일한 기간에 종교 영역에서 여성적 측면들에 대한 관심이 보편적으로 증가했다는 점에서 확인된다.[69] 특히 쿤틸렛 아즈룻(Kuntillet 'Ajrud)에서 발견된 것들은 신속하게 야웨에게 아내가 있었거나 혹은 여신 아세라가 그의 짝이었다는 주장들로 이어

---

[69] 연구사에 대해서 보라. C. Frevel, Aschera und der Ausschließlichkeitsanspruch YHWHs, BBB 94, 1995, 10-22; J. M. Hadley, The Cult of Asherah in Ancient Israel and Judah: Evidence for a Hebrew Goddess, UCOP 57, 2000, 4-37 도처에 등장한다; 심사숙고의 연구에 대해서 S. M. Olyan, Asherah and the Cult of Yahweh in Israel, SBLMS 34, 1988.

졌다.[70] 피토스(Pithos) A판 위에 새겨진 서 있는 두 형상과 앉아서 수금을 연주하는 한 형상, 즉 세 개의 형상이 새겨진 그림 위에 등장하는 "나는 너를 사마리아의 야웨와 그의 아세라(Asherah/asherah)의 이름으로 축복한다"(brkt 'tkm lyhwh šmrn wl'šrth)라는 문구는 이 형상들 중의 하나가 야웨며 그리고 다른 하나가 그의 짝으로서 여신 아세라를 가리킨다는 것을 암시한다.

수금 연주자가 아세라라는 디버(W. G. Dever)의 구체적인 논증에도 불구하고, 그의 해석은 "어떤 것들이 신적 여성상을 나타내는 표시들인가"에 대하여 의문을 제기하는 벡(P. Beck)과 하들리(Hadley)의 세심한 관찰들로 인해 설득력 있는 도전에 직면했다.[71]

새겨진 그림에서 두 입상(立像)은 모두 애굽 신 베스(Bes)를 나타내며, 둘 중에 어느 하나에도 그것을 야웨로 간주할 이유가 발견되지 않는다. 그러므로 이 비문은 그림과는 무관한 것으로 평가된다. 실제로 그림은 입상(立像) 중 하나의 머리장식을 교체하고 있기 때문에, 이것은 본래의 것과는 다른 별개의 것일 가능성이 크다. 이보다 훨씬 나은 견해는 아세라를 피토스 A판의 다른 면에 등장하는 염소들과 함께 세련되게 상징화된 나무로 이해하는 것이다.[72]

명시적으로 여신 아세라에 대한 언급으로 비문을 해석하는 것은 또한 지나치게 많은 에머튼(J. A. Emerton)의 논문을 인용함으로써 도전

---

70 Z. Meshel, Did Yahweh have a Consort?, BAR 5/2, 1979, 24-35; W. G. Dever, Asherah, Consort of Yahweh? New Evidence from Kuntillet 'Ajrûd, BASOR 255, 1984, 21-37.

71 P. Beck, The Drawings from Horvat Teiman (Kuntillet 'Ajrud), TA 9 (1982), 3-68; Hadley, Some Drawings and Inscriptions on Two Pithoi from Kuntillet 'Ajrud, VT 37 (1987), 180-213; Hadley, Cult of Asherah, 136-155.

72 Hadley, Cult of Asherah, 153-154.

을 받게 된다. 에머튼은 히브리 성서에서 고유 명사에 덧붙여진 소유격 접미사(히브리 비문들에서는 3인칭 남성단수가 -h로 종종 나타났다)가 발견된 전례가 없다는 점을 지적했다. 에머튼은 그러므로 l'šrth는 아세라의 제의적 상징을 표현하는 것으로 보이며, 구약에서 아세라 ('ašerāh)가 등장하는 대부분의 경우와 같이 아세라는 대체적으로 세련되게 양식화된 나무와 같다.[73]

이러한 견해는 폭넓은 지지(예를 들어, 올리안[Olyan], 스미스[Smith], 데이[Day], 하들리[Hadley]에 의해)를 받아왔다. 하지만 일부 학자들은 이러한 견해가 우가릿 증거를 통해서 설명되거나 또는 "-h"를 소유격 접미어로 간주하지 않고 오히려 "이중 여성 종결어"의 일부로 간주함으로써 설명될 수 있다고 확신한다. 다른 학자들은 페니키아와 아람의 "신전"(shrine)이라는 의미의 šrt가 존재한다는 것을 근거로 완전히 다른 해석을 제안한다.[74]

"야웨의 아세라"에 관한 폭넓은 종교적 의미는 다양하게 평가되어 왔다. 구약성서에서 아세라는 야웨에 대한 복종과 절대 양립할 수 없는 것으로 이해되기 때문에 "야웨의 아세라"라는 조합은 구약성서에서 어떤 흔적도 발견되지 않는다. 올리안, 스미스 그리고 데이는 이스라엘에서 독자적으로 숭배되었던 여신의 상징이 왕국시대에 (아마도 그 이전 시대에서도. 참조, 삿 6:25-32) 야웨 제의의 일부분이었다는 것을 수용한다. 하지만 그들은 이것이 야웨 제의 자체에 어떤 의미가 있는가에 대해서는 자문하지 않는다. 여신 숭배에 대한 그 밖의 증거는 구

---

73 J. A. Emerton, New Light on Israelite Religion: The Implications of the Inscriptions from Kuntillet 'Ajrud, ZAW 94 (1982), 2-20.

74 참고문헌과 Emerton의 반응에 대해서 참조하라. Emerton, »Yahweh and his Asherah«: The Goddess or her Symbol?, VT 49 (1999), 315-337.

약성서 본문들뿐만 아니라, 타아낙(Taanach)과 펠라(Pella)의 제의 장소들과 철기 시대 II기의 "기둥상"에서 발견되었다.[75]

그러나 다른 학자들은 아세라가 이스라엘에서 끊임없이 숭배되었다는 것을 부인한다.[76] "야웨의 아세라"라는 표현을 설명하기 위해 아세라를 독립적으로 숭배했다는 것에서 최근에는 "포괄적인 유일신 사상"(inclusive monotheism)으로까지 발달했다는 것이 제안되었다. 하들리의 말에 따르면, "아마도 아세라 기둥은 야웨가 자신의 백성을 양육하려는 것을 구체화(hypostasisation)한 것으로 인식되었다."[77] 하들리의 진술은 야웨의 양육 현상을 동일한 과정이 다른 사건으로 이해된다는 것과 관련시킨다는 점에서 중요하다(참조, 스미스가 언급한 "집중"이라는 개념과 킬과 윌링어가 야웨를 위해 사용한 태양 이미지).

몰렉 신에 대한 이전 세대의 연구는 비교 가능한 증거를 기반으로 한 외형적으로 설득력있는 설명이라도 보다 엄밀하고도 적절한 비교들이 널리 사용 가능함에 따라 어떻게 허물어질 수 있는가를 보여준다. 1935년에 아이스펠트(Eißfeldt)는 고대 카르타고어(Punic)로 몰크(molk)의 사용이 "희생제사"(sacrifice)를 의미했고, 때때로 아담(adam)과 함께 쓰였을 때 "인신 희생제사"(human sacrifice)를 의미했다는 것을 다룬 한 연구에서, "몰렉 신의 종말"(Das Ende des Gottes Moloch)을 주장했다. 만일 이 유추를 따른다면, 열왕기하 23:10(아마도

---

75   Hadley, Cult of Asherah, 77-83.165-179.196-205.

76   P. D. Miller, The Absence of the Goddess in Israelite Religion, HAR 10 (1986), 239-248; P. K. McCarter, Aspects of the Religion of the Israelite Monarchy: Biblical and Epigraphic Data, in: Miller/Hanson/McBride, Ancient Israelite Religion (위에 각주 15), 137-155, 149.

77   Hadley, Cult of Asherah, 105; 비교하라. Keel/Uehlinger, Göttinnen, 263-268; B. A. Mastin, Yahweh's Asherah, in: Day (ed.), Search, 326-351, 339. 345-346.

*lᵉmolek*으로 재모음화되었을 수 있다)과 같은 성서 본문에 나오는 람몰렉 (*lammōlek*)은 "몰렉(신)에게"가 아니라, "희생 제사로서"라는 뜻으로 해석되어야 할 것이다.⁷⁸ 이 이론은 올브라이트와 크로스를 포함한 많은 학자들에 의해 수용되었다.⁷⁹

하지만 그 후 1980년대에 하이더(G. C. Heider)와 데이(J. Day)는 몰렉이 실제로 저승 세계와 사자(死者) 숭배 제의와 관련된 신으로 간주되었다는 것을 설득력 있게 제시하는 독자적인 논문들을 저술했는데, 그들에 따르면 아마도 몰렉 숭배는 여부스 족속으로부터 이어받은 것이다.⁸⁰ 그들의 주장은 주로 에블라(Ebla)와 마리(Mari)에 나오는 인명(人名)과 우가릿 신명의 출현, 그리고 말릭(Malik) 신과 네르갈(Nergal) 신을 동일시하는 아카드(Akkadian) 신-목록과 같은 다양한 비성서적 본문들을 기반으로 한다.

하지만 이사야 57:9 그리고 데이에 따르면 이사야 28:15, 18 역시 동일한 것을 가리킨다. 그들이 아이스펠트에 대해 비판하는 것 가운데 하나는, 이것이 그들의 종합적인 결론은 아닐지라도, 인치를리(Incirli) 기념비에 나타난 페니키아어 본문이 최근 출판됨으로 인해 그 근거를 상실하게 될 수도 있다. 이 기념비에 아마도 2회 언급된 *mlk*는 문맥에 따르면 "희생 제사"라고 해석하는 것이 상당히 적절하기 때문이다.⁸¹ 만일 그렇다면 이것은 페니키아 본문에서 *mlk*가 확실하게 등장하는 첫 번째 경우가 될 것이다.

---

78 O. Eißfeldt, Molk als Opferbegriff im Punischen und Hebräischen und das Ende des Gottes Moloch, 1935.

79 Albright, Yahweh, 205-206; Cross, Canaanite Myth, 26.

80 G. C. Heider, The Cult of Molek: A Reassessment, JSOTS 43, 1985; J. Day, Molech: A God of Human Sacrifice in the Old Testament, UCOP 41, 1989.

81 앞에 II. 12-13: 보라. Kaufman, Phoenician Inscription (위에 각주 3), 12, 15, 23.

마지막으로 이 부분은 오므리 왕조의 지배, 엄밀히 말하면 페니키아 출신 여왕 이세벨(왕상 16:31-32; 참조, 18:19)의 영향 하에 있던 사마리아에서 숭배하도록 소개되고 장려되었던 바알의 정확한 정체성을 결정하기 위한 짧은 초안이다.

1939년 아이스펠트의 유명한 소논문[82]이 나오기 이전에, 그리고 그 후에도 종종, 이 바알은 두로의 신인 바알 멜카트(Baal Melqart)와 동일시되었다. 그 무렵 아이스펠트는 바알-샤멤 숭배로 알려진 증거를 추적해서 밝혀낸 후에 "이것은 틀림없이 바알-샤멤이다"고 주장했다.[83] 이 주장에 대한 아이스펠트의 주요 근거는 다음과 같다.

> 이세벨과 아달랴의 사사로운 광신주의에서 확인되는 바알에 대한 개인적 헌신과 바알 제의에서의 예언자의 역할(이 두 가지 모습은 자쿠르 비문에서 나타난다), 갈멜의 바알과 동일화 그리고 열왕기하 21:3-4; 23:5; 스바냐 1:4-5과 같은 후대 본문들에서 나타나는 다른 천상 신들과의 연관성이다.

아이스펠트에게 있어서 왕정이 멸망할 때까지 지속된 바알 숭배는 주전 9세기에 매우 강력한 동인을 일으키는 연속체였다.

아이스펠트의 제안은 혼합된 형태로 수용되었다. 예를 들어, 1967년에 올브라이트는 아이스펠트 소논문의 가치를 인정하지만, 여전히 오므리 왕조의 바알을 멜카트로 이해하는 것을 선호했는데, 왜냐하면 그러한 이해는 두로에서 있었던 바알 멜카트와 바알-샤멤 사이의 지배권 다툼에 관한 올브라이트의 이론의 일환이었기 때문이다. 크로스

---

82 O. Eißfeldt, Baʻalšamēm und Jahwe, ZAW 57 (1939), 1-31 = KS 2, 171-198.
83 Eißfeldt, Baʻalšamēm und Jahwe, 19.

는 단순하게 "(가나안의) 바알"이라고 표현한다.[84]

그러나 최근에 이루어진 그 증거에 대한 재검토는 몇몇 새로운 근거들과 함께 대체적으로 아이스펠트의 이론을 지지해왔다.[85] 바알과 멜카트를 동일시하는 것에 대한 또 다른 이의제기는 이세벨의 아버지 엣바알(Ethbaal)이 두로의 왕이었을 것이라는 가정에 의존한다. 요세푸스가 인용한 (아피온 반박문(Contra Apionem] I , 123) 에베소 메난드로스(Menander of Ephesus-주전 2세기 초의 역사가-역주) 목록에 의하면 그의 이름은 두로의 왕인 이토발(Ittobal)과 동일하다.

팀(S. Timm)에 따르면 메난드로스가 제공하는 자료는 신뢰할 만하지 않으며, 엣바알을 "시돈 왕"으로 기록하는 성서의 묘사가 액면 그대로 수용되어야 한다.[86] 멜카트를 제외시키는 것과 마찬가지로 이러한 주장은 바알-샤멤을 지지하는 논거의 토대를 서서히 약화시킬 것이다. 그리고 훨씬 후대까지도 시돈의 남신들에 대한 어떤 특정한 것도 아직 알려지지 않았다.

4. 결론

이와 같은 간략한 논평 정도를 다루는 단계에서 지난 30년간 집중적으로 논의되어 왔던 모든 주제를 다루는 것은 불가능하다. 이스라엘의 유일신론의 의미와 발달은 이스라엘 종교 연구에서 본래 가지고

---

84 Albright, Yahweh, 211, cf. 202-203; Cross, Canaanite Myth, 190-194.

85 하지만 Niehr는 "일차적 증거"의 부족이 명확한 결론을 위해 장애물이 된다고 여겼다. Niehr, Ba'al-Šamem, 211.

86 S. Timm, Die Dynastie Omri. Quellen und Untersuchungen zur Geschichte Israels im 9. Jahrhundert v. Chr., FRLANT 124, 1982, 200-231.

있었던 중심적 위치를 회복해왔는데, 그러한 현상은 특히 유럽 지역에서 이루어졌다. 그것은 엄밀히 말하면 이스라엘과 그 주변 국가들에 존재했던 다신론에 대한 현대적 지식이 증가했기 때문이다.[87] 게다가 예배와 그 밖의 다른 곳에서 형상이 사용되었는가의 여부는 자명하게 폭넓은 흥미를 유발하는 주제가 되었다. 왜냐하면 그것은 보다 중요한 이해와 관련되었고, 비교 가능한 증거들의 도움을 받을 수 있었으며, 형상의 가치를 높이 평가하는 자들에게 그러한 상징물은 중요했기 때문이다.[88]

10년도 더 이전에 쯔비켈(W. Zwickel)은 학자들의 세계가 여전히 그 주제의 모든 측면들을 아우르는 이스라엘 종교사를 이해하는 일부 방법임을 인지했다.[89] 이 주제에 대한 연구도 역시 그러한 경우이다. 킬과 윌링어가 제시한 자료를 더 깊이 연구함으로써 그리고 알베르츠, 니어, 크로스 전통에 서 있는 학자들이 제시한 설명들을 더 긴밀히 통합함으로써 탐구되어야 할 주제는 분명히 존재한다.[90] 한 명의

---

87 덧붙여서 다음에 수록된 논문들을 보라. W. Dietrich/M. A. Klopfenstein (ed.), Ein Gott allein? JHWH-Verehrung und biblischer Monotheismus im Kontext der israelitischen und altorientalischen Religionsgeschichte, OBO 139, 1994; F. Stolz, Einführung in den biblischen Monotheismus, 1996.

88 예를 들어, T. N. D. Mettinger, No Graven Image? Israelite Aniconism in its Ancient Near Eastern Context, CBOT 42, 1995; K. van der Toorn (ed.), The Image and the Book: Iconic Cults, Aniconism and the Rise of Book Religion in Israel and the Ancient Near East, CBET 21, 1997; M. B. Dick/C. B. F. Walker, The Induction of the Cult Image in Ancient Mesopotamia: The Mesopotamian mīs pî Ritual, in: Dick (ed.), Born in Heaven, Made on Earth: The Making of the Cult Image in the Ancient Near East, 1999, 55-121.

89 Zwickel, Religionsgeschichte Israels, 39-40.

90 P. D. Miller's The Religion of Ancient Israel, 2000. 그는 이러한 수많은 주제들과 유용한 다량의 증거를 다루었으며, 한쪽 측면에서 좋은 모델을 제시했다. 혹자는 Miller의 연구를 옹졸하고도 부적절하게 "단면적"이라는 용어로 표현했다. 그것은 또한 야웨주의의 기원에 대한 방안을 모색하며 그 밖에 다른 역사적 주제에

학자가 독자적으로 이것을 수행할 수는 없을 것이다. 합의된 방법론과 연대기에 종사할 저술 팀과 함께 단행본 시리즈와 같은 많은 양의 서적이 필요할 것이다.

요약

이스라엘의 문화적이고 종교적인 맥락이라는 포괄적인 관점에서 이스라엘 종교를 연구하는 것은 구약 연구 분야에서 다시 한 번 중심적 위치를 차지한다. 특별히 독일의 이러한 연구는 학문적 관점에서 부분적인 변화를 보여준다. 다른 곳에서, 예를 들어 일찍이 스칸디나비아에서도 그랬던 것처럼 미국에서는 크로스의 지도하에 비교 관점이 대단히 널리 유포되었다.

연구할 가치가 있는 이러한 접근법의 다양한 측면들 중에서 이 논문은 특별히 새롭게 출판된 사료들과 참고서적에 시선을 고정하며, 계속해서 우가릿 본문에 대한 논문, 야웨주의(Yahwism) 종교사와 관련된 다른 서부 셈족 비문과 도상학 증거물 그리고 이스라엘에서 숭배된 야웨 이외의 신들에 대한 연구에 관심을 두었다.

대해 과감하게 도전하는 것이다. 여전히 부족한 부분은-만약 Miller가 그것을 깨달았다면-시대를 관통하여 나타나는 발달과 변화를 철두철미하게 조사하지 못했다는 점이다. "이 책은 이스라엘 종교사의 입장을 취하지는 않는다"(xx).

구약성서와 사해사본

라인하르트 G. 크라츠(Reinhard G. Kratz)
괴팅엔대학교 개신교 구약학 교수

I

『구약 학술 저널』(*Zeitschrift für die alttestamentliche Wissenschaft*[*ZAW*]; 이하 *ZAW*)이 125주년 기념의 절반이 되는 기간이 지났을 즈음인 1947-1952년에 키르벳 쿰란(Khirbet Qumran)과 주변 지역 동굴에서 사본들이 발견됐다. 이 자료는 간단히 말한다면 세 가지 종류의 본문을 포함하고 있다. **성서 사본**(biblical manuscripts), 그때까지 알려지지 않았던 유명한 성서 **외경**(biblischer Apokryphen: 혹은 재기록된 성서[rewritten bible])의 원본 그리고 쿰란 **공동체 문서**(sectarian writings)이다. 사해사본 본문에 대한 연구는 곧바로 특별 분야로 발전했다.[1]

『쿰란 리뷰』(*Revue de Qumrân*[*RdQ*])와 같은 학술지 혹은 공인된 출판물 시리즈인 『유대 광야의 발견』(*Discoveries in the Judaean Desert*[*DJD*]; 이하 *DJD*)이 새롭게 발행되었는데, 이것은 학문적 집단이 사해사본 본문을 사용하도록 하고, 고문서학, 언어학, 역사적 그리고

---

1 참조, D. Dimant (Hg.), The Dead Sea Scrolls in Scholarly Perspective: A History of Research, STDJ 99, 2012.

내용적으로 이용할 수 있도록 하기 위함이었다. 그러는 동안에 *DJD* 시리즈와 별도의 출판물에서 전체 사본이 다양한 편집들을 통해 등장하게 되었다.[2]

마찬가지로 구약 전문 저널인 『구약 학술 저널』과 그것의 자매지인 신약 전문 학술지인 『신약 학술 저널』(*Zeitschrift für die neutestamentliche Wissenschaft*; 이하 *ZNW*)에서 이따금씩 쿰란 연구에 대한 중요한 단행본이 간행되었다.[3] 하지만 성서학은 계속해서 전문

---

2   *DJD* 1-40 이외에도 *DJD* 39에서 간행된 조망을 보라. 덧붙여서 참조하라. E. Tov, Revised Lists of the Texts from the Judaean Desert, 2010. 계속해서 챨스워스(J. H. Charlesworth)가 책임을 맡아 간행한 시리즈 »The Princeton Theological Seminary Dead Sea Scrolls Project« (1994년 이후) 마찬가지로 새롭게 발행된 E. Qimron, The Dead Sea Scrolls (The Hebrew Writings vol. 1, Jerusalem o. J.). 독일어판 개정에 대해서 E. Lohse, Die Texte aus Qumran, [3]1981; A.Steudel, Die Texteaus Qumran II, 2001; 게다가 J. Maier, Die Qumran-Essener. Die Texte vom Toten Meer, Band I-II, 1995.

3   예를 들어서 C.-H. Hunzinger, dem einzigen deutschen Mitglied des ersten Editions-Teams, über die 4QMilchama-Texte in ZAW 69 (1957), 131-151; yḥd 가 집단을 의미한다는 기본 의미에 대해서 마이어(J. Maier)의 소논문을 보라. J. Maier, Zum Begriff yḥd in den Texten von Qumran, ZAW 72 (1960), 148-166. 사해에서 발굴된 것에 관한 첫 논고가 1950년 제 62호(224-245) 에 발간되었다. 그리고 이것은 당시에 연구 상황에 대해 처음으로 조망하는 것이며, 가장 흥미롭게 제시하고 있다. 그 이후의 논문들은 본문비평과 언어적 문제 (63, 235-248; 70, 39-48; 73, 265-269; 86, 331-350; 113, 566-582), 메시아 개념 (68, 234-243; 70, 200-208; 78, 333-343; 92, 397-404; 100, 202-214), 몇몇 기록들 (하박국 해석서[Pescher Habakuk]: 63, 249-258; 68, 243-256; 공동체 규정[Gemeinderegel]: 66, 106-120; 창세기 묵시[Genesis Apocryphon]: 72, 7-25; 11QPs 비정경적 시편[nicht-kanonische Psalmen]: 75, 73-86; 76, 57-75; 80, 87-98) 마찬가지로 여러 가지 개별 질문들(118, 62-81; 119, 75-85). 자연스럽게 ZNW에서는 신약성서 내용과 비교하는 것이 우세하다(참조, ZNW 49 [1958], 238-251; 52, 65-73 달력에 대한 질문; 46, 138-140; 89, 91-113 법적 용어에 대해서; 92, 47-63; 95, 149-160 고레스의 명칭에 대해서; 99, 112-115 Joh 5, 2에 대해서; 103, 1-19 사자[死者]의 부활에 대해서); 쿰란 문서의 역사적 질문과 언어학적 문제 자체는 그때 그때 다루어 졌다. 이슬람과 카리브 사료에 나타난 "혈거인"(穴居人 Höhlenmenschen)에 대해서(49, 77-88); »Mebaqqer«의 직무 (55, 18-26); 창세기 묵시에 나타난 난해한 본문 구절(55, 129-131).

화되었다. 덧붙여서 쿰란 본문의 출판물이 오랜 시간을 거치면서 구약학과 쿰란 연구의 대화가 시작되었다. 따라서 *ZAW*의 기념논문집은 이와 같은 대화를 확인하며 일부 분야에서 학문적 협력을 강화하기 위해 발의하는 좋은 기회를 제공해 줄 것으로 보인다.

협업을 위한 조건은 무엇보다 서로 호의를 갖는 것이다. 그 와중에 사해사본들이 완전히 출판되어서 접근이 용이해졌다. 게다가 두 분야의 일부 영역은 동일한 방법론을 사용하며, 그로 인해 공통된 학문적 기초 위에 존재하게 되었다. 구약과 사해사본 영역은 역사비평이라는 고전적인 수단으로 연구되었다.[4] 이와 같은 도구가 사해사본에 적용되면서 한편으로는 본문비평(Textkritik)을,[5] 다른 한편으로는 역사적 재구성(historische Rekonstruktion)을[6] 선호(選好)하는 것이 지배적이었다. 그와 달리 이전 시기에 대단히 각인됐었던[7] 문학사(Literargeschichte)와 편집사(Redaktionsgeschichte)에 대한 관심은 현저하게 후퇴했다.[8]

---

4 O. H. Steck, Exegese des Alten Testaments. Leitfaden der Methodik, [14]1999; U.Becker, Exegese des Alten Testaments. Ein Methoden- und Arbeitsbuch, [3]2011.

5 E. Tov, Textual Criticism of the Hebrew Bible, [3]2012.

6 H. Stegemann, Die Entstehung der Qumrangemeinde, Diss. Phil. Bonn, 1971.

7 참조, P. R. Davies, The Damascus Covenant: An Interpretation of the »Damascus Document«, JSOT.S 25, 1983; P. R. Davies, Redaction and Sectarianism in the Qumran Scrolls, in: F. García Martínez et al. (Hg.), The Scriptures and the Scrolls: Studies in Honour of A. S. van der Woude on the Occasion of his 65th Birthday, 1992, 152-163; S. Metso, The Textual Development of the Qumran Community Rule, STDJ 21, 1997; C. Hempel, The Laws of the Damascus Document: Sources, Tradition and Redaction, STDJ 29, 1998; C. Hempel, The Literary Development of the S Tradition: A New Paradigm, RQ 22 (2006), 389-401.

8 덧붙여서 참조하라. A. Schofield, Rereading S: A New Model of Textual Development in Light of the Cave 4 Serekh Copies, DSD 15 (2008), 96-

그 대신에 성서학에서도 마찬가지로 인류학적이며 사회적 단초와 같은 새로운 접근법, 다시 말해 **수사학 비평**(Rhetorical Criticism) 혹은 **새로운 역사 편찬**(New Historiography)이 시도되었다. 고전적 방법론과 새로운 방법론이 상호 배제시키지 않고 오히려 상호 보충하고 있음에도 불구하고, 새로운 접근법들은 종종 역사적 성서비평 방법론에 대한 대안으로 이해되었다.

공통된 방법론적 토대 이외에도 내용적인 접촉점이 존재한다. 이 접촉점은 다음과 같은 질문에 대한 동인이 된다. 현대 성서 비평의 결과는 사해사본 이해를 위해 무엇을 제공하며, 반대로 사해사본은 구약성서를 이해하기 위해 무엇을 제공하는가? 본문비평을 제외한다면, 이와 같은 질문은 구약학과 쿰란 연구에서 오히려 지금까지 부차적인 역할만을 했을 뿐이다.

구약성서는 사해사본이 생성될 무렵에 거의 종결되었기 때문에, 쿰란 연구에서 성서의 생성은 무시되었고, 반대로 구약성서학에서 (성서 필사본을 제외하고) 사해사본 자료는 거의 간과되었다. 구약성서는 두 영역의 분야에서 확정된 단락으로 전제되었다. 구약성서는 한편으로는 오직 수용되는 대상으로 이해됐지만, 다른 한편으로는 구약성서가 초기 필사본으로 증명되고 수용되는 흐름은 도외시 되었다.

이러한 것을 볼 때 성서의 수용은 이미 성서 자체 안에서 시작되고 있다는 것과, 그 결과 우리는 밀접한 전통적 관련성을 고려해야 한다는 것을 어렵지 않게 파악할 수 있다. 만약 초기부터 최종 형태에 이르기까지 성서 본문의 생성이 수용과 해석의 역동적 과정으로 파악될 수 있다면, 다음과 같은 문제가 제기된다. 이와 같은 과정은 성서 사

120; A. Schofield, From Qumran to the Yahad: A New Paradigm of Textual Development for the Community Rule, STDJ 77, 2009.

본에서 그리고 비성서적 사해 문헌에서 나타나는 성서의 수용과 (성서 밖에서) 해석에 대해 어떻게 평가하는가?[9] 덧붙여서 방법론뿐 아니라, 구약성서 비평의 결과는 사해사본과 상호연관성을 맺도록 할 것이다. 이후로 필자는 이와 같은 문제에 몰두할 것이며, 선별된 예를 통하여 두 분야를 협력하는 것의 장점을 명확하게 보여주도록 할 것이다.

II

구약성서학과 쿰란 연구는 구약성서 본문을 다루는 곳, 다시 말해 본문비평 영역에서 가장 근접해 있다. 이와 같은 시각에서 보았을 때 사해사본은 우리의 인식을 대단히 확장시켰다.[10] 그때까지만 해도 마소라 전승, 사마리아경전 그리고 특별히 헬라어 70인역과 같은 번역본들에 의존해왔던 성서 본문 역사에 대한 상이한 가설은 사해사본이라는 새로운 자료로 인해 검증되거나 또는 위조된 것으로 판명되어 수정될 수 있었다. 기록 방법, 어형론 그리고 전승의 가계도에 대한 새로운 통찰은 그 모습을 확장시켰다.

마소라 본문과 번역본들을 테스트한 본문비평이라는 도구는 새로운 자료인 사해사본에서도 적합한 것으로 입증되었다. 이 도구는 구약성서 본문에서 적용될 수 있을 뿐 아니라, 만약 비성서적 문헌이 여러 필사본으로 전승되었고 본문 비교가 허락된다면 비성서적 문헌에

---

9   R. G. Kratz, Innerbiblische Exegese und Redaktionsgeschichte im Lichte empirischer Evidenz, in: R. G. Kratz, Das Judentum im Zeitalter des Zweiten Tempels, FAT 42, 2004 (Studienausgabe 2006), 126-156.
10   Tov, Textual Criticism, 93-111의 도처에서 확인된다.

도 적용될 수 있다. 따라서 1번과 4번 동굴에서 발견된 공동체 규정 필사본인 *Serekh ha-Yachad*는 적지 않은 변형을 제시한다.[11] 서술 오류와 그것의 교정, 올바른 표기법과 관련된, 형태론적 혹은 의미론적 이형들은 필사본들을 비교함으로써 뿐만 아니라 때에 따라서는 하나의 동일한 필사본에서도 관찰된다.

무엇보다 흥미로운 것은 본문 역사와 문학 역사가 서로 엇물려있는 경우이다.[12] 이와 같은 경우 중에 하나는 너무도 잘 알려진 사무엘상 11장이 4QSam^a X 6-19(쿰란 네 번째 동굴에서 발견된 두루마리 문서로, 사무엘서 사본 a를 지칭한다-역주)에서 확장되고 있는 것이다.[13] 이 사본에는 직접적으로 사무엘상 (10:27b) 11:1보다 앞서서 나하스(Nachasch)가 갓 지파와 르우벤 지파를 상대로 출정했으며 그들의 오른쪽 눈을 뽑은 것이 확인된다. 이것은 나하스가 길르앗 야베스(Jabesch Gilead) 도시로 향하기 이전에 있었던 것이며, 나하스는 이 도시에게 동일한 사건을 요구하며 위협하고 있다. 4QSam^{a}가 발굴되기 이전에 이 이야기는 이미 요세푸스의 『고대사』(Josephus[*Ant.* 6.5.1 § 68-70])를 통해서 알려져 있었다. 쿰란 필사본은 첨가물이 히브리어로 된 한 원본에 기인하고 있음을 보여준다.

사실 관계가 본문비평적 방법과 문학비평적 방법으로 설명될 수 있는가 하는 점은 연구사에서 여러 의견으로 분산된다. 많은 이들은 크

11　참조, Metso, Development.
12　Tov, Textual Criticism, 283-326.
13　F. M. Cross, The Ammonite Oppression of the Tribes of Gad and Reuben: Missing Verses from 1 Samuel 11 found in 4QSamuela, in: H. Tadmor/M. Weinfeld (Hg.), History, Historiography, and Interpretation: Studies in Biblical and Cuneiform Literatures, 1983, 148-158; 새로운 하지만 부분적으로 오독한 것으로 F. M. Cross et al., Qumran Cave 4.XII: 1-2 Samuel, DJD 17, 2005, 65-67.

로스(F. M. Cross)의 의견에 동조하여 보다 장문으로 된 4QSam^{a}를 본래적인 것으로 간주한다. 그에 따르면 이 구절은 기계적인 이유로 마소라 본문에서 누락되었다고 추정된다.[14] 물론 이러한 주장은 개연성이 상당히 희박하다. 이 주장은 현재 주어진 증빙 문서에서는 결코 확인되지 않는 본래 본문이 있었을 것이라는 전제를 요구한다. 본문 누락은 이와 같은 토대 위에서는 입증되지 못한다.

그와 달리 많은 이들은 4QSam^{a}에서 추가된 것은 본문비평적 현상이 아니라, 오히려 문학사적이며 편집사적 현상, 즉 문학적 첨가로 다루어져야 한다는 다른 가능성을 지지한다.[15] 사무엘상 11:1에는 단순하게 "암몬 사람"이라고 언급되고 있지만, 첨가문은 사무엘서에서 통상적으로 나타나는 공식적 표현인 "암몬 사람의 왕"으로 시작한다. 하지만 이것은 사람들이 추정했던 것처럼 본문의 진정성을 말해 주는 것이 아니라, 오히려 문학적 맥락에 동화시키는 이차적인 것임을 알려준다(참조, 삼상 12:12).

그 마지막에 "그들이 길르앗 야베스"로 왔다는 표현을 덧붙임으로써 첨가문은 적절하게 본래 시작점으로 되돌아왔다. "한 달의 시간이 지났다. 암몬 사람 나하스는 올라와서 [길르앗] 야베스에 맞서 진을 쳤다." 이 두 경우에서 "야베스"는 불완전하게 기록되었으며, 그것은 4QSam^{a}에서 결함된 채로 필사되었고 행을 수정하는 결과를 가져왔다. 필사자의 시선은 일차적인 "야베스로" 올라간 것('l ybš)에서 이

---

14 Cross, Ammonite Oppression; Cross et al., DJD 17, 66; 마찬가지로 A. Lange, Handbuch der Textfunde vom Toten Meer. Band 1: Die Handschriften biblischer Bücher von Qumran und anderen Fundorten, 2009, 219-220; Tov, Textual Criticism, 311-313.

15 A. Rofé, The Acts of Nahash According to 4QSama, IEJ 32 (1982), 129-133; Z. Kallai, Samuel in Qumrân: Expansion of a Historiographical Pattern (4QSama), RB 103 (1996), 581-591.

차적인 "야베스에 맞서"(*'l ybš*)로 이동한 것으로 보인다.

이와 같은 표현과 내용은 보다 근접한 맥락(삼상 11:2, 11)과 포괄적인 맥락(삿 4:3; 민 32:2-38; 왕상 19:18)에서 차용되었다. 이러한 맥락과 로페(Rofé)가 제기한 행위 중복성에 대한 기교는 이차적이며 미드라쉬적인 후대 첨가를 말해준다. 게다가 형태적 근거뿐만 아니라, 내용적인 근거도 추가 보충을 확실하게 보여준다.

행위의 중복성은 섬뜩한 나하스의 악행이 발생하는 것에 일조한다. 또한 이러한 중복은 이 에피소드의 본래성을 지지하는 것이 아니라, 오히려 정반대를 보여준다. 크로스 이후부터 통상적으로 추론된 것처럼 첨가의 근거는 놀라움을 완화시키는 것에서는 물론 관찰되지 않는다. 마소라 본문(MT)에서 야베스를 공격하는 것과 마찬가지로 4QSam^{a}에서는 갓과 르우벤을 공격했다는 기록이 등장한다. 주의 깊게 사무엘상 11장을 읽는 독자는 아마도 사사기 21:8-14에서 확인되는 길르앗 야베스에 대한 마지막 기록을 연상했을 것으로 보인다.

이러한 본문을 볼 때 이 도시는 사울 시대에 사람이 살지 않은 상태로 남아 있었다. 이 도시에 이스라엘인이 다시 거주하게 되는 것 그리고 사무엘상 11장에 기록된 나하스의 출정과 사울의 도움 요청에 대한 원인이 4QSam^{a}의 첨가문에서 발견된다. 그것에 따르면 나하스가 야베스를 포위하고 그 거주민들이 사울에게 도움을 요청하기 이전에, 동요르단 지파인 갓과 르우벤(민 32장; 수 22장)에서 도망한 자들은 야베스로 갔다.

형태적인 근거와 내용적인 근거 이외에도 마지막으로 사무엘상 11장의 내부 문학사는 4QSam^{a}의 첨가를 지지한다. 여기에서 우리는 편집사와 수용사가 어떻게 상호 연결되었는지를 관찰할 수 있다. 사무엘상 11장의 분석이 제시하는 것처럼, 이미 초기부터 보충이 서서히 삽입되었다. 사울을 "사사" 중에 한 명으로 제시하는 6-8절뿐 아니라, 사무엘상 11장과 10장을 연결하는 12-14절도 이차적인 것이다.[16] 4QSam^{a}의 추가는 한편으로는 이와 같은 첨가물과 함께 이해되며, 특별히 6-8절에 의존하고 있다. 만약 여기에서 이스라엘 사사에게 임했던 "하나님의 영"이 등장한다면, 4QSam^{a}에서 확인되는 "폭력적 압박"은 사사 시대를 연상시킨다.[17] 사무엘상 11:6-9에서 "이스라엘 지역"에 대한 보도가 확인되는데, 이것은 사사기 19:26을 상기시킨다. 이 보도는 4QSam^a 첨가물의 저자를 사사기 19-21장에게 소급시키며, 사사기 21장과 사무엘상 11장에 기록된 길르앗 야베스에 대한 진술을 조화시키는 문제를 다룰 수 있었을 것이다.

만약 이 모든 것이 잘못된 것이 아니라면, 마소라 본문에서 인지되는 사무엘상 11장의 문학사는 4QSam^{a}에서 이음매 없이 계속된다. 성서와 쿰란의 필사본에서 본문비평과 문학비평을 실행해 보았을 때 유사한 결론이 도출되었으며, 서로를 잘 보충하고 있다.

III

재기록된 성서(rewritten Bible; 혹은 **재기록된 문헌**[rewritten Scripture])에서 나타나는 현상을 본다면 구약성서와 사해사본은 대단히 근접해 있다는 것을 알 수 있다.[18] 이러한 현상은 구약성서뿐 아니라 사

---

16 R. G. Kratz, Die Komposition der erzählenden Bücher des Alten Testaments, 2000, 177-179(영어판: The Composition of the Narrative Books of the Old Testament, 2005, 172-173).

17 그와 같은 것에 대해서 단지 삿 4:3; 참조, 1:34; 2:18; 6:9; 10:11-12 마찬가지로 삼상 10:18.

18 참조, M. M. Zahn, Rewritten Scripture, in: T. H. Lim/J. J. Collins (Hg.), The

해사본에서도 관찰되기 때문이다. 구약성서 내에서 본다면 역대기 (역대기상·하)는 **재기록된 성서** 본문의 장르를 보여주는 고전적인 예이다. 또한 오경에 나타난 제사장(priesterlich) 본문과 비제사장(nicht-priesterlich) 본문의 관계 또는 창세기부터 민수기에 기록된 본문(언약 법전, 족장, 출애굽, 광야 유랑)과 신명기의 관계는 재기록의 범주에 포함될 수 있을 것이다. 사해사본에는 축제의 책(Jubiläenbuch), 성전 두루마리(Tempelrolle), 쿰란의 오경 개정본(4QReworked Pentateuch: 4Q158과 4Q364-367), 그리고 창세기 외경(Genesis Apocryphon)등이 있는데 이것은 이 문학 양식을 가장 잘 알려주는 것들이다.

재기록된 성서 본문은 다양한 방법론적 관점으로 인해 아주 흥미롭다. 성서 본문이 다소간에 완벽하게 재현되고 있다는 점에서 재기록은 본문비평에 대한 증명을 하고 있는 셈이다. 따라서 역대기는 적지 않은 부분에서 사무엘서 판본을 전제하는데, 이 판본은 마소라 본문이 아니라 70인역(LXX)과 쿰란의 증거 본문에 일치한다.[19]

이와 유사한 것을 쿰란의 오경 개정본(4QReworked Pentateuch)과 같은 작품에서 언급할 수 있다. 이 작품을 **재기록된 성서**라는 표제로 귀속시켜야 하는지 혹은 성서 필사본으로 편입시켜야 하는지에 대한 연구가 진행중이다.[20]

Oxford Handbook of The Dead Sea Scrolls, 2010, 323-336.

19 물론 차이점이 70인역 혹은 쿰란에서 기록된 본문의 본래성을 증명하는 것은 아니다. 물론 4QSama는 (예를 들어 삼하 24장/대상 21장이 4QSamaFr.164-165에서 나타난 것처럼) 이미 두 가지 판본을 알고 있었고 사무엘서와 역대기를 조화시키려 노력하는 것처럼 보인다. 결론은 전승을 분석한 결과에 기인한다. 필자는 이 분석을 미자히(Noam Mizrahi) 박사와 함께 수행했는데, 그는 이것을 가까운 시기에 출판될 것이다.

20 참조, Zahn, Rewritten Scripture, 325.326-327; Zahn, The Problem of Characterizing the 4QReworked Pentateuch Manuscripts: Bible, Rewritten Bible, or None of the Above?, DSD 15 (2008), 315-339.

더 나아가 **재기록된 성서** 본문에서 생략되고 추가되는 것, 다시 말해 그것이 하나의 원본에 기인했거나 혹은 재서술하는 과정에서 의도됐다는 점은 "성서 본문이 어떻게 성장했는가?"라는 숙련된 특성을 알려준다. 또한 성서 원문이 형성되기 위해서 변형, 생략 그리고 무엇보다 전승되는 과정에서 발생했을 첨가가 고려되어야 한다. 따라서 **재기록된 성서** 본문에는 성서 원문과 원문의 구성에서 이미 시작되었던 변형, 생략 그리고 첨가가 단지 지속되었을 뿐이다.

마지막으로 **재기록된 성서** 본문은 편집사적 그리고 수용사적 관점에서 대단히 흥미롭다. 이 본문들은 명백한 문학적 의존성에 기인하며 동시에 역사적으로 파악될 수 있는 상호본문성이라는 특성의 메카니즘을 통해 통찰력을 제공한다. 이 상호본문성이라는 특징을 통하여 본문 형성과 이어쓰기 개정이라는 문학적 과정이 관찰된다. 그것은 다음과 같이 요약된다. 편집 (혹은 수정) 그리고 해석함으로써 주어진 본문을 사용했으며, 그것은 전반적으로 성서 내부적 혹은 성서 외부적 수용사로 표현될 수 있다.[21]

구약성서 내에서 편집사와 수용사의 과정이 확인되며 더 나아가 추적이 가능한 가장 확실한 경우는 여자 조상(Ahnfrau)에 대한 이야기이다. 그녀는 자신을 지키려는 남편들에 의해 이방 땅에서 누이로 소개되고 양도되었다.[22] 이 이야기는 세 번에 걸쳐서 창세기에 소개되고

21　참조, Kratz, Innerbiblische Exegese, 135-144; Kratz, Die Suche nach Identität in der nachexilischen Theologiegeschichte. Zur Hermeneutik des chronistischen Geschichtswerkes und ihrer Bedeutung für das Verständnis des Alten Testaments, in: Kratz, Judentum (위에 각주. 9), 157-180.

22　참조, R. G. Kratz, Friend of God, Brother of Sarah, and Father of Isaac: Abraham in the Hebrew Bible and in Qumran, in: D. Dimant/R. G. Kratz (Hg.), The Dynamics of Language and Exegesis at Qumran, FAT II/35, 2009, 79-105, 87-93.

있다. 두 번은 아브라함과 사라(창 12; 20장) 그리고 한 번은 이삭과 리브가(창 26장). 이야기의 소재는 아마도 이삭이라는 이름(레베카: "사랑받는")에서 고안되었을 것이며, 따라서 창세기 26:7-14은 가장 짧을 뿐 아니라 가장 오래된 판본이다. 이 이야기를 모델로 모티브가 창세기 12:10-20에 등장하는 아브라함과 사라에 전용되었고, 창세기 20:1-18 판본은 다시 창세기 12장에 의존하고 있다.[23]

이삭을 아브라함에게 전용하는 것은 족장 서술 구조와 연결되어 있다. 하지만 아브라함을 앞서 배열하는 것은 그가 이삭과 야곱의 시조라는 것을 전제하는 것이다. 이러한 맥락에서 창세기 12:10-20은 아버지와 아들을 동일하게 만들고(창 26장) 동시에 출애굽을 미리 암시하는 장치로서 이차적으로 삽입되었다. 창세기 26장과 마찬가지로 이번에는 이 에피소드가 아비멜렉이 그랄 땅을 통치할 때를 보도하는 창세기 20장에서 반복된다. 이 에피소드 반복은 창세기 12장에 기록된 판본을 문학적으로 전제하며, 창세기 20:13에서 회고됨으로써 이야기 진행에 삽입되었다. 이와 같은 반복은 창세기 12장과 26장의 두 판본을 균등하게 할 뿐 아니라 강조점을 두려는 후대의 손길에서 기인한 것이다. 창세기 20장은 "디아스포라에 퍼져있는 개방적 유대교의 모범으로서 아브라함"을 보여준다.[24]

세 가지 성서 표현에서 사람들은 다음과 같은 것을 추론할 수 있다. 즉, 하나의 동일한 이야기는 창세기가 편집되는 과정에서 어떻

---

23 참조, Kratz, Komposition, 263-264. 270-271. 276-277(Composition, 260. 267. 271).

24 M. Köckert, Abraham: Ahnvater, Fremdling, Weiser. Lesarten der Bibel in Gen 12, Gen 20 und Qumran, in: S. Martus/A. Polaschegg (Hg.), Das Buch der Bücher-gelesen. Lesarten der Bibel in den Wissenschaften und Künsten, Publikationen zur Zeitschrift für Germanistik NF 13, 2006, 139-169, 152-161.

게 다양한 의미로 성장하게 되는가 하는 점이다. 성서 이후의 문헌에서 우리는 여러 가지 방법으로 진행된 중복된 전승을 다루게 된다. 축제의 책은 창세기 12장 에피소드를 단지 간략하게만 설명하고 있으며 창세기 20장과 26장을 무시하고 지나간다. 이외의 다른 방법을 창세기 외경(Kol. 19-20)은 부정하고 있다.[25] 여기에서는 창세기 12장과 20장(그리고 26장)의 두 가지 판본이 창세기 12장을 재현하는 과정에서 서로 조화되고 장황하게 상술되었다.

문학적 기교를 보았을 때 창세기 외경이 주목되는데, 그것은 창세기 12:10-20의 몇몇 구절들을 차례대로 수용하여 아람어로 묘사되었다. 그리고 각각 추가 설명이 삽입되었는데, 그것은 부분적으로는 창세기 20장과 26장에서 기원한 것이지만, 부분적으로는 자유롭게 추가된 것이다. 이러한 방식으로 다양한 성서 판본의 관계로부터 추론되는 공공연한 질문들이 설명되며, 원본에 따르면 유사하지만 더 이상 설명되지 않았던 모티브가 발전되었다.

경향을 보았을 때 창세기 외경은 명백하게 창세기 20장에서 확인되는 가장 후대 판본과 연결되어 있다. 만약 창세기 20장에서 하나님의 도움으로 아비멜렉이 사라를 가까이 하지 않았다는 것이 명시적으로 서술되었고(4, 6절), 아브라함 조상의 계보를 근거로 사라가 실제로 아브라함의 누이였다고 기록되었다면(12절), 따라서 아브라함과 사라가 도덕적 그리고 육체적 부정에 대한 모든 의심으로부터 무죄 판결을 받은 것에 대해 외경은 아주 특별한 관심을 갖고 있다고 평가된다. 계속해서 창세기 외경은 창세기 20장을 수용함으로써, 특별히 7절에

---

25 D. A. Machiela, The Dead Sea Genesis Apocryphon: A New Text and Translation with Introduction and Special Treatment of Columns 13-17, STDJ 79, 2009, 69-77의 본문을 참조하라.

서 확인되는 명예로운 "예언자" 칭호를 수용함으로써 아브라함에 대한 새로운 상(像)을 제공한다. 여기에서 아브라함은 꿈을 받고 해석하는 능력을 소유한 자이며, 애굽의 마술을 부리는 자들과 경쟁하여 승리를 거두는 자이다. 축제의 책(Jubiläenbuch; Jub 12, 27)과 마찬가지로, 에녹 문서(Schriften des Henoch)에 따르면 아브라함은 두루 돌아다니며, 사라가 지혜로웠던 것처럼 아브라함은 애굽 지혜자들에게 깊은 영향을 주었다.

창세기 20장은 이방 통치자에 대해 결코 친절한 어조를 담고 있지 않다. 이방 통치자는 아브라함에 대한 두려움(11절)을 자신의 행위로 반박하며, 마찬가지로 자신의 행위를 통하여 하나님을 경외하는 자임을 입증했다. 이러한 점으로 볼 때 외경은 (다시) 더욱 강경한 어조를 보여주며, 이방 통치자의 폭력적인 모습을 강조하고 있다.

따라서 우리는 창세기 26장이 창세기 12장을 넘어서 창세기 20장에 이르기까지 성서 내에서 해석되는 발전상을 관찰하게 된다. 이러한 발전과정에는 이방 통치하에서 이스라엘 존재에 대한 질문이 매번 새롭게 관찰되며 그때마다 조금씩 다르게 대답되었다. 창세기 외경과 같은 성서 이외에서 관찰되는 해석은 이와 같은 발전과정에 이음새 없이 연결되었는데, 이 해석은 창세기 12장과는 문학적으로 그리고 창세기 20장에는 개념적으로 연결되었다.

외경은 **재기록된 성서**의 형태로 첨예한 상황에서 새로운 대답을 제시한다. 물론 외경의 저자는 우리가 알고 있는 것을 인식하지 못했다. 그는 세 가지 성서 표현의 문학사적 기원에 대해서 전혀 알지 못했지만, 그는 직관적으로 창세기에서 가장 후대 판본인 창세기 20장을 받아들였다. 이 판본은 서술적인 면에서 볼 때 이 저자와 가장 근접해있기 때문에, 그것은 전혀 근거 없는 것이 아니다. 또한 역사적으로 보았을 때 이 두 서술은 추측건대 상호 간에 대단히 멀리 떨어진 것은 아니기 때문이다.

Ⅳ

성서의 율법은 구약성서(언약법전, 신명기, 성결법) 내에서 뿐 아니라 성서 이외의 사해사본(성전 두루마리)에서도 **재기록**의 대상이다. 덧붙여서 쿰란 본문에서는 몇몇 율법을 명시적으로 해석한 것, 즉 율법의 구체적 적용을 목적으로 하는 할라카(Halakha)가 관찰된다(4QMMT). 마지막으로 쿰란 공동체의 특별한 규정 시리즈, 영어로는 소위 **종파 규정**(sectarian rules)이 전승되고 있는데, 이 시리즈는 문체적으로 그리고 부분적으로 토라와 할라카의 형태를 통하여 공동체 생활을 위한 규정을 함유한다(*Serekh ha-Yachad*, Damaskusschrift).

재기록된 율법(*rewritten law*)을 다룬다는 점에서 동일한 방법론적 원칙이 그 밖의 다른 모든 **재기록된 성서** 본문(rewritten bible-Texte)들에도 적용된다. 따라서 "성서 원본이 성전 두루마리와 같은 작품에서 어떠한 방식으로 개정되었는가?"라는 관점으로 하나의 문학 작품을 조사하는 것뿐만 아니라, 마찬가지로 수용된 결과를 성서 율법 자료의 문학사로 그리고 해석사로 연결시키는 것은 전체적으로 유익할 것이다.

본문비평과 문학비평 이외에도 특별히 법 영역을 위해 근거를 제공하므로 중요한 양식사(Formgeschichte)와 전통사(Traditionsgeschichte) 방법론은 가치 있다. 쿰란의 율법 전승은 후대의 랍비 전승과 연결될 뿐 아니라, 고대의 성서 전통에 깊이 뿌리를 내리고 있다.[26] 성서의 법 전승 역사 그리고 그것이 사해사본에서 재서술 되는 것의 긴밀한 관

---

26   참조, A. Shemesh, Halakhah between the Dead Sea Scrolls and Rabbinic Literature, in T. H. Lim/J. J. Collins (Hg.), The Oxford Handbook of The Dead Sea Scrolls, 2010, 595-616.

계는 (가시적인) 외적 형식을 설명해준다. 곧 "화자의 선택"이다.

출애굽기 19-24장의 시내산 단락의 틀에서 관찰되는 언약법전은 출애굽기 21-23장의 비인칭(조건적) 법모음으로 인해 강조되는데, 이 법모음은 틀을 형성하는 제의법 제정(제단, 축제)을 중심으로 확장됐고, 성서 이야기의 맥락으로 삽입되었다. 이와 같은 편집사 과정에서 비인칭의 법진술은 부분적으로 2인칭 단수(모세 혹은 백성)에게, 또한 부분적으로는 2인칭 복수(백성)에게 말하는 하나님의 1인칭 직접화법이 되었다. 이러한 수사학적 모습은 신명기에서 전제되었는데, 모세의 연설로 등장하는 신명기는 처음에는 2인칭 단수를 대상으로 표현됐고, 후대 층에서는 그 이외에도 2인칭 복수를 대상으로 작성되었다.

신명기의 내러티브는 싯딤에서 약속의 땅으로 진입하기 직전에(민 25:1; 수 2:1; 3:1) 모세가 모압 땅에서 백성들에게 율법을 선포하는 것을 진술하는데, 이 율법은 출애굽기 19-24장에서 확인되는 것으로 모세가 시내산에서 하나님으로부터 받은 것이다. 수사학적 이야기의 틀에서 신명기는 언약법전의 재현(Wiedergabe)으로 보이며, 그것은 의심할 여지없이 실제로 그와 같은 경우에 해당한다. 신명기는 본래 **재기록된 성서** 본문이라는 특성과 다르지 않기 때문이다. 곧, "제의 중앙화의 배경 하에서 언약법전, 특별히 제의법에 대한 개정안"[27]이다.

성전 두루마리에는 이와 같은 문학적 재구성이 전제되었다. 계속해서 신명기의 측면에서 보았을 때 발전, 해석 그리고 확장된 신명기 본문, 예를 들면 Kol. 51-53에서 제의 중앙화에 대한 규정은 하나님의 말씀으로 등장한다는 점이 관찰된다. 다시 말해, 이 규정은 모세가 시내산에서 수령한 것과 같은 직접 계시 형태로 나타난다. 그와 동일한 것

---

27   참조, 출 20:24과 신 12:13 이하; 출 23:14-17과 신 16:16-17 등; 덧붙여서 Kratz, Komposition, 118-138(Composition, 114-133).

이 출애굽기 25-40장의 성소에 대한 본문이 Kol. 2-47에서 재현되는 것에서 관찰된다. 재현되는 성전 두루마리 본문은 출애굽기 35장 이하의 실행 보도에 집중하며, 덧붙여서 신적 계시를 추가하고 있다. 게다가 성결법전(레 17-26장)은 내용적으로나 문체적으로 중재된 역할을 명확하게 보여주고 있다. 이것은 언약법전과 신명기의 재현(**재서술**)이며, 모세는 하나님의 말씀을 백성에게 전해 주는 역할을 하고 있다(레 17:1-2).

성서적 율법 문학사는 쿰란 공동체 규칙을 연구하기 위해서도 중요하다. 할라카(Halakha)와 마찬가지로, 쿰란 공동체 규범과 성서 율법에는 상당한 괴리가 존재함에도 불구하고, 그 규범은 성서 율법의 재현으로 평가되며, 독자적인 특성을 가진 작품으로 이해될 수 있다.[28] 이처럼 문학비평, 양식비평 그리고 전통비평적 방법으로 재구성된 성서 율법의 생성 과정은 법적 구속력을 갖는 쿰란 문헌의 생성을 설명하는 모델로 적용될 수 있다.[29]

따라서 내 생각에 언약법전, 신명기 그리고 성결법전을 포함하는 상이한 성서적 율법 단락의 문학적 연관성은 1QS과 1QS^{a}의 관계 또는 공동체 규율(*Serekh ha-Yachad*)과 다마스쿠스 문서(Damaskusschrift: D)의 관계를 설명하기 위한 하나의 모델이 될 수 있을 것으로 보인다. 게다가 이것은 상호본문적 연관성이 "다수 존재함"을 제시하는 문서들 상호 간의 관계를 설명하는 모델이 될 수도 있을 것이다. 마지막

---

28 덧붙여서 참조하라. R. G. Kratz, Der »Penal Code« und das Verhältnis von Serekh ha-Yachad (S) und Damaskusschrift (D), RQ 25 (2011), 199-227.

29 참조, Serekh ha-Yachad 에 대해서 Metso, Development, für die Damaskusschrift Hempel, Laws; für das Verhältnis zwischen den beiden Werken (S und D) Kratz, »Penal Code«, sowie A. Steudel, The Damascus Document (D) as a Rewriting of the Community Rule (S), RQ 25 (2012), 605-620.

으로 질문되어야 할 것은 "그러한 규율(S 그리고 D) 혹은 쿰란의 할라카(성전 두루마리, 4QMMT)는 어떻게 성서 율법 역사로 배열될 수 있는가?"하는 점이다. 그러한 규율과 할라카는 언약법전의 처음 부분이며 오경에서 최초로 율법을 전달하는 시작점인 출애굽기 21:1를 인용하며, 1QS 6:24에서 관찰되는 **형법**(*Penal Code*)의 표제어를 볼 때 자체적으로 성서 율법과 문학적 그리고 내용적 연결성을 명백하게 제시하고 있다.

따라서 이 점에 있어서 구약성서학과 쿰란 연구의 과제는 역사비평 방법론을 사해사본에 적용하는 것일 뿐 아니라, 성서학에 대한 비평적 결과를 실재로 사해사본 연구에 편입시키는 것이다. 덧붙여서 이러한 역사비평 방법론이 역사적 전제로 이해되며, 게다가 쿰란 문서에서 확인되는 현상과 발달에 대한 선구자로 간주된다.

V

주제적인 면에서 연속되는 것으로 보이는 예언서와 시편의 주석서, 즉 페샤림(Pescharim)은 율법적 문헌보다도 성서에서 훨씬 더 멀어져 있다. 할라카(4QMMT)와 마찬가지로 페샤림은 해석을 위해 제시된 성서 초안과 해석 사이에 명확한 차이를 보여준다. 하지만 특별하며 새로운 쿰란의 이러한 본문 장르를 연구하기 위해서 특히 예언 연구 영역에서 관찰되는 비평적 성서학의 방법론과 결과물은 중요한 역할을 한다.[30]

---

30 참조, R. G. Kratz, Prophetenstudien. Kleine Schriften II, FAT 74, 2011, 계속해서 특별히 99-108.

항상 그렇듯이 성서 본문이 중요하게 다뤄지는 곳에서는 본문비평 (Textkritik)이 가장 먼저 등장한다. 성서를 인용하는 페샤림 본문은 때에 따라서 마소라 본문과 서로 다른 독법(讀法)을 제시한다. 이 인용문은 독법에 있어서 부분적으로 여러 판본들 중에 하나와 일치하는데, 이와 같은 사실은 이 해석본(Pescher)에 또 다른 하나의 히브리 초안이 제시되었음을 의미한다. 만약 독법이 어느 하나와 일치하지 않는 경우에는 상이한 독법이 또 다른 본문 전통을 기반으로 하는 것인지, 혹은 해석본의 저자가 자신의 해석에 본문을 맞추기 위해서 상이한 독법을 스스로 선택한 것인지 의문이 제기된다.[31] 여하튼 페샤림 주석은 성서 본문사에 있어서 가장 중요한 증거를 보여준다.

계속해서 페샤림은 헬레니즘-로마 시대의 쿰란 공동체 역사와 고대 유대교 역사를 위한 중요한 역사 사료이다. 문학적 사료와 마찬가지로 성서적 사료와 성서 외적인 고고학 사료로부터 이스라엘 역사를 재구성하려는 역사적 성서 연구의 본보기에 따라서 사람들은 페샤림의 시대사적 암시를 엣세네파(die Essener)에 대한 고대 역사가의 보도, 다마스쿠스 문서에 나타난 몇몇 기록 그리고 키르벳 쿰란(Khirbet Qumran)에 정착한 고고학적 증거들과 조화시켜왔다. 그리고 그와 같은 방법으로 쿰란-엣세네파와 그들의 지도자, 즉 "율법교사"(Lehrers der Gerechtigkeit)의 역사에 대한 고전적인 모습을 스케치했다.[32] 이와 같은 모습은 그 방법론과 그것을 통해 나타난 결론에 대해 질문이 증

---

31 덧붙여서 참조하라. G. J. Brooke, The Biblical Texts in the Qumran Commentaries: Scribal Errors or Exegetical Variants?, in: C. A. Evans/W. F. Stinespring (Hg.), Early Jewish and Christian Exegesis: Studies in Memory of W. H. Brownlee, 1987, 85-100.

32 기본적인 것에 대해서 Stegemann, Entstehung.

가함에도 불구하고, 오늘날까지도 그 효력을 유지하고 있다.[33]

무엇보다 비평적 성서학에서도 마찬가지로 사료의 다양한 특성을 숙고하지 않은 채 다루는 것, 사료들을 연결하는 것, 문학 증거를 직접적인 역사로 평가하는 것 그리고 역사적이며 문학적 근거들을 혼합하는 것은 의혹을 불러일으켰다. 가장 논란이 되는 것은 키르벳 쿰란에서 발굴된 고고학적 자료 자체를 해석하는 것이다.

그동안에 성서학에서 사용된 방법이 점차적으로 권위가 인정되어 왔다. 그것은 일차적으로는 고고학 사료와 문학적 사료를 자체적으로 관찰하고, 사료로 이해되는 문학적 증거를 해석하는 것과 그러한 증거에서 관찰되는 기원과 경향을 엄격하게 구별하는 것으로 나타났다.

우리는 전반적으로 중요한 역사적 사건과 세부적인 것에 대해서가 아니라, 오히려 인류학적, 사회적 혹은 사료 편찬적 유사성을 근거로 역사적인 것으로 분류되고 인정되는 역사적 정황에 대해 질문한다. 이로 인해 쿰란 연구는 방법론과 역사 재구성이라는 성서학의 경험을 통해 유익함을 얻었을 것으로 보인다. 역으로 성서학은 성서 문서(biblische Schriften)를 역사적 그리고 사회적으로 배열하기 위한 명확한 역사적 실증을 쿰란에서 관찰할 수 있는데, 이와 같은 실증은 엘레

---

33 논쟁에 대해서 참조하라. M. L. Grossman, Reading for History in the Damascus Document: A Methodological Study, STDJ 45, 2002; S. Metso, Methodological Problems in Reconstructing History from Rule Texts Found at Qumran, DSD 11 (2004), 315-335; S. Metso, When the Evidence Does Not Fit: Method, Theory, and the Dead Sea Scrolls, in: M. L. Grossman (Hg.), Rediscovering the Dead Sea Scrolls: An Assessment of Old and New Approaches and Methods, 2010, 11-25; P. R. Davies, What History Can We Get from the Scrolls, and How?, in: C. Hempel (Hg.), The Dead Sea Scrolls: Texts and Context, STDJ 90, 2010, 31-46; M. Goodman, Constructing Ancient Judaism from the Scrolls, in: T. H. Lim/J. J. Collins (Hg.), The Oxford Handbook of the Dead Sea Scrolls, 2010, 81-91.

판틴(Elephantine)을 제외한다면 이스라엘과 유다 역사의 초기 시대에 대해서는 완전히 누락되었다.

특히 제한적이기는 하지만 역사적 작품을 지나칠 정도로 의존하는 것에 회의를 갖는 것이 점차적으로 제기 되면서 페샤림의 문학적인 면에 대한 관심이 증가하고 있다. 본문과 주석의 관계를 통해서 우리는 다양하며, 아주 섬세한 해석 기법 그리고 성서 본문을 페샤림에 수용하도록 의도한 해석학(Hermeneutik)을 배울 수 있다. 그와 같은 해석 기법 가운데 일부와 해석학은 성서 본문에서 생성되고 내부적으로 해석되는 과정에서 이미 영향을 끼쳐왔으며,[34] 이러한 것들은 또한 후대 랍비 해석에서도 여전히 확인된다.[35]

페샤림에서 이 두 가지, 즉 해석 기법과 해석학은 표제(Lemma)와 주석(Kommentar)을 구분함으로써 명확하게 가시화된다. 그것을 통해서 성서학은 다음과 같은 것을 배울 수 있다. "성서 문서(biblische Schriften)의 편집사는 어떠한 해석학적 전제를 기반으로 하며, 어떤 방식이 고려되어야 하는가?" 그리고 "**재기록된 성서** 본문과 대단히 근접하다는 것이 어디에서 관찰되는가?"[36] 그와 달리 페샤림의 장르가 드러나는데, 이것은 양식사, 문학사 그리고 시대사적 관점뿐 아니라,[37]

---

34 Kratz, Innerbiblische Exegese, 128-135.

35 G. J. Brooke, Exegesis at Qumran: 4QFlorilegium in its Jewish Context, JSOT.S 29, 1985.

36 Kratz, Suche nach Identität.

37 A. Steudel, Dating Exegetical Texts from Qumran, in: D. Dimant/R. G. Kratz (Hg.), The Dynamics of Language and Exegesis at Qumran, FAT II/35, 2009, 39-53; R. G. Kratz, Text und Kommentar. Die Pescharim im Kontext der hellenistischen Schultradition, in: P. Gemeinhardt/S. Günther (Hg.), Von Rom nach Bagdad: Bildung und Religion in der späteren Antike bis zum klassischen Islam, Mohr Siebeck, 2013.

만약 우리가 성서 내부적 편집사와 해석사를 (여기에서는 특별히 예언서를 언급할 수 있겠다) 배경으로 고찰한다면 이 장르는 다른 관점에서도 대단히 흥미로운 것이다.

내부 예언자적 율법 해석과 페샤림에서 예언자에 대한 해석이라는 두 가지 측면이 어떻게 서로 맞물려 있는지 우리는 나훔에 대한 페샤림 주석에서 정보를 얻을 수 있다.[38] 만약 우리가 나훔의 편집사적 배경을 고려한다면, "피의 성"(Blutstadt) 니느웨가 나훔 3:1-7에서 기이하게도 "거짓된 것을 구하는 에브라임 성"으로 해석된다는 것은 대단히 명백하다. 따라서 페샤림의 암호를 시대사적 집단의 상(像)으로 역사화하여 (여기에서는 바리새인[Pharisäer]으로 볼 수 있다) 이해할 수 있다는 견해가 제시되는데, 이 집단은 임의적인 예언 본문에도 적용될 수 있을 것이다. 오히려 나훔서의 편집사에서는 이미 니느웨를 유다 혹은 유다의 내부에 존재하는 적으로 해석하는 것이 관찰된다.

따라서 이사야(CD VII), 호세아 그리고 미가서에 대한 해석에서 보았을 때 선두에 자리잡은 나훔서의 암호는 성서적 "이스라엘"의 갈등에 대한 내부 성서적 담론이 수용되고 있음을 입증한다. 이와 같은 갈등은 성서적 전승을 담고 있는 언어와 사상을 통해서 쿰란 공동체에 현실화되었다. 이것은 성서 암호(유다, 에브라임, 므낫세 등)로 나타나는 주전 2세기와 주전 1세기 그룹을 역사적으로 규정하는 것을 배제하지 않았지만, 그러나 역사적 관련성은 다른 시각으로 드러났다.

유사한 관련성이 이사야서와 그것을 수용한 다니엘서[39] 그리고 호

---

38 Kratz, Prophetenstudien, 99-145.

39 위의 책, 183-186,243-271; A. Teeter, Isaiah and the King of As/Syria in Daniel's Final Vision: On the Rhetoric of Inner-scriptural Allusion and the Hermeneutics of »Mantological Exegesis«, in: E. F. Mason et al. (Hg.), A Teacher for All Generations: Essays in Honor of James C. Van der Kam vol. 1,

세아서와 아모스서[40]의 실례에서 관찰된다. 이 두 가지 경우에서 관찰되는 해석은 사해사본에서도 계속해서 연결되는 경향이 있는데, 이러한 경향은 내부 예언자적이며 내부 성서적인 편집(개정)과 해석의 역사에서 이미 시작되었다. 동시에 페샤림에서는 항상 다음과 같은 두가지가 다뤄지고 있다. 전승된 성서 본문 자체를 설명하는 것 그리고 쿰란 공동체가 당면한 역사적 상황의 관점에서 풀이하는 것이다.

VI

지면상의 제한으로 인해 필자는 이 논고를 마무리 해야 한다. 하지만 그 밖에도 시편, 기도문 혹은 지혜와 같은 전승 영역에서 더 많은 용례들이 존재하는데, 이러한 영역들에서 구약성서학과 쿰란 연구의 관련성이 언급되며, 그것들이 필연적으로 협력해야 함이 제시될 수 있을 것이다. 이미 언급된 용례들이 제시하는 것처럼 비평적인 성서학 방법들만이 사해사본에 적용될 수는 없다. 오히려 쿰란 문서 연구를 위해 비평적 성서 연구의 결과를 고려하며 두 가지를 서로 관련시키는 것이 유익한 것으로 입증되었다. 그것을 통해 두 연구 분과는 대단한 성과를 거둘 수 있을 것이다.

이러한 방식으로 사해사본은 후대의 특별 집단 혹은 분파의 증거문서라는 자신들의 고립된 위치가 감소되며, 오히려 다니엘서를 볼 때 적어도 주전 2세기까지 진행된 성서 문서의 생성에 대한 과거의 역동적 과정으로 분류될 수 있을 것이다. 이와 반대로 구약성서

    JSJ.S 153, 2012, 169-199.

40   Kratz, Prophetenstudien, 359-379.

는 확립된 정경이라는 자신의 위치를 상실하며, 역사적 배열에서 박탈된다. 하지만 사해사본과 함께 역사적인 연결점을 형성하게 되며, 그것을 기반으로 성서 문서의 생성은 문학사적이며 신학사적으로, 게다가 역사적이며 사회사적으로 새로운 관점으로 관찰되고 평가될 수 있을 것이다.

구약성서학과 쿰란 연구는 역사비평적 방법론이라는 도구를 공유할 뿐만 아니라, 각각의 관점에서도 서로 의존한다. 사해사본이 완전히 출판되고 오래지 않아 구약성서와 사해사본의 관련성을 양쪽에서 사용할 수 있도록 제시함으로써 *ZAW* 학술지는 125주년을 기념하여 두 분과가 협력하는 새로운 단계로 나아가는 장을 모색하고 있다.

요약

본 소논문은 구약성서학과 쿰란 연구의 관계를 다루고 있으며, 두 분야가 공고하게 협력할 것을 변론하고 있다. 이 논문은 대략 지난 250년 동안 발전되고 오늘날까지도 실재적인 역사적 성서 비평 방법론이 사해사본과 관련해서도 어떻게 쌍방에 유익하게 사용될 수 있는가를 질문한다. 게다가 오늘날 성서 비평의 결과물이 사해사본과의 관계를 위해 사용될 수 있는가 그리고 반대로 사해사본이 구약성서와의 관계를 풍성하게 할 수 있는가에 대해서 질문한다.

예언 연구의 문제점[*]

라인하르트 G. 크라츠(Reinhard G. Kratz)
괴팅엔대학교 개신교 구약학 교수

구약성서 연구를 조망하는 최근 연구에서 적지 않게 "패러다임의 변화"(Paradigmenwechsel)가 언급되고 있다. 니시넨(Martti Nissinen) 또한 영어권 구약성서 예언서에 대한 조망에서 동일하게 명시했다.[1] 독일어권 연구를 고려한 베커(Uwe Becker) 역시 보다 조심스럽게 "예언서의 재발견"(Wiederentdeckung des Prophetenbuches)이라고 표현했다.[2] 이 두 가지 경우에서 모두 다소간의 차이는 있지만 공통적인 것이 고려되었다.

곧, 예언자 인물로부터 작별 그리고 예언자적 문서로 전환이다. 이미 1970년대부터 관찰되는 이러한 연구 경향들은 과거의 많은 관찰들을 재발견하는 동시에 새로운 질문들을 제시했다.[3] 뒤에서는 논의

---

[*] R.G. Kratz, "Problem der Prophetenforschung," Prophetenstudien: Kleine Schriften II, *FAT* 74, (Tübingen, 2011), 3-17을 완역한 것이다.
[1] Nissinen 2009a; 참조, Deist(1989)는 이전에 이미 그것에 대해서 언급하였다.
[2] Becker 2004.
[3] 현재 논의에 대한 단적인 예를 논문 모음집 시리즈가 보여준다. Ben Zvi/ Floyd 2000; Nissinen (Hg.) 2000; Grabbe/ Haak 2001; Köckert/ Nissinen 2003: Fischer/ Schmid/ Williamson 2003; Grabbe/ Bellis 2004; Kaltner/ Stulman 2004; Ben Zvi 2006; Floyd/ Haak 2006; Kelle/ Moore 2006; Nissinen/ Carter

되고 있는 문제의 상황과 이 단행본에 기고된 소논문들이 다루는 문제들을 짧게 요약하였다.[4]

I

예언 문서에로 관심이 전환되는 연구 경향을 이해하기 위해서, 우리는 가장 먼저 이 경향이 어디로부터 나왔는가를 파악해야 한다. 구약 예언자에 대한 학문적, 교회적 서술은 예언자라는 인물에 초점을 맞추었다. 이러한 서술은 20세기를 지배했을 뿐만 아니라, 오늘날까지도 부분적으로 유지되고 있다. 이같이 초점을 고정하는 것은 오랜 기간의 전역사(前歷史, Vorgeschichte)를 가지고 있으며, 그것은 이미 성서 전승에서부터 시작되었다.

시적인 자기 반영, 예언자적 상징행동 그리고 예언자에 관한 이야기들은 예언자를 하나님 말씀의 중재자로 이해하여 중심에 배열하였으며, 대부분 세상으로부터 쫓기고 하나님과 자신의 사명에 대해 절망하는 광야에서 고독하게 외치는 자의 모습으로 예언자를 표현하였다. 동시에 예언서의 표제어를 통하여 개별 예언자들을 이스라엘과 유다 역사의 특정 시대에 배열하는 역사화가 착수되었다.

상호 연결된 유대교와 기독교의 해석은 광야에서 고독하게 외치는 자의 전형을 평준화시켰으며, 예언자를 각각 개별적인 신학적 시스템으로 통합하였다. 광야에서 외치는 자의 모습에서 거룩한 역사 저술가 혹은 구원사의 대리자, 율법 교사, 하나님의 비밀을 계시하거나 혹

2009; Day 2010.

4 참조, Barstad 1993b 그리고 2009. 그는 조금은 상이한 서술을 보여준다.

은 그리스도를 선포하는 자가 등장했다. 그렇지만 예언자들은 또한 자신들의 독특성을 유지하였다.[5] 물론 예언자의 말들은 성서의 증거 그리고 적어도 종말론적인 쿰란의 페샤림(Pescharim - "해석, 이해"를 의미하며 신구약 중간기의 성서 주석을 보여주는 문서이다. 전 8:1 참조-역주)과 신약 성서의 종말론적 해석에 따르면 다양한 방법으로 예언자 자신들의 시대를 뛰어 넘는다. 하지만 몇 가지 예외를 제외한다면, 기독교 해석 전통에서와 마찬가지로 오랜 기간 동안 이어져 내려오는 유대교적 해석에서 역사 규정에 대한 정당성을 의심하는 하는 것, 말과 행동의 권위 그리고 자신의 이름으로 전승된 책들을 예언자의 저작으로 돌리는 것을 의심하게 하는 어떤 동인도 존재하지 않는다.

계몽주의(Aufklärung)를 거치면서 의심이 제기되었고 그것을 더 이상 억제할 수 없게 된 이후에, 예언자의 모습에 관심을 갖기 시작했으며, 예언자 말의 본래 형태에 주의가 집중되었다. 동시에 역사적 그리고 종교적 관심들이 점차적으로 제기되었다.[6] 예언자의 "진정한" 말, 즉 *ipsissima verba*를 규정하는 가능성이 열린 것처럼 보였다. 학문적 방법으로 역사적 예언자(historische Propheten)와 대면하여, 예언자의 진정성을 본격적으로 증명할 수 있는 것처럼 보였다. 동시에 그것은 진정한, 왜곡 없이 하나님을 증거하는 것에 대한 흔적을 확인할 수 있을 것이라는 낭만적으로 고무된 상상과 연결되었다. 그것은 성서 전승의 이차적 산물 이면에 그리고 회당과 교회 전통 이면에 존재하는 원문(Ursprungstext)을 통해서 추정될 수 있는 것처럼 보였다.

역사적 그리고 종교적 차원의 이 해석은 정점에서 역사적 예언자를 창의적 개인으로 표현하기에 이르렀다. 그러한 표현은 성서의 예언자

---

5 참조, Kratz 2003a, 9-16.
6 참조, Schmid 1996b.

모습을 특별한 것으로 만들었고, 광야에서 고독하게 외치는 자의 특징을 부활시켰다. 예언자들은 개인적 경건성의 진수(眞髓)를 보여주는 자로 나타나며, 비밀리에 하나님으로부터 임무를 받아 알린다. 그는 동시에 하나님으로부터 혹독한 훈련을 받으며, 백성들에게 멸시와 천대를 받지만 성실하게 자신의 임무를 실행하는 자이다. 하나님 한 분 이외에 어떤 권세 있는 자도 그에게 명령할 수 없으며, 그는 자기 확신에 따라 움직인다. 그러한 예언자들은 새로운 그러나 사실은 오래되며 본래적인 그리고 진실된 종교와 규범을 선포하는 자들이었다.

그러나 예언자 자신들로부터 발의되어 후대의 성서 전승에서 형성된 것들 가운데 어떤 것도 그 예언자들에게서 발견되지 않는다. 둠(B. Duhm)은 그러한 예언자들을 "영원히 새로운 것의 사람들"이라고 표현했다.[7] 이러한 둠의 언급은 예언자들은 "새로운 어떤 것이 아니라, 단지 오래된 진리만을 선포했다"는 벨하우젠(J. Wellhausen)의 명언과 다르지 않다.[8]

19세기 예언자상은 종교사학파를 통해 유지되었고, 예언 장르의 발견을 통해 양식사적으로, 그리고 변증법적 신학을 통해서 신학적으로 견고하게 되었다. 동시에 사람들은 2차적인 것으로 평가되었던 문학적 유산과 달리 예언자 선포의 구두성에 점점 더 가치를 두었다.

이러한 해석 전통에서 예언자적 선포 양식을 통해 확인되는 예언자 구두선포는 오늘날까지도 예언자의 비밀스런 경험을 보증하며 또한 예언자의 본래적인 선포에 대하여 하나님의 직접성을 보증하는 것으로 평가된다. 예언자와 당대의 청중들도 그렇게 생각했으며, 또한 현재의 많은 해석자들도 동일한 의견을 보이고 있다. 마찬가지

---

7 Duhm 1875, 19-24; 1922, 7-8.
8 Wellhausen 1905, 398.

로 우리와 미래의 성서 독자들 혹은 청중들 역시 그것을 하나님의 말씀으로 다가가는 직접적인 통로로 생각할 것이다.

II

예언 문서로 연구의 방향이 전환된 것은, 본래는 전통적인 "고전적" 예언자상에 대한 대안이 아니라, 보충이었다. 이 경향은 처음부터 두 가지 방향, 즉 분석적(analytisch)인 방향과 서술적(deskriptiv)인 방향으로 진행되었다.

분석적 방향은 본래 예언자의 말과 그것의 첫 번째 모음에 관한 문학적 "후대 역사"(Nachgeschichte, H. W. Hertzberg)에 대해 질문하는 것이었다. 그것에 따르면 진정한 말(ipsissima verba)의 역사와 결부되어 예언자적 말이 현존하는 책이 되어가는 과정이 재구성되어야 한다. 이것을 위해서는 무엇보다 독일어권 연구에서 널리 이용되고 있는 문학사적이고 편집사적인 연구들이 사용되어야 한다.

서술적 방향은 마소라 정경으로 전승된 본문에 직접 접근하는 것으로, 이 방법을 "정경적 접근"(canonical approach) 혹은 그와 유사하게 부른다. 동시에 전승된 신탁의 전(前)역사, 신탁 모음, 편집 그리고 이어쓰기는 부정되지는 않지만, 실제로는 간과되었다. 문학사적으로 재구성하는 대신에 현존하는 본문의 언어적 그리고 주제적인 구조를 다소간에 명확하게 서술하는 것이 등장했다. 이 방식은 신학적이며 점차 증가하는 문헌학적 그리고 문화적 장치를 방법론으로 채택했고, 이미 오래 전부터 더 이상 영어권 연구에서만 발견되는 것은 아니다.

두 가지 방법들은 19세기에 전승된 역사적 예언자 그리고 예언자의 본래 선포에 대한 "고전적" 모습을 전제로 한다. 하지만 이 방법들은 실제로 예언자라는 인물을 점점 더 잊게 만드는 결과를 낳았다. 새로운 단초들은, 역사적 혹은 신학적 무관심으로 인해 이전 연구에서 등한시되었던, 예언서에서 발견되는 문학적 현상들을 조사했으며, 그로 인해 이 단초들은 예언서 해석의 비평 이전 단계에서 이미 중요한 역할을 했던 결과들에 직면하게 되었다. 곧, 겹치는 구성이 보여주는 의미, 한 권의 책에서 확인되는 본문들의 상호연관성과 그 밖의 것들이다.

만약 비평 이전의 서술에서 나타난 이러한 결과들이 예언자와 예언서의 통일성을 지지할 수 있었다면, 그러한 결과들은 여러 측면에서 다음과 같은 질문을 제기한다. 역사적 예언자와 예언자의 본래 말들에 대한 비평적 연구 이후에 과연 무엇이 남았는가? 왜냐하면 추정되는 본래적 산물은 예언자의 책을 통해 전승되었으며, 동시에 그것은 문헌학적 관찰의 대상이 되었기 때문이다.

이것은 본래적인 것으로 간주되는 예언자의 말들에 대해서도 문학비평과 편집비평 분석이 진행되었다는 것을 의미한다. 동시에 사람들은 예언자의 본래적인 말에 결코 직면할 수 없었다는 점이 강조될 필요가 있다. 관찰할 수 있는 한도에서 본다면, 예언자의 본래적인 말은 오히려 처음부터, 즉 예언서의 문학적 맥락으로 최초로 기록 혹은 수용된 이후부터 율법학자의 편집적 첨가와 수정에 겪게 되었다.[9] "정

---

[9] 새로운 관점을 제시한 논문으로는 Schottroff(1970), Steck(1982, 149-203) 그리고 Jeremias(1983; 1985; 1996a; 1999)의 연구가 있으며, 마찬가지로 1996년 Davies가 언급한 논쟁에서도 볼 수 있다. 고대 근동의 자료에 대해서는 다음 논문들을 참조하라. Van der Toorn 2000; Nissinen 2000b; 2005. 이러한 변화들은 단지 구전에서 문서로 변화에 국한된 것이 아니라, 오히려 전승의 본질, 그리고 일찍이 (구전으로 혹은 문서로 전승된) 개별 신탁이 모음집 또는 예언서의 문학적 맥락에서 이차적으로 사용된 것과 결부되어 있다. 참조, "Die Worte des Amos von Tekoa"(본 논문집 16번). 전승과정에서 확인되는 구전의 의미에 대해서 최근에 Carr(2005) 그리고 Van

경적 접근" 방법은 어차피 역사와 많은 것을 공유하지 않는데, 왜냐하면 이 방법에 따르면, 문학적 구성은 그들의 손길을 통하여 역사적 예언자 혹은 예언자의 신학적 구상과 동일시되고, 연대설정은 예언서 스스로가 보도하는 시대와 일치되기 때문이다. 하지만 최근에 이러한 순환논법을 기피하고, 전승된 본문을 예언서 완성으로 (추정되는) 시기의 역사적 맥락에서 역사적 예언자에 대한 질문을 무시한 채 관찰하려는 연구들이 증가하고 있다.[10]

나아가서 역사적 예언자에 대한 질문은 전혀 다른 분야에서 새로운 방향으로 진행되었다. 1980년대에 마리(Mari)와 니느웨(Ninive)에서 출토된 고대 근동의 평행 본문들이 대대적으로 공개되어 접근이 가능해졌으며, 그로 인해 그것은 과거와 다르게 구약 예언서 연구의 관점에 엄청난 영향을 끼쳤다.[11] 평행한 것들이 직접적으로 시야에 들어왔으며, 사람들은 그것을 고대 근동에 나타난 전체적인 "예언" 현상으로 소개해야만 했다. 이 평행 본문들은 남녀 예언자의 유래, 다양한 소명 표현 그리고 활동에 대한 통찰을 가져왔다.

또한 이 본문들은 예언자들과 신적 존재의 비밀스러운 접촉, 말씀 수령 상황, 설교 형태와 보도 내용에 대한 정보를 제공했다. 그리고

---

der Toorn(2007)이 상세하게 다루었다. 하지만 보존된 자료에 대한 중요한 관점은 거의 다루어지지 않았으며, 따라서 문제에 대한 해결책 또한 거의 제시되지 못했다.

10 덧붙여서 Nissinen(2009a, 106-109)의 지적을 참조하라. Steck(1996)은 이미 역사적인 최종 본문 읽기를 요구했으며, 가장 오래된 필체는 대략 주전 2세기의 상황으로 보여진다고 주장했다. 하지만 일반적으로, 대부분 아무런 근거없이, 페르시아 그리고 초기 헬레니즘 시대로 상정되었다.

11 무엇보다 그것과 관련된 것은 Weippert(1981; 1988; 2001a 그리고 2001b) 그리고 Nissinen(특별히 1993; 1998; 2000a; 2003b; 2004; 2009a; 2010)의 논문들이다. 이외의 것들에 대해서는 Nissinen(2009a, 113)이 언급하였다. 최근에 학자들은 헬라어 평행본문들로 관심을 돌리는 추세가 증가하고 있다. 참조, Hagedorn 2007; Huffmon 2007; Lange 2006 그리고 동저자, 2007.

이 본문들은 예언자의 말들이 (구두와 문서로) 전달되는 방법들의 변화와 그것을 문서 보관소에 모아 정리한 것을 알려 준다. 그와 비교할 때 구약성서 예언자들은 다양한 면에서 독특한 예외로 평가된다. 물론 그들은 개별적인 부분에 이르기까지 현상학적으로 고대 근동과 유사성을 공유하지만, 구약의 예언자들은 그들의 보도 내용뿐 아니라 예언자에 관한 이야기와 전체 예언서의 양식에서 발견되는 전승의 특성에 있어서도 고대 근동 예언자와 현저하게 구별된다.

성서 예언자들과 고대 근동의 예언자들을 비교하는 것 그리고 그 결과와 관련하여 시간적, 문화적 그리고 장르에 제한해서 보았을 때 명확하게 존재하는 본문상의 차이점들이 드러났다. 성서 예언과 근동 예언을 비교함으로써 제기되는 다음과 같은 가능성, 즉 성서 예언을 그 자체로 해석할 수 있고 그것을 역사적 실제로 수용하는 것, 혹은 차이를 평준화 하며 현상학적 유사성을 근거로 성서 예언을 적절하며 역사적인 것으로 설명하는 가능성은 상대화되었다.[12]

그러나 그러한 반론에서는 고대 근동 예언 현상이 시기적 그리고 지정학적 인근 지역에(데이르 알라의 발람[Bileam von Deir 'Alla], 하맛의 자쿠르[Zakkur von Hamat]) 뿌리를 내리고 있었던 것처럼, 유다에서도 당연히 발견된다(라기스 3과 6)는 것이 간과되었다. 모든 문화적 독특성과 별개로 모든 증거 본문들은, 전체를 조망할 때, 메소포타미아와 북서셈족 지역과 상대적으로 일치하는 모습을 보여준다. 따라서 이것은 비교하기에 가장 적합하며, 여기에는 현상학적으로 볼 때 성서적인 평가가 전혀 가미되지 않았다. 우리는 현상학적인 것으로부터 성서 사료의 진술을 역사성과 결부시키는 시도, 또는 반대로 현상

---

12 Scherer 2005; Blum 2008a.

학적 유사성의 틈을 성서적 내용으로 채우려는 실수를 범해서는 안 된다.[13] 오히려 우리는 성서 사료 자체에서 현상학과 개별 형태 사이를 구별해야 할 것이다. 하나, 즉 현상학적 유사성은 이스라엘과 유다에서 역사적 전제에 관한 단서를 제공하며, 다른 하나인 성서 전승의 틀에서 발견되는 개별 형태는 구약성서 예언에서 확인되는 독특성과 새로움에 관한 단서를 제공한다.[14]

지금까지 우리가 단지 순수한 문학적 현상으로만 이해할 수 있었던 이 새로움이 고대 이스라엘, 유다 혹은 유대(Jehud)의 어디에서 자신의 역사적 자리를 갖는가 하는 질문이 제기된다.[15]

따라서 성서 전승에 나타난 역사적 예언자의 표상을 찾고자 하는 것은 두 가지 면에서 상대화되었다고 볼 수 있다. 한편으로, 정경적(거룩한) 읽기와 마찬가지로 문학비평과 편집비평적 분석에서 확인되는 성서 예언자 전승의 문학성을 재발견하는 것을 통해 상대화되었고,[16] 다른 한편으로, 현상학적 공통성과 문화적 독특성뿐만 아니라, 역사적 (고대 근동적, 이스라엘-유대적) 그리고 문학적 (성서적) 예언 사이의 심각한 균열을 드러내는 종교사적 비교를 통해 상대화되었다.[17] 예

---

13 Barstad 1993a; 동저자, 2009.
14 참조, "Das Neue in der Prophet des Alten Testaments"(본 논문집 4번), 마찬가지로 Nissinen, 2008a, 346-347; 2009a, 114-117.
15 덧붙여서 참조하라. Nissinen 2008a.
16 문학비평적이고 편집비평적 분석 그리고 구약 본문을 전체적(holistisch) 서술로 관찰하는 이 두 가지는 결코 제외될 수 없다. 이 두 가지는 오히려 정당하게 이해될 수 있고, 상호 자극을 주며 보충할 수 있다.
17 이러한 구별에 대해서는 참조하라. "Das Neue in der Prophet des Alten Testaments"(본 논문집 4번); "Die Worte des Amos von Tekoa"(본 논문집 16번) 그리고 Kratz 2003a; 비슷한 것으로 Nissinen 2004; 2008a, 346-347; 2009a, 108. 이 구별을 비판하는 자들과 논쟁이 "Der Zion der Kamosch und das Nein JHWHs" 에서 발견된다(본 논문집 5번).

언 전승의 문학성과 종교사적 유사성, 이 두 가지는 성서 전승 이면에 있는 역사적 예언자에 대한 윤곽을 항상 모호하게 한다.

III

결론을 내리자면, 예언자 연구에 대한 현재 상황은 다음과 같은 전제들을 출발점으로 한다. 예언자와 예언서는 일치될 수 없으며, 그와 동일하게 우리는 예언자 혹은 예언서를 전면에 내세워 강조할 수도 없다. 마찬가지로 예언자도 예언서도 그 모든 진술들에서 결코 역사적 진정성을 가진 통일된 것으로 설정될 수 없다. 마지막으로 또한 예언서 자체는 문학적인 통일성을 이루고 있지 않다. 예언서 안에서 관찰되는 고대 근동적으로 표현된 현상과 개별 현상은 종교사적으로 구별되어야 한다. 그뿐 아니라 성서 전승에서만 파악되는 예언 형태를 통하여 전승의 고대와 후대의 요소들이 구별되어야 한다. 이러한 전제하에서 오늘날 예언 연구의 주제에 제기되는 질문들이 나타난다.[18]

1. 질문들 가운데 하나는 **예언자의 말과 예언서의 관계**이다

고대 근동의 남녀 예언자들은 신의 명령을 전하는 자들로서 신과 비밀스러운 관계를 형성하고 있다. 이 보도는 구두와 문서라는 다양한 방법으로 계승되고, 때에 따라서 (편지, 비문 혹은 다른 문서 전승자를 통해서) 개별적으로 혹은 작은 모음들로 (앗수르 모음판들) 고정되고 보

---

18   예언자와 관련된 문헌들이 이어서 나타나는 소논문들에서 언급되었기 때문에, 여기에서 추가적인 언급을 하지는 않겠다.

관되었다. 그 결과 고고학적 발굴을 통해서 우리는 그것에 대한 지식을 얻게 되었다. 우리가 관찰한 바에 따르면, 고대 근동의 예언자들은 라기스-서한(Lachisch-Briefen)에서 언급된 유대 예언자들과 마찬가지로 어떠한 책도 기록하지 않았다.

이러한 것을 배경으로 한다면 성서의 예언서와 그보다 더 방대한 예언 자료집(Corpus propheticum)으로 되어있는 예언서 모음은 많은 수수께끼를 제공한다. 예언서 장르를 명확하게 규정하고 설명하려는 연구는 오늘날까지도 여전히 성공을 거두지 못했다.

과거에 구두로 선포되고 구체적인 역사적 상황으로 규정될 수 있는 말들(Worte), 예언자의 말로 분류될 수 있으나 후대 시대에 기원했으며 처음부터 책으로 표현된 예언(Weissagungen), 마찬가지로 예언자에 관한 이야기들은 그 시대를 지배하는 의미와 표현력을 통해 하나의 단위로 통합되었다. 하지만 기본적으로 우리는 성서 예언서 이면에 무엇이 존재하는지 알지 못한다. 어떤 목적으로 이 책들이 저술되었으며, 누가 그것을 읽었고, 어떻게 그것들이 사용되었는지 알지 못한다. 무엇보다 누가 예언서 책을 작성하는데 책임을 맡았는지, 예언자 자신, 예언자의 "제자들" 혹은 어떤 익명의 전승자들, 그것에 대해서 우리는 알지 못한다.

예언서의 가장 오래된 주석서들인 쿰란의 페샤림은 주전 1세기 이후부터 예언서가 구체적으로 사용되는 것을 보여준다. 여기에서 예언서 책들은 한 줄 한 줄 혹은 선택적으로 인용되었으며, 그 다음에 자신의 시대에 맞게 해석되었다. 그것을 통해서 예언서는 쿰란 공동체와 결부되었다. 이것은 율법학자(Schriftgelehrter)의 사상을 연상시키는데, 그들은 토라를 심사숙고할 뿐만 아니라, 모든 조상의 지혜를 탐구하며, 예언들, 유명한 사람들의 연설, 비밀 그리고 지혜적 잠언의 수수께끼를 연구한다(시락서 39:1 이하).

하지만 그러한 율법학자는 어디에서 정착해서 살고 있었을까? 그는 어디에서 문서를 연구했으며, 자신의 통찰력을 누구에게 배웠을까? 사해 문서를 통해 우리는 그와 대면하게 된다. 예언서는 본래 처음부터 쿰란 공동체와 같은 학문과 경건한 집단에서 활용될 문서 교육을 위해 작성되었을까? 예언서는 지혜 잠언 모음집과 유사하게 하나님의 가르침과 경건성에 관한 일반적인 교육의 산물로서 그리고 모범적 지식으로서 작성되었을까?

2. 다른 질문은 **예언자 연설(Prophetenrede)과 예언자에 관한 이야기** (Prophetenerzählung)가 예언서와 그 밖의 구약성서 전승에서 병존한다는 것에 초점을 맞추고 있다

예언서들은 대부분 예언자 연설로 구성되어 있으며, 예언자들에 관한 이야기들도 함유하고 있다. 곧, 상징 행동 보도(사 8:1-4), 짤막한 이야기들(암 7; 사 7 혹은 렘 20; 27-28) 혹은 이야기 단락(사 36-39; 렘 36-45) 등이다. 그와 달리 역사서에서는, 예를 들어 열왕기서, 대부분 예언자에 관한 이야기들이 나타나며 이따금씩 예언자 선포 혹은 연설들이 등장한다. 종교사적으로 비교했을 때, 구약성서의 역사적인 책들과 마찬가지로 예언서에 수록된 이야기들은 현상학적으로 그리고 종종 내용적으로 성서 예언자의 연설보다 고대 근동의 예언에 상당히 근접해 있다는 점이 주목할 만하다. 왜냐하면 성서 예언자의 연설은 단지 연설의 형태에서만 고대 근동과 평행을 이룰 뿐이며 내용에 있어서는 공유되지 않기 때문이다. 그와 달리 문학적 분석은 연설들이 이야기보다 오래되었고 본래적이라는 것을 종종 보여준다.

이러한 실상은 예언자에 관한 이야기를 상당한 난관에 봉착하게 만든다. 일반적으로 성서 서술의 제안을 따르면, (역사서와 예언서

에 나타난) 예언자에 관한 이야기의 형태로 된 예언은 "고전 이전적" (vorklassisch)이며, 예언서에 수록된 연설과 선포의 형태로 된 예언은 "고전적" 예언으로 설명된다. 종교사적 비교와 전승사적 관계들을 볼 때 이러한 표현들은 잘못된 것이다. 성서학에서 "고전 이전적"이라는 것은 고대 근동에서 "고전적" 예언과 현상학적으로 일치한다. "고전적"이라는 것은 고대 근동에서는 오히려 제외되었다.

따라서 우리는 분명히 복잡한 발전을 고려해야 한다. 이 복잡한 발전을 통해 (예언자 설교에 나타난) 성서 예언은 우선은 "고전적" 고대 근동의 예언 현상에서 출발하지만, 내용적인 면과 그리고 형식적인 면에서 고대 근동의 예언 기원으로부터 분리되었다. 하지만 (예언자에 관한 이야기들에서 발견되는) 전승이 후대 시대에 현상학적으로 다시 오래된 고대 근동의 견본으로 소급되기 이전에, 가정에서 행해진 고대 근동의 예언 현상에 포함되는 점성술과 마술을 시행하는 것에 대해 비난에 이르기까지, 내용적인 격차는 유지되었다.

설교와 이야기들은 어느 정도까지 역사적 예언자에게 소급될 수 있는가 그리고 그것들은 후대 전승을 통해서 어느 정도까지 역사적 예언자에게 첨가되었는가 하는 질문들은 전혀 다른 측면이다. 어쨌튼 복잡한 종교사적 그리고 전승사적 평가는 해석자가 하나를 다른 하나와 성급하게 연관시키는 것, 그리고 두 가지를 혼합하여 예언자 전기 혹은 예언자 보도에 대한 윤곽을 구성하는 것을 방지한다.

3. 설교와 이야기가 현저하게 병행하는 것뿐만 아니라, **예언서에 모아진 어록들과 설교의 관계**는 여전히 예언서 연구의 프로그램으로서 가치가 있다

양식사는 예언서들이 작은 통일체로 구성되어 있다는 것을 보여준다. 이것은 적지 않게 예언자의 연설 혹은 하나님의 말들로 시작되

거나, 혹은 다른 방법을 통해서 그렇게 인식될 수 있다. 따라서 성서 예언자들의 책 이면에 개별 신탁 혹은 예언자의 격언이 존재한다는 추측이 제기된다. 다른 측면에서 본다면 격언, 특히 양식사적으로 작은 통일성을 지닌 것으로 분리될 수 있는 구원 선포와 같은 것이 존재했다는 점에 대해서 학문적 의견의 일치를 보이고 있다. 이러한 것들은 결코 구두의 전역사를 갖지 않으며, 또한 이름이 거론된 예언자에게 소급되지 않고, 오히려 익명의 담지자를 통하여 예언자의 이름과 함께 후대에 예언자의 책에 기록되었다는 점에는 이견이 없다. 마찬가지로 이 후대의 신탁은 비밀스러운 방법으로 하나님이 예언자에게 전한 신적 보도로 이해될 수 있기를 기대했다.

예언서 연구의 과제는 본래의 구두적인 것에서부터, 가능하다면 또한 문서로 고정된 예언자의 격언에서 현존하는 예언서가 되는 과정을 재구성하는 것이다. 하지만 전체 신탁은 이름이 호명된 예언자의 어록으로 이해되기 때문에, 또한 예언자에 대한 우리의 전반적인 지식은 그의 이름으로 전승된 책과 관련되어 있기 때문에, 진정한(echt) 것과 진정하지 않은(unecht) 신탁 또는 일찍이 구두로 된 신탁과 순수하게 문서적인 신탁을 구별하는 것은 쉽지 않다. 더군다나 우리에게는 그것을 위한 기준도 전혀 없다.

그러한 이유로 가장 먼저 예언서의 문학적 형태에 집중하여 연구할 것, 그리고 여기에서 문학적 의존 관계와 경향을 근거로 해서 보다 오래된 것과 후대 본문을 구별할 것을 추천한다. 하나의 본문이 구두의 혹은 문서적인 전(前)역사에 대한 징후를 제시하는지, 그리고 경우에 따라서는 그것이 예언자적 습관에서 유래했는지, 혹은 본문이 순수하게 문학적 특성을 가지고 있는지에 대해서 문학적이고 내용적인 차이를 근거로 본문 자체에서 개별적으로 조사되어야 한다.

마지막으로 보다 오래되고, 일찍이 독립된 신탁이 책의 이름을 가진 예언자에게서 무조건 유래될 수는 없으며, 오히려 다른 사료들에게서 유래할 수도 있다는 것이 추정될 수도 있으므로, 그것은 개별적으로 고려되어야 한다.

4. "예언자의 말이 어떻게 예언서가 되었는가" 하는 질문에 대해서 문학적 분석 이외에도 **종교사적 비교**가 도움이 될 것이다

   종교사적 비교는 예나 지금이나 절박한 연구 과제이다. 마리, 앗수르 그리고 산발적으로 북서 셈족 지역에서 발견된 고대 근동의 유사성들은 예언자의 격언이 전달, 녹음 그리고 전승되면서 지나치게 복잡한 과정이 있었다는 것과 이러한 과정은 특정한 시기와 원인 그리고 특정한 사회적이며 정치적 상황 속에서 진행되었다는 것을 알게 해준다. 사료들은 고대 근동의 예언 현상, 예언이 다양하게 나타나는 방법, 인물과 내용뿐 아니라, 원래 표현이 적지 않은 변화를 겪은 예언자 말의 전승 과정에 대해서도 통찰을 갖게 한다.
   하나님의 사명을 받고 전달했던 예언자들은 일반적으로 자신이 그것을 기록할 수 없었다. 그들의 보고를 기록하기 위해서 사람들은 전문적인 서기관을 고용해야만 했다(참조, 렘 36장). 하나님의 정보가 편지의 형태로 (요약되어) 인용되기 전에, 그리고 모음 판에 기록되고 왕실 도서관에 보관되거나 혹은 비문의 형태로 집안 내부로 옮겨지기 전에, 하나님의 정보는 수많은 손길을 통해서 전해졌다. 이러한 과정에서 신적 보도가 겪게 된 변화들은 더 이상 탐구될 수 없으며, 이것은 단지 소수의 경우에만 사료들에서 가늠될 뿐이다. 신탁의 말을 전달하는 것이 구두로 혹은 문서로 전해졌는지에 상관없이, 어쨌든 그것의 전달과 함께 해석의 과정이 개입되었다.
   종교사적 비교의 가능성과 한계, 특별히 다른 고대 문화로 확장하

는 것은 성서 예언서의 발생과 관련된 전제들의 명확한 상(像)을 유지하기 위해 계속해서 방법론적으로 숙고되어야 한다. 공통점과 차이점은 문학사적 방법을 통해 추론된 것, 즉 고대 근동의 실례와 연관된 예언의 나머지 것들도 성서 문서에서 단연코 발견될 수 있다는 것을 보증한다. 이 근동의 실례들은 유사한 사회적 환경에서 생성되었을 것이며, 가장 먼저 유사한 방법으로 전승되었을 것이다. 동시에 성서의 책들이 내용적 그리고 형식적으로 독자적인 방법으로 진행되었다는 점을 간과되어서는 안 된다.

고대 근동의 유사성과 달리 성서 예언서는 수백 년을 넘어 전승된 그리고 끊임없이 문학적으로 개정된 독자적인 장르로 발전했다. 성서 예언서는 고대 근동의 유사성과 구별될 뿐만 아니라, 성서 예언서 본래의 역사적 뿌리와도 내용적으로 구별된다. 신탁을 기록하고 전승하는 방법을 통해서 최초의 신탁을 해석하고 현실화하는 것은 그것이 발생한 삶의 영역을 견고히 하거나 보충하는 것에 이용되지 않고, 오히려 주변 환경을 극복하는 것을 목적으로 하며, 하나님을 통해 지배되는 반대세계(Gegenwelt)를 유포시키고 있다. 이 연구의 과제는 전승된 성서 본문들에 나타난 예언의 두 가지 방법을 구별하고, 특성들에 대해서 역사적으로 명확한 설명을 찾아내는 것이다.

5. 이러한 특성 가운데 가장 중요한 한 가지는, **성서 예언자들 중에 다수가 심판 예언자**(Unheilspropheten)라는 것과 그들이 본 **임박한 심판은 하나님의 의지로 소급**된다는 점이다

무조건적인 심판 예언은 예언서들 사이에서 전승의 출발점이 되었으며, 그것은 후대의 구원 예언에서 뿐만 아니라, 성서의 예언자에 관한 이야기에서도 최소한 현존하는 예언서의 본문 형태에서 보았을 때

계속해서 전제되고 있다. 재앙이 하나님 자신의 의지이며 하나님으로부터 발생했다는 이해는 고대 근동에서도 확인된다. 마찬가지로 여기에서 사회 공동체의 불행은 신들의 분노의 결과로 이해될 수도 있다. 흥미롭게도 고대 근동 본문에서 이러한 해석은 일반적으로 재앙이 닥친 이후에 나타난다. 고대 근본 본문의 이 해석은 신들을 달래서 재앙을 없애려는 목적이거나 혹은 더 나은 것으로 전환하는 것과 재앙을 극복하는 것을 회고하는 것이다. 하지만 성서 예언서들에서 이것은 전혀 다르다. 재앙과 구원은 여전히 예언자 선포에서 발견되며, 실제로 혹은 문학적 가공의 결과에도 불구하고 여전히 나타난다.

이러한 실상은 종교사적 비교가 누차 반복되어 진술된 것처럼 일괄적으로 그리고 순수하게 현상학적으로 관철되는 것이 아니며, 오히려 고대 근동 지역 자체에서 볼 수 있는 장르사와 전통사의 차이를 요구한다는 것이 명백해졌다. "하나님의 진노"에 대한 고대 근동 이해는 여하튼 고대 근동 예언에서 전형적인 것은 아니다. 하지만 "하나님의 진노"에 대한 이해는 보편적 전제에 속한 것으로, 그것으로부터 성서 예언이 발전되었다. 따라서 이러한 고대 근동의 이해가 성서 예언에서 어떤 기능을 하는지 설명된다. 구원 예언들은 (오늘날까지도) 여전히 존재하는 기대감을 표현하고 있다는 것이 성서 구원 예언에 있어서 논쟁이 되고 있음에도 불구하고, 재앙을 하나님의 진노로 해석하는 고대 근동의 평행은 다음과 같은 의문을 제기한다.

곧, 성서의 재앙 예언에서는 역사적 예언자의 진정한 선포가 다뤄지고 있는가? 아니면 전통에 대한 율법학자의 후대 해석이 예언자의 선포 형태로 나타나는 것인가? 예언서 연구는 그것에 대하여 종교사적으로 명백한 혹은 역사적 설명 없이 대부분 첫 번째 가능성을 지지한다. 하지만 자기 백성에 대해 비판을 하거나 혹은 재앙을 선포하는 고대 근동 예언과 비교는 오히려 두 번째 가능성을 이야기한다. 왜냐하면 고대 근동의 예언은 신의 이름으로 재앙에 경고하기 위해서 하는 것이지, 재앙을 피할 수 없는 숙명적인 것으로 설명하는 것이 아니기 때문이다.

두 번째 가능성을 위해 고려되어야 할 가장 중요한 자료는 주전 722-720년의 북이스라엘 멸망과 주전 597-587년의 남유다 멸망을 언급할 수 있다. 비록 두 사건들이 역사적으로 대단한 큰 흔적을 남긴 것이 아니라, 오히려 생존한 사람들과 땅에 남아있는 사람들의 대부분은 그 사건을 즉시 극복했음에도 불구하고, 이 사건들은 성서 전승의 문학적 기억에 깊이 새겨졌다.

따라서 이 두 가지 사건들은 성서 예언자들을 심판 선포자로 표현하도록 원인을 제공하고 있다는 사실을 추측하게 한다. 이 재앙은 이미 오래 전에 지나갔지만, 그것은 다음 세대들을 하나님의 의지에 순종하도록 만들며, 하나님의 뜻을 무시하는 것에 경고한다. 앞으로의 예언 연구는 이러한 가능성을 진지하게 검증하거나 혹은 대안을 제시할 수 있어야 한다. 그리고 이 대안은 세분화된 종교사적 평가뿐만 아니라, 역사적 타당성도 고려해야 한다.

6. 수없이 논의 되었지만 여전히 해결되지 않는 문제는 **성서 예언 전승의 역사적 자리와 담지자 그룹**에 대한 논의이다

성서 전승이 고대 근동에 있는 예언의 역사적 현상으로부터 분리되어 있고, 이스라엘과 유다에서 찾아볼 수 있는 예언 현상의 뿌리와 너무도 멀리 떨어져서 독립되어 있기 때문에, 이 질문에 답하기는 대단히 어렵다. 이러한 현상은 이스라엘과 유다의 예언과 역사적으로 단절된 것이 아니라, 오히려 앗수르 시대부터 헬레니즘-로마 시대에 이르기까지 연속적으로 존재하였다. 그러한 현상은 라

기스 도판(Ostraka), 유다와 이교도 사료에서 볼 수 있는 일시적인 암시들과 같은 개별 발굴품들에서 유추된다.

성서 그리고 그것과 연관된 문헌들(사해사본을 포함하여)에서 당대에 등장한 남녀 예언자들은 "거짓 예언자들"(falsche Propheten)의 정형으로 나타난다. 이 문서의 저자와 담지자에게 있어서 그 당시의 하나님 말씀은 성서 기록들에서만 발견될 수 있기 때문에 이 기록들은 율법학자들과 영감을 받은 자들에게 해석의 대상이 되었다. 따라서 이스라엘과 유다에서 실제적인 예언과 예언자적 (성서) 전승의 분리는 점점 더 증가하게 되었다.

하지만 성서 예언 전승의 담지자는 누구이며, 담지자 자신들의 역사적 자리는 어디인가? 고대 근동에서 예언 신탁의 기록은, 우리에게 잘 알려진 사료를 근거로 보았을 때, 보통은 왕실과 성전 주위에 있는 자들, 즉 공적 기관에 속한 전문적 서기관들(Schreibern)를 통해 이루어졌다. 그와 동일한 경우를 우리는 이스라엘과 유다에도 가정할 수 있을 것이다. 하지만 성서 예언서와 예언서의 수용을 보았을 때 그 이상의 것들이 추정될 수 있는데, 예언자들의 대다수는 이러한 제도들에 대해 비판하고 있기 때문이다.

오히려 서기관 학교 혹은 서기관 가문 출신인 저자들은 그러한 제도들에 대한 비판에 책임감을 가지고 있었던 것으로 보인다. 이 저자들은 그곳에서 포괄적인 교육을 받고 문서고에 접근할 수 있었지만, 그러나 그들은 자신들의 출신성분을 명백하게 버렸으며 예언문서와 그것을 해석하는 반대세계(Gegenwelt)로 진입하게 되었다.

문서적인 예언 현상을 역사적으로 배열함으로 인해 연구는 심각한 난관에 빠지게 된다. 예언자의 외침을 왕과 백성은 들으려 하지 않고 그것은 오히려 멸시당했으며, 예언자는 (특별히) 자신의 백성과 제도권(왕, 제사장, 예언자)에 대항하였다. 그런 광야에서 고독하게 외치는 자에 대한 성서의 가공물은 어쨌든 쉽지 않게 예언자의 말로 수용되었고, 역사에 투영되었다. 그것을 기반으로 세워졌으며 많은 이들이 선호하는 가정(假定), 즉 예언자의 선포를 충실히 기록하고 전승했을 것으로 보이는 예언자의 "제자들"을 가정하는 것은 질문에 대한 대답을 제공하기보다는 더 많은 의문점들을 제기한다. 구두 혹은 문서로 된 커리큘럼과 함께 수없이 인용되고 있는 서기관 학교는 여기에서 단지 제한적으로만 도움이 될 뿐이다.

왜냐하면 "이스라엘과 유다의 서기관 학교에서 일찍이 성서 전승이 정규 교육의 커리큘럼이 될 수 있었는가?" 하는 것에 대해서 입증되지 않으며 오히려 의문시되기 때문이다.

성서 전승의 자체 진술을 바탕으로 혹은 고대 근동 그리고 최근에는 그리스 지역에서 나온 문화사적 유사성을 바탕으로 전체적인 설명이 진행되었다. 그러나 그로 인해 역사적 그리고 제도적 틀 속으로 너무도 어렵게 삽입될 수 있었던 성서 전승의 특징은 간과되었다. 따라서 우리는 다음과 같은 중요한 질문을 할 수 있다.

이스라엘과 유다에서 관찰될 뿐만 아니라, 고대 근동에서도 나타나는 예언을 성서 예언으로 변화시키는데 도화선 역할을 한 전승 그룹들과 기관들은 누구인가? 이 질문에 대답을 위해서 사람들은 아마도 많은 역사적 상상력을 동원해야 할 것이다.

잘 알려진 기록하는 예언자와 예언자의 "제자들"에 관한 주제 이외에도, 우리가 거의 알지 못하는 서기관 학교의 커리큘럼 혹은 이스라엘 사회집단의 다양한 이해 집단들과 전승자 집단들에 대해서도 많은 역사적 상상력이 필요하다.

여하튼 우리는 통상적인 제도권(성전, 왕권 혹은 지방 행정)을 넘어서 성서 전승을 통해 나타나는 제도를 경험했으며, 하나의 역사적 실례를 사해사본에서 볼 수 있는데, 역사적 상상력은 그 사례를 아마도 보다 오래된 시기로 간주할 수도 있다. 여기에서 확인할 수 있는 다양한 유대 공동체와 정당에서와 마찬가지로, 팔레스틴 지역과 디아스포라에서 예언서들이 다양하게 증언되고, 이용되며 그리고 확장되는 것은 고려되어야 한다.

7. 그것은 마지막 질문으로 귀결되는데, 이 질문은 예언서 연구 프로그램에서 볼 수 있거나, 혹은 나의 견해에 따르면 적어도 그러한 프로그램에 필요하다

성서 예언서의 본문 전승과 예언서의 문학적 그리고 신학적 수용. 잘 알려진 것처럼 성서 예언서들은 단지 하나의 본문 형태가 아니라, **다양한 본문 형태로 전승**되었으며, 그 중에 몇몇은 마소라 본문과는 현저하게 다르다. 이를 위해 고대 역본들, 특별히 헬라어 역본(Septuaginta), 그리고 사해사본들은 비교될 필요가 있다. 이러한 차이점들은 본문비평적인 의미만이 아니라, 오히려 문헌사와 본문사 사이의 자연스러운 변화를 다양하게 증거한다.

그러한 이유로 본문비평 방법은 오늘날 이미 오래 전부터 그 방법만으로 (추정하는) 본래의 본문 혹은 우리가 선호하는 표현으로 도달할 수 있는 가장 오래된 본문을 제시하는 것에 더 이상 적합하지 않을 뿐 아니라, 본문 생성에서부터 본문 전승에까지 다다르는 해석사(Auslegungsgeschichte)에 관한 연구에도 적합하지 않다. 그것과 예언자-위경 혹은 쿰란의 페샤림처럼, 인용 혹은 특별한 해석 작업에서 예언서 본문을 사용하는 것은 어느 정도 이음새 없이 연결되었다.

성서 예언서의 본문 전승과 그 본문 전승이 고대에 수용되는 것은 관습적으로 분리되어 취급되었고, 부분적으로 아주 전문화된 특별한 학문 분야로 발전했다. 그와 달리 개별적인 학문 분야의 전문성에서 보았을 때 어떠한 이론의 여지도 없다. 이러한 발달은 만약 다양한 학

문 분야가 대부분 각각 다른 영역들에서 유래한 오래된 주장들을 이용한다면, 당연히 다양한 학문 분야가 서로를 잘 인지하고 있다는 결론에 도달한다. 연구 과제는 이렇게 나누어진 학문 분야를 다시 결합하는 것과 그것의 올바른 관계를 성립하는 것이다. 따라서 책의 생성에 대해 연구하는 문학비평가는 본문사와 수용사로부터 습득할 수 있다.

곧, 예언서의 문학적 형성에서 이미 반영된 생생한 율법학자와의 관련성이 본문에서 어떻게 나타나는가? 그리고 전통은 어떤 방향으로 치우쳐져 있는가? 반대로 본문비평가 혹은 사해사본 전문가는 성서학자로부터 배울 수 있다. 예언서의 생성사와 해석사의 어떤 연결점에서 한 본문의 전승과 번역 혹은 본문의 수용이 특별한 해석 작업들을 통해 설치되었는가?

이 모든 것들은 우리가 성서 예언서의 문학적 생성사뿐만 아니라, 인용, 외경 혹은 - 해석사는 그것과 견줄만한 해석학(Hermeneutik)에 의존하며 유사한 방법으로 연구한다 - 하나의 동일한 해석사(Auslegungsgeschichte) 단계로 이해되는 주석서들에 나타난 예언서 본문의 전승과 수용을 관찰할 수 있다는 것을 전제로 한다.

만약 우리가 이러한 전제를 공유한다면, 이 연구의 목적은 성서 예언 문헌의 시작부터 성서 본문의 다양한 최종 단계에 이르기까지, 그리고 본문 전승과 고대 유대적 (마찬가지로 기독교) 수용에 나타난 변화에 이르기까지 성서 내적인 해석 방법과 성서 외적인 해석 방법을 모사하는 것이며, 그것을 통해 유대 전통의 중요한 분야인 예언서 생성을 재구성하는 것이다.

뒤이어 나타나는 고대 근동과 성서 예언에 관한 다섯 논문들은 여기에서 기술된 연구 상황 중 하나 혹은 몇 가지에 대해서 전념했다. 구약성서 예언에 대한 포괄적인 공개로 규정되는 조망을 다루고 난 이후에(2번), 예언서의 기원과 전승에 관하여 몇몇 연구에 대한 이상적인 모델을 서술할 것이다(3번). 그것과 연결하여 역사적 예언과 성서 예언 사이의 근본적인 차이가 다루어졌다. 그것은 두 가지로 진행되었는데 하나는 구약성서 연구에 대한 비판적 고찰을 통하여(4번), 다른 하나는 종교사적인 비교를 통하여(5번) 심도있게 설명되고 있다. 첫 번째 부분의 마지막에 성서 예언서가 사해사본에 수용된 것을 다룬 논문이 수록되었다(6번). 첫 번째 단락에서 언급된 질문들에 대한 숙고는 본 논문집에 수록된 "드고아 출신 아모스의 말"(Die Worte des Amos von Tekoa)에서 관찰된다(16번).

21세기 신학 시리즈

1. 신약의 사회적 상황
캐롤라인 오시에크 지음 | 김경진 옮김 | 168면

2. 최근 마태신학 동향
도날드 시니어 지음 | 홍찬혁 옮김 | 128면

3. 마가복음 신학
프링크 J. 메이트라 지음 | 류호영 옮김 | 136면

4. 누가복음 신학
마크 포웰 지음 | 배용덕 옮김 | 184면

5. 요한복음 신학
게라르드 S. 슬로얀 지음 | 서성훈 옮김 | 240면

6. 사도행전 신학
마크 A. 포웰 지음 | 이운연 옮김 | 192면

7. 신학 방법론
J. J. 밀러 지음 | 윤홍식 옮김 | 128면

8. 최근 바울신학 동향
조셉 플레브닉 지음 | 배용덕 옮김 | 160면

9. 최근 바울과 율법 연구 동향
베로니카 코페르스키 지음 | 김병모 옮김 | 168면

10. 최근 역사적 예수 연구 동향
데이비드 B. 가울러 지음 | 김병모 옮김 | 208면

11. 최근 바울과 종말론 연구 동향
조셉 플레브닉 지음 | 김병모 옮김 | 152면

12. 최근 신약 묵시 사상 연구 동향
스코트 루이스 지음 | 김병모 옮김 | 136면

13. 최근 히브리서 연구 동향
다니엘 J. 해링턴 지음 | 김병모 옮김 | 128면

14. 최근 바울교회 형성 연구 동향
리차드 S. 애스코프 지음 | 김병모 옮김 | 173면

15. 최근 예수의 비유 연구 동향
데이비드 B. 가울러 지음 | 김세현 옮김 | 200면

16. 최근 야고보서 연구 동향
알리시아 J. 배튼 지음 | 김병모 옮김 | 152면

17. 최근 마태의 산상수훈 연구 동향
웨렌 카터 지음 | 김세현 옮김 | 168면

18. 최근 목회서신 연구 동향
마크 하딩 지음 | 김병모 옮김 | 184면

구약신학 연구동향
Zeitschrift für die Alttestamentliche Wissenschaft
ZAW vol. 125 (2013)

2016년 9월 15일 초판 발행

지 은 이 | 토마스 뢰머 외 6인
옮 긴 이 | 민경구

편　　집 | 이종만, 백승현
디 자 인 | 서민정, 이재희
펴 낸 곳 | 사)기독교문서선교회
등　　록 | 제16-25호(1980. 1. 18)
주　　소 | 서울시 서초구 방배로 68
전　　화 | 02) 586-8761~3(본사) 031) 942-8761(영업부)
팩　　스 | 02) 523-0131(본사) 031) 942-8763(영업부)
홈페이지 | www.clcbook.com
이 메 일 | clckor@gmail.com
온 라 인 | 기업은행 073-000308-04-020, 국민은행 043-01-0379-646
　　　　　 예금주: 사)기독교문서선교회

ISBN 978-89-341-1575-5 (93230)

* 낙장 · 파본은 교환해 드립니다.

이 도서의 국립중앙도서관 출판시 도서목록(CIP)은 서지정보유통지원시스템 홈페이지(http://seoji.nl.go.kr)와 국가자료공동목록시스템(http://www.nl.go.kr/kolisnet)에서 이용하실 수 있습니다.
(CIP제어번호: CIP2016018470)